孔繁轲

1963 年 9 月出生，中共山东省委宣传部一级巡视员，孔子第七十四代孙，山东菏泽人（祖籍山东曲阜）。在《人民日报》《光明日报》《学习时报》等报刊发表文章百余篇，策划主编《中国共产党道路创新史》《中国共产党文化创新史》《新编哲学社会科学简明手册》《6 句话读懂传统文化》《"两创"的"曲阜模式"》等著作二十余部，策划制作《永恒》《沂蒙精神与群众路线》等多部电视理论专题片，创作出版《圆寂》《逆悟》等长篇小说。

The Way of Confucius

孔繁轲 著

山东友谊出版社

·济南·

图书在版编目（ＣＩＰ）数据

何以孔子 / 孔繁轲著 . —— 济南：山东友谊出版社，
2022.9

ISBN 978-7-5516-2311-7

Ⅰ．①何… Ⅱ．①孔… Ⅲ．①孔丘（前551-前479）
－哲学思想－研究 Ⅳ．① B222.25

中国版本图书馆 CIP 数据核字 (2022) 第 164634 号

何以孔子

HEYI KONGZI

项目统筹：何慧颖　郭海龙
责任编辑：王　苑　赵　锐
装帧设计：雷祥荣

主管单位：山东出版传媒股份有限公司
出版发行：山东友谊出版社
　　　　　　地址：济南市英雄山路 189 号　邮政编码：250002
　　　　　　电话：出版管理部（0531）82098756
　　　　　　　　　发行综合部（0531）82705187
　　　　　　网址：www.sdyouyi.com.cn
印　　刷：山东临沂新华印刷物流集团有限责任公司

开本：710mm×1000mm　1/16
印张：26　　　　　　　　**字数**：250 千字
版次：2022 年 9 月第 1 版　**印次**：2022 年 9 月第 1 次印刷
定价：89.00 元

不学诗，无以言。

不学礼，无以立。

——《论语·季氏》

目　录

引　子　*001*

01 - 天下第一家：家谱 族群 身世 辈分 / 001

02 - 少年 贫贱 学礼 赴宴被拒 / 011

03 - 敏学好问：老子 老莱子 项橐 郯子

　　　蘧伯玉 晏子 / 019

04 - 创办私学 有教无类："小六艺""大六艺" / 037

05 - 门生（1）：颜回 曾参 "八儒" 有若 / 047

06 - 门生（2）：子贡 子路 / 063

07 - 门生（3）：闵子骞 公冶长 宰予 / 077

08 - 礼 乐 仁 克己 复礼 / 089

09 - 《周礼》《礼记》 仁 / 097

10 - 君 子 君子 君子之道 / 109

11 - 出仕（1）：委吏 中都宰 司寇 夹谷之会 / 123

12 - 出仕（2）：诛少正卯 "堕三都" / 133

13 - 八佾舞于庭 是可忍，孰不可忍 齐女离间 / 143

14 - 周游：去鲁适卫 匡城被困 蒲邑"弃盟" / 155

15 - 留卫：女子与小人 子见南子 子路不悦 / 167

16 - 居卫论政：卫灵公 卫出公 名正言顺 / 177

17 - 适陈：陈蔡绝粮 "丧家之狗"问津 师徒对话 / 189

18 - 适楚：叶公问道 凤兮之歌 粘蝉之韧

与楚昭王之交 / 205

19 - 过曹：曹伯阳和曹恤 过宋：桓魋

过郑：子产及郑音 / 217

20 - 入仕迷惘：阳货、公山不狃、佛肸之邀 / 233

21 - 归鲁：谈冉求 议"田赋" 修《春秋》

　　"绝笔于获麟" / 245

22 - 三代"出妻" 三大不幸 颜回、子路之殇 哲人之死 / 257

23 - 传承（1）：子思"中庸之道" 孟子"民本观"

　　荀子"性恶论" / 271

24 - 传承（2）：董仲舒 张载 "二程"（程颢和程颐）

　　朱熹 王阳明 / 287

25 - 褒扬：从"褒成宣尼公"到"大成至圣先师"

　　御书牌匾 / 305

26 - 命运多舛："二宗"并存 刘末乱孔 "打倒孔家店"

　　谭厚兰事件 / 319

27 - "两创" "四个讲清楚" 核心价值观 "夫子归来"

"儒学热" / 331

28 - 孔夫子与马克思 大同世界 尼山之约 命运与共 / 345

尾　声 / 363

- 后　记 / 369

- 附录一 孔氏家谱简编 / 375

- 附录二 孔子年谱 / 381

- 附录三 衍圣公世袭表 / 395

- 附录四 孔子周游列国路线图 / 400

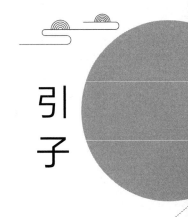

引子

　　辽阔的太平洋西岸。广袤的中国大地。山东省曲阜市东南与泗水县、邹城市交界处，矗立着一座名闻遐迩的尼山。……因为孔子，这座质朴天然的生态之山，尽管海拔比不上珠穆朗玛，也不能比肩于阿尔卑斯，却被誉为文明之山、精神之山、智慧之山。

　　辽阔的太平洋西岸。广袤的中国大地。山东省曲阜市东南与泗水县、邹城市交界处，矗立着一座名闻遐迩的尼山。它东临沂河，南临圣水湖，山体绵延数里，拥有大小山头二十余座，主峰海拔三百四十五米。该山原名尼丘山，汉代著名历史学家司马迁在《史记·孔子世家》中记载：孔母颜氏"祷于尼丘得孔子"。孔子诞生于此，家中排行老二，其父为他取名为孔丘，字仲尼，后人尊称为"孔子""孔圣人"。为了表达对圣人孔子的尊重，避"丘"之讳，后人将尼丘山简称为尼山。

　　因为孔子，这座质朴天然的生态之山，尽管海拔比不上珠穆朗玛，也不能比肩于阿尔卑斯，却被誉为文明之山、精神之山、智慧之山。正如清代王尔鉴《尼山》诗云："寰中五岳插天起，神龙半隐青霄里。钟灵何地无伟人，毓圣特异尼之址。可知名山不在高，地灵往往生英豪。一自麟书降祥后，众山罗列皆儿曹。"

尼山原本是一座自然天成之山，地位如此之高，影响如此深远，固然因圣人孔子之故。山的东麓有相传孔子出生的山洞——夫子洞。夫子洞又名坤灵洞，系天然石室，洞深两米有余，周围环以石墙，左侧靠墙处横有天然的石床、石枕。山洞很小且十分普通，但因为传说孔子的母亲在尼山乞子感动上苍，孕育并诞生了孔子，遂令后人平添了诸多想象。

沿夫子洞左侧拾级而上，步行往北百余米处，是一座古朴精致典雅的庙宇——尼山孔庙。该庙建于五代后周显德年间，后毁于战乱。元至顺年间，孔氏第五十四代衍圣公孔思晦重修祠庙，并兴建了观川亭和尼山书院。明成祖永乐年间建成错落有致的五院规模，拥有六十九间殿堂房屋，其东侧门外，便是仿北京国子监建造的尼山书院。

由尼山北望，驱车二十五公里，便来到久负盛名的东方圣城曲阜主城区。这里有蜚声中外的世界文化遗产——"三孔"：

孔庙，是祭祀孔子的庙宇，被誉为"天下第一庙"，是儒家文化最具代表性的古典建筑群，与北京故宫、承德避暑山庄并称"中国三大古建筑群"，孔庙主体建筑大成殿为"东方三大殿"之一。

孔府，又名衍圣公府，是孔子世袭衍圣公的后代居住的官邸，作为衙宅合一的典型贵族庄园，完美呈现了中国传统建筑风格和东方民居特色，被誉为"天下第一家"。

孔林，是孔子及其家族的专用墓地，也是世界上规模最大、墓葬最多、保存最完整的家族墓地，号称"天下第一林"。

这，就是人们津津乐道的"老三孔"。

相较而言，位于曲阜市中心的孔子研究院、曲阜城南北中轴线大成路正南端的孔子博物馆，以及近年来依尼山周边精心打造的尼山圣境，则为人们日渐传颂、声名鹊起的"新三孔"。

孔子研究院，系国务院1996年批准设立的研究孔子及其思想的专门机构，具有学术研究、博物展览、文献收藏、信息交流、人才培养等功能。研究院占地面积9.5公顷，建筑面积2.6万平方米，总投资1.9亿元，于2010年6月竣工。

孔子博物馆作为社会科学类名人专题博物馆，于2013年初动工兴建，2019年9月正式开馆，通过孔子的时代、孔子的一生、孔子的智慧、孔子与中华文明、孔子与世界文明等展区，全方位展现了孔子博大精深的思想。馆内藏品主要源自历史上孔府积累的旧藏，拥有各类馆藏文物70多万件，其中孔府私家文书档案30多万件、宋代以来善本古书4万多册、明清衣冠服饰8000多件，以及大量与祭祀孔子有关的礼乐器。

尼山圣境五峰并峙、五川汇流，西边是孔子父亲生活过的鲁源村，东边是孔子母亲的家乡颜母庄，北有孔子出生的夫子洞。作为文化休闲度假胜地、世界级人文旅游目的地，它是一个集文化体验、修学启智、生态旅游、休闲度假、教育培训于一体的综合性文化场所，其核心建筑为孔子像、大学堂、大讲堂。

孔子像作为尼山圣境的标志和象征，高72米，雄踞尼山，巍峨而立，生动展现了可亲、可敬的至圣形象；大学堂依山而建，呈汉唐风格，总建筑面积约7万平方米，汇集七十二贤廊和仁厅、义厅、礼厅、智厅、信厅等文化空间，俨然文化艺术的宏伟殿堂；大讲堂与孔子圣像、大学堂呈品字形分布，总建筑面积3.2万平方米，通过厅、台、殿等传统建筑形式，营造了古韵悠然的汉唐气质，是尼山世界文明论坛的永久性会址。

由尼山出发，从古至今，两千多年来，全球建有各种类型的孔庙、文庙不计其数，仅中国就有2000余处；自2004年韩国首尔大学挂牌第一个孔子学院以来，全球160多个国家和地区建有孔子学院500余家、孔子学堂2000余所，遍布亚洲、非洲、欧洲、美洲、大洋洲。

早在1984年9月，孔子诞辰2535周年之际，即由民政部注册成立了孔子基金会；1994年10月成立了以促进全球儒学研究与交流为宗旨的国际儒学联合会；2020年10月，教育部和山东省共建尼山世界儒学中心。从1989年9月开始，中国（曲阜）国际孔子文化节已连续举办了三十七届。尼山世界文明论坛自2010年至今，已成功举办七届。

据说34年前的1988年1月，有75位诺贝尔奖获得者在法国巴黎参加主题为"面向21世纪"的国际性会议，会议结束时感慨发表如下宣言：如果人类要生存下去，就必须回到两千五百年前，去汲取孔子的智慧。且不论这一宣言的真伪，仅凭这一说法流传之广、影响之远，便足以窥见孔子这一东方圣人的崇高与伟大。

至此，作为孔氏之后，我虽然也研读过些许孔子的著作，对他博大精深的儒家思想略知一二，能够就一些领域和方面发表拙见，但是在某种程度上，依然像世间平凡的芸芸众生一样，产生了诸多说不清、理还乱的疑惑与迷茫：

孔子到底是一个什么样的人？他是如何从一个士族之后，一步步成为万世师表的？以他为代表的儒家思想，究竟是怎样的一个思想体系，有哪些独到的文化标识？他到底是一个神化的圣人，还是一个普通的凡人？自秦汉以来，为什么对他的评价莫衷一是，时而被热捧上天，时而被冷摔下地？今天，我们又该以什么样的心态看待孔子、礼敬以儒家思想为代表的中华优秀传统文化？……

夏末秋初的一个傍晚，迎着微凉的晚风，闻着幽婉的蝉鸣，我怀揣着说不清、道不明的诸多问题，如同朝圣一般，再次来到熟悉而又陌生的曲阜尼山圣境。

我深情驻足于金声玉振广场，仰望高耸巍峨、慈眉善目、和蔼可亲、温厚敦良的孔子圣像，思绪像晦暗天空上的团团棉絮，任怎么梳理也理不出头绪，眼前朦胧着一簇簇的碎片。鬼使神差般地，趁着渐次闪烁的光亮，我仿佛看到高大伟岸的孔子，迈着轻盈飘逸的步伐，从半山腰款款向我走来。他微微翕动着厚厚的嘴唇，分明想说什么，却始终没有开口。我恍惚片刻，使劲定了定神，正想迎面上前搀扶，他却骤然停下了脚步，任我无论如何，终不能靠近他，恰似间隔了一道无法逾越的鸿沟。片刻工夫，伴随着阵阵袭来的秋风，他却像一股缥缈的轻烟，梦幻般消失得无影无踪。我下意识地张开双臂，内心深处不由得呼唤道："是您吗？老祖……"对面悠远呼应的，是山涧回荡的缕缕清风。

怎么办？我怏怏然驱车回到百花谷深处的尼山书院，坐在精致的仿古木桌前，打开笔记本电脑，采用书信往来的方式，发出了史无前例的尼山之约，开始了与先人穿越时空的对话——

01

天下第一家：
家谱 族群
身世 辈分

　　孔家尊崇长幼有序，讲究代际传承，家谱最重要的标识是辈分。据《孔子世家谱》记载，在咱们孔氏家族繁衍传承的历史长河里，从您上溯七代属于单传，下延五代也属于单传，孔家能够达到今天的规模实属不易，堪称人类繁衍史上的传奇。而这，到底有一些什么样的故事？隐藏着哪些不为人知的秘密？

老祖：

您好！冥冥之中，上天眷顾我成为您的第七十四代孙。

常言道：天下之本在国，国之本在家，家之本在身。孔氏宗族源自您，传承八十余世，绵延两千余年。目前，全球孔氏后人近 400 万，其中中国境内约 200 万，山东曲阜最为集中（13 万余人）；境外以东亚、东南亚国家居多，仅韩国就有 60 余万。作为目前世界上延续时间最长、收录范围最广的一部氏族谱系，《孔子世家谱》记录了从您开始延续两千五百多年的孔氏后裔的名讳、字号、辈分、居住地、迁徙、任职、子嗣及个人成就等情况，其族系之明、稽考之实、保存之全，堪称世间谱牒之冠。目前在曲阜孔子博物馆的"诗礼传家"展厅，陈列有四个版本的《孔子世家谱》（最初为北宋元丰八年镂印版家谱，明代天启年间的家谱已不存世），包括清代康熙二十三年（1684 年）孔氏刻朱印本（收录近 2 万人），清代孔子第六十七代孙孔毓圻鉴定、孔尚任编纂版（收录 10 万余人），1937 年孔子第七十七代孙、袭封衍圣公孔德成领衔修订版（收录 56 万人），2009 年经孔德成授权、由其堂弟孔德墉组织编纂的新谱（收录近 200 万人）。特别是 2009 年新谱，系新中国成立以来首次续修。该谱历经十年编纂完成，全套共 80 册，首次将女性后裔纳入谱系，且超越了地域、国界，被称为名副其实的"全球谱"。

孔家尊崇长幼有序，讲究代际传承，家谱最重要的标识是辈分。据《孔子世家谱》记载，在咱们孔氏家族繁衍传承的历史长河里，从您上溯七代属于单传，下延五代也属于单传，孔家能够达到今天的规模实属不易，堪称人类繁衍史上的传奇。而这，到底有一些什么样的故事？隐藏着哪些不为人知的秘密？

作为孔氏后裔，我翻开厚重的家谱一查，我的辈分是"繁"字，父辈是"庆"字，子女是"祥"字，上上下下还有很多代表辈分的吉祥字。谈到这些寓意吉祥的辈分字，不少人曾经好奇而又惊讶地问："你们孔家的历史上下两千多年，传承八十余代，辈分是孔子早就定好的，还是另有高人拟定？为什么会如此神奇、规整？"有人甚至问我："籍贯和出生地是一个人十分重要的标签，你老家不在曲阜，你的孔姓是真的还是假的？从东汉末年到今天，孔家有六十大户之说，你家到底属于哪一户？"每每遇到这样的问题，我便觉得十分好笑：天下一笔写不出二孔，难道还有真假不成？

　　就孔氏辈分，我曾做过专门考证。咱们孔家从您开始到第四十五代，行辈是不明显的。为了家族繁衍不乱、长幼有序，从第四十五代起，开始注意代际传承、显示字辈。可是，直至明朝孔氏第五十六代以前，行辈始终没有固定。也就是说，从第五十六代起，孔家才有了五十个字、五十辈，且代代均由皇帝或政府亲自拟定。这可算是历史上最完整、最高贵的字辈。作为孔氏后裔，对这些行辈务必始终牢记：

　　希言公彦承，弘闻贞尚胤。

　　兴毓传继广，昭宪庆繁祥。

　　令德维垂佑，钦绍念显扬。

　　建道敦安定，懋修肇彝常。

　　裕文焕景瑞，永锡世绪昌。

　　细究起来，以上五十字、五十辈的来历是这样的：明代初年，太祖朱元璋先后赐予孔氏前十个字作为辈分，明确规定从孔家第五十六代起，以后孔氏族人不准自行随意取名。明崇祯二年（1629年），第六十五世衍圣公孔胤植奏请皇帝恩准，赐第六十六世至第七十五世十字、十辈。清同治二年（1863年），第七十五世衍圣公孔祥珂经皇上恩准，又立第七十六世至第八十五世十字、十辈。民国七年（1918年），第七十六世衍圣公孔令贻又报请北洋政府内务部备案，续立第八十六世至第一百零五世二十字、二十辈。目前，生活在中国台湾的孔垂长（尼山世界儒学中心理

何以孔子

事会名誉理事长、至圣孔子基金会会长），就是孔氏家族的第七十九代嫡长孙。孔家最小的辈分已经传到了第八十一代"钦"字辈。

说实在的，生在孔门，闪着光环，蔚为荣耀。但是，如果不好好研读《孔子世家谱》，不明白自己来自哪里，又何以谈得上出身名门？怎么向人准确讲述祖先的故事？……所以，作为两千五百余年后的晚辈，我懵懵懂懂，斗胆向您请求：您能耐着性子，"诲人不倦"地给我一五一十讲述一番吗？

孙儿这厢有礼了。盼复。

您的第 N 代孙

2022 年 3 月 6 日

孙儿：

时光如梭，穿越了两千五百余年。收到孙儿的来信，我甚是欣慰。

信中谈到 2009 年最新版的《孔子世家谱》，我似乎有所耳闻。此乃功在当代、利在千秋的大工程，历时十年，实属不易，令人敬佩。通过修谱，可以"详世系，联疏亲，厚伦谊，严冒窜，序昭穆，备遗忘"。我作为孔氏家族的祖先，感到无上荣光。那个叫孔德墉的孔家第七十七代孙，如今应该九十多岁高龄了吧，他为咱老孔家办了件功德无量的大好事。

按照孔氏宗法，有六种人不准入谱：义子、赘婿、再婚所生子、流入僧道者、干犯、流入下贱者。坦率地说，对于孔氏女性后裔入谱，我也不能苟同。女性不入本姓族谱，是许多家族的祖训，对于咱们孔家而言更是如此。这次修谱以体现男女平等为由，将姓孔的女性录入族谱，这既违背了孔氏祖训，也与两千余年的传统格格不入，原因有三：一是我国传统社会长期以来以父为大，属父系社会；二是族中女孩结婚后所生子女随夫姓，与娘家姓氏有别；三是族谱以世系为本，女孩入了娘家谱，但所生子女随夫姓且不能入娘家谱，便会使世系延续断裂。如此一来，家谱的真正意义就大打折扣。

我的观点或许有些不合时宜，但随着时间的推移和家族的繁衍传承，它的合理性终会得到印证。

关于孔氏家族单传——的确，咱们孔氏一族能够繁衍发展到今天，拥有近400万人规模，非常不容易。孔氏家族宗亲意识浓厚，对于"我是谁""祖先又是谁"等等之类的问题，总爱刨根问底。是的，考究孔氏家族的历史，会惊奇地发现一个神秘的现象：家族单传。由我上溯七代，孔氏正宗每代只有一个男儿，下延五代，也属于单传。此真乃天助咱们孔家。这里，我不妨就孔氏传承，与你作一番梳理：

　　相传，人文始祖黄帝有曾孙名帝喾，帝喾的夫人简狄在一次外出巡游时，吞下一枚燕子生下的蛋，后来怀有身孕，生下商朝始祖契。因为契系母亲食燕子蛋所生，便以"子"为姓。契之后历经十四世传至商汤，汤名履字太乙，加姓为子太乙。在太乙的多位子孙中，除了其中一人继承王位外，其余均为贵族。

　　周灭商后，商最后一位帝王纣王的哥哥、殷末"三仁"（箕子、微子、比干）之一微子启，作为殷商遗民，被周成王分封于宋国（国都乃今河南商丘），并被允许用天子礼乐奉商朝宗祀。微子去世后，其职位由胞弟微仲接任。微仲曾孙宋闵公有两个儿子，一个是弗父何，一个是鲋祀。弗父何是我的十世祖，礼让弟弟鲋祀，使其在宋闵公去世后继位为宋厉公。

　　弗父何的曾孙正考父，以谦谦君子闻名于世，在宋戴公、宋武公、宋宣公三朝为官，成为有名的辅政大臣。他曾在家庙中的鼎上铭文："一命而偻，再命而伛，三命而俯，循墙而走，亦莫余敢侮。饘于是，粥于是，以糊余口。"他的儿子孔父嘉任大司马，穷兵黩武，十年十一战，搞得民怨沸腾。当时，有位名叫华督的权臣，垂涎孔父嘉的夫人魏氏的美色，利用国人的不满情绪，假公济私将孔父嘉杀害，并霸占了他的妻子（后魏氏自缢而亡）。此时，孔父嘉的儿子木金父因年龄尚小，被家人抱着逃到鲁国，长大以后，为纪念生父，便以父亲字中的"孔"为姓（孔父嘉，子姓，名嘉，字孔父）。

　　从木金父，到木金父之子祈父、祈父之子孔防叔、孔防叔之子叔梁纥，隐姓埋名，四世而不显，直到我的父亲叔梁纥这一代，孔氏家族的事迹才有了一些记载。

如此算来，从正考父、孔父嘉、木金父、祈父、孔防叔、叔梁纥，已经是六代单传。

到了我这一辈，自然是七代单传。

我的父亲是叔梁纥，姓孔，名纥，字叔梁，曾为鲁国一员武将，"勇力闻于诸侯"，虽然屡次荣立战功，但并未被加官晋爵，最终只是一个"武士"（没落贵族），被封为陬邑大夫（其管辖区域相当于现在的一个乡镇）。父亲与正妻施氏生九女而无一子，而侍妾之子孟皮因足疾不能做继承人（当时家族的规矩）。

不孝有三，无后为大。六十多岁时，我的父亲便向鲁国颜氏求婚。记得《孔子家语》中有这样一段记载：颜家的长辈认为，父亲祖辈六代积德行善，尽管父亲已经60多岁，但毕竟也是德福之人，所以愿意结这门亲。可是，大女儿、二女儿都不同意，只有刚满15岁的小女颜征在主动答应这门亲事，于是，颜家便将小女儿嫁给了父亲。婚后不久（鲁襄公二十二年），便有了我。

你知道的，司马迁在《史记·孔子世家》中记载了这样一句话："纥与颜氏女野合而生孔子。"什么叫"野合"？！这是对我乃至先人的大不敬！所谓"野"，有两种解释：一是野外，二是粗野（不合礼仪）。古人认为：年过六十四再结婚就不合礼仪。父亲年近古稀，母亲正值妙龄，两人年龄相差甚大，故被认作不合礼仪，并非像俗人所理解的野外媾合。说到"野合而生孔子"，实是对我本人的侮辱。况且，这也与司马迁"祷于尼丘得孔子"之说大相径庭。

关于我的出生和模样，流传着很多美丽的传说。据说，当年我诞生之前，母亲曾在梦中得到北方黑帝召见，被告知将有圣子诞生；出生时，庭院上空飘满了祥云，两条苍龙从天而降，且有五位神仙奏起了仙乐；之后，为护佑我健康成长，五位仙人索性留在人间，变成了五老峰。

想必你听说过"凤生、虎养、鹰打扇"的故事——

相传，我出生时相貌十分怪异：头顶如反扣的盂，中间低凹、四周凸出，且面有七露之相，即眼露筋、鼻露孔、耳露轮、嘴露齿（眼、鼻、耳为双数）。对此，父亲惊诧不已，以为我是个怪物，一气之下将我扔到尼山脚下的山洞（坤灵洞）里。但令人不可思议的是，上山打柴的人们见到我，以为我是凤凰所生；闻听我嗷嗷待哺，山上的老虎便跑来为我哺乳；秋高时节洞中实在闷热，老鹰便飞来为我打扇。而在后世，伴随朝代的更迭，我便变成了曲阜大成殿里供人瞻仰的模样：身高九尺有余，腰大十围，头戴十二旒之冕，方脸宽腮，美面大耳，俨然威仪万端的"王者"。

这就是我，你心中的老祖。

老祖

2022 年 3 月 10 日

少年 贫贱
学礼 赴宴被拒

《孟子·告子下》："天将降大任于是人也，必先苦其心志，劳其筋骨，饿其体肤，空乏其身，行拂乱其所为，所以动心忍性，曾益其所不能。"

老祖：

俗话说，吃得苦中苦，方为人上人。《孟子·告子下》中有这样一段话：

天将降大任于是人也，必先苦其心志，劳其筋骨，饿其体肤，空乏其身，行拂乱其所为，所以动心忍性，曾益其所不能。

意思是，上天要把重任降临在某人的身上，必定要先使他的内心痛苦、筋骨劳累，使他忍饥挨饿，饱受贫困之苦，有意扰乱他业已开始的每一个行动，这样一来，可使他的心灵受到震撼，使他的性情坚忍起来，从而增加他本身所不具备的能力。

这段话，对于历经艰辛、充满智慧的您来说，恐怕再适用不过了。

出于对您的身世的好奇，我曾专门研究过您的少年生活。您出生于公元前 551 年 9 月 28 日，三年之后，父亲叔梁纥就患了重病，带着无尽的遗憾和留恋，离开了难以割舍的人世（尤其是他那九个女儿、两个儿子）。母亲颜征在遵丈夫之嘱托，为了更好地照顾您，毅然离开了先前那个曾经温暖和谐的大家族，领着刚满三岁的您来到自己的娘家——鲁国都城曲阜，在一个名为阙里的地方安下了家。母亲的娘家生活相对殷实，她接受过良好的教育，一边帮着人家做着缝补衣裳之类的家务，一边尽可能把自己懂得的道理传授给您。

　　让我颇为纳闷的是，在这样的生活条件下，您是怎么生活的？从哪里、跟谁学到那么多的礼仪知识？都遇到了什么让您难忘的事情？

孙儿

2022 年 3 月 13 日

孙儿：

　　你提的这些问题，可以说又一次戳到了我的痛处。你知道，缺乏父爱或母爱的童年，十有八九谈不上所谓的幸福。父亲的离世对于我而言，与其说是失去了父爱，倒不如讲意味着一场灾难。

跟着母亲在阙里生活的日子里，经常受到社会的冷遇。为了生存，我不得不干些其他孩子不愿干的脏活累活，帮着母亲做些力所能及的事情。五六岁时，我的智商就比一般的孩童高，当别人家的孩子玩那些简单群体游戏的时候，我常常一个人做些让人不可思议的游戏——陈俎豆，演习祭祀既隆重又繁琐的礼仪。在曲阜阙里生活的十四年中，我从母亲身上学到了最基本的礼仪，学会了如何做人、做事。

作为士族子弟，自然有着更高的理想追求——报效国家、服务社会。因此，必须具备谋仕之学——传统的儒业。

春秋战国时期，很多士族子弟为了进身谋生之途，都要学习掌握礼、乐、射、御、书、数，我也毫不例外。为了谋生自强、获得尊严，我一边跟着母亲干些家务，一边想方设法跟人学习。

所谓"礼"，就是周礼，即为人处世必须掌握的仪式上的礼仪、生活中的礼节、人与人之间的礼数。这些礼仪、礼节、礼数并非一般人都能掌握，须有专门人员进行指点。比如婚丧嫁娶之类的礼仪，就十分复杂。

所谓"乐"，与礼密切相关，有礼之处必有乐，什么场景使用什么样的礼和乐，讲究都十分严格。

所谓"射"，指射箭，不会射箭就无法上战场，无法为国效劳。这是贵族士族必备的本事。

所谓"御"，就是驾车。古时候打仗要驾战车，大夫出行也需要乘车，会驾车是身份的象征。

所谓"书"，就是会写字，懂得文字。

所谓"数"，包含两层意思：一是会计算，二是懂术数。

这就是人们常说的"小六艺"。

随着"六艺"水平的提升，我的生活越来越充实，自身也慢慢有了底气和自信。

十七岁那年，我的人生经历了又一次重大打击：与我相依为命的母亲不幸积劳成疾，离我而去。该怎样埋葬母亲？按照当时的社会风俗，夫妇不合葬，但我想让父母葬在一起。可是，母亲先前并没有告诉我父亲的坟墓在哪里，况且，我和母亲是在父亲去世后搬到阙里的，这里的人自然无从知道父亲葬在何处。

无奈之下，我把母亲的灵柩停放在了五父之衢——阙里附近的一个大路口，希望有知情的路人能够帮助自己。果不其然，我的孝心感动了陬人挽父的母亲，她的儿子是位职业抬棺人，曾经参与安葬父亲。她告诉我，父亲葬于鲁东的防山。于是，我得以将父母葬于一处，并在墓上封土，开了夫妇合葬、封墓而坟的先河。此处，就是历经数年修葺、逐渐有了当下规模的"梁公林"。

办完母亲的丧事，我开始了为期三年的守孝。守孝刚开始不久，为人以来第一次巨大的侮辱深深刺激了我。事情是这样的：

当时，鲁国的执政上卿季氏发了一则通告，邀请所有鲁国士族子弟到家里参加宴会。按照当时的统治阶层划分，"士"虽然列于诸侯、卿、大夫之后，是最低一个层级，但不用交税，不用服杂役。既然父亲是陬邑大夫，按照子承父业的法则，最起码我应该是个"士"。

看到这个消息，我十分高兴，因为我从未参加过如此重要的社交活动，一旦加入这个行列，则意味着可以结交更多社会名流，拥有了跻身仕途的机会。这体现的是家族的地位，本身即是一种荣耀。

鉴于正处在三年的服丧期，我内心充满纠结：去吧，恐多有不妥；不去吧，等于驳了季氏的面子。两难之下，我顾不得脱下丧服，忐忑不安地来到季氏家门前。令人想不到的是，竟意外遇到了"拦路虎"，也就是季氏的家臣（说白了，最多是个管家）——阳虎。

他站在大门口，伸手将我拦住，说："我家主人请的是士，没有说要请你。"待盘问完我的来历，竟然还轻蔑地说我是"陬人之子"。这一称呼在当时颇有贬损人的意味，就像称呼某某家已经长大成人的青年为"某某家的小孩子"一样。

我十分愤慨，到现在身上还贴着父辈的标签，被别人当小孩儿耍。大庭广众之下，不管我怎么解释，阳虎就是不放我进去。受到如此这般污辱，我强忍住心中的怒火，愤愤然回到家。

思来想去，既然我不能被鲁国所接纳，不如去往两百里开外的宋国。因为，那里既是我祖先生活的地方，也是殷商文化的传承之地。于是，为母亲服满三年丧期，我便打点好行装，带着佩剑（这可是士族的象征），去了宋国。

少小时期的痛苦生活，可谓不堪回首。但是，它不仅没让我一蹶不振，反而锻造了我不屈不挠的人格，鼓舞了我踔厉奋发的斗志。在此，忠告孙儿：任何时候、任何情况下，都不要轻易言败。否则，便枉做了孔家的子孙！

老祖

2022 年 3 月 17 日

敏学好问：

老子 老莱子

项橐 郯子

蘧伯玉 晏子

我很想知道：在您求学悟道的过程中，尽管"学无常师"，但总会有一些师长、友人让您礼敬、令您难忘，他们都是谁？和您之间又发生过什么样的故事？

老祖：

作为春秋后期的思想家、教育家，儒家学派的创立者，您在世时就享有很高的声望。《论语·子罕》记载：太宰问于子贡曰："夫子圣者与？何其多能也？"子贡曰："固天纵之将圣，又多能也。"《论语·八佾》中说："天下之无道也久矣，天将以夫子为木铎。"（木铎，以木为舌的大铃，铜质。古代宣布政教法令时巡行振鸣，以引起众人注意）

我想，您被尊奉为"天纵之子""天之木铎"，绝对不是偶然的，肯定有必然的道理。而这个"道理"，很大程度上与"好学"有关。您曾说："吾尝终日不食，终夜不寝，以思，无益，不如学也。"（《论语·卫灵公》）

《论语·八佾》记载：您在20岁左右就已经获得进入太庙（周

公庙）的资格。在协助进行祭祀、礼仪活动时，每次遇到事情您都打破砂锅璺到底——问个明白，致使别人产生疑问：这哪里是叔梁纥那个懂礼的儿子？

记得鲁昭公十七年（前525年）秋天，您刚满27岁，鲁国的附属国郯国的国君郯子前来拜见昭公，昭公设宴款待郯子。陪同招待的大臣叔孙昭子知道郯子是个很有学问的人，便好奇地问郯子一个问题："少皞氏得天下时，为什么总是喜欢用鸟来为各部官员命名？"郯子一一作了回答。

当时，您并不在现场，闻听这件事以后，赶紧跑到接待郯子的宾舍，当面向郯子讨教，总算弄明白了此事。原来——

古代帝王当立，便有祥瑞之物出现：黄帝时出现云瑞，所以用云来纪事，命名百官；炎帝神农氏时出现火瑞，所以用火来纪事，命名百官；共工氏时出现水瑞，所以用水来纪事，命名百官；太皞伏羲氏出现龙瑞，所以用龙来纪事，命名百官。

郯子的祖先少皞氏得天下时，正好飞来一只凤凰，所以用鸟来纪事，给百官命名。比如：凤鸟氏，负责掌管历法；玄鸟氏，负责确立春分、秋分的时辰；伯赵（劳）氏，负责确立夏至、冬至的时辰。还有祝鸠氏、鴡鸠氏、鸤鸠氏、爽鸠氏、鹘鸠氏分别担任司徒、司马、司空、司寇、司事之职……

直到从颛顼高阳氏以来，才开始以事来命官，为什么？因为不再有祥瑞出现。

大凡读过传统启蒙读物《三字经》的人，都知道"昔仲尼，师项橐"的传说，"君子之约""童叟无欺"等典故即来源于此。

当时，出于对莒国纪郭城百姓淳厚、博学的好奇和向往，您与弟子风尘仆仆来到此地。策马东行时，几个戏耍的顽童慌忙躲开，唯有项橐小儿立于路中。子路停车呵斥，但项橐仍然不动。

您在车上问道："无知顽童阻车于路中，是为何意？"

项橐见您出言不逊，不耐烦地说："城池在此，车马安能过去？"

您问："城在何处？"

项橐说："筑于足下。"

您屈尊下车观看，果然发现小儿立于石子摆成的"城"中。您笑道："此城何用？"

项橐戏言："御车马军兵。"

"车马从此过，又待如何？"您说。

"城固门关，焉能过乎？"项橐回答。

您又问："我若硬冲，却又如何？"

项橐说："城躲车马，车马躲城？"

于是，您无言以对，不得不绕"城"而过。

您与弟子受项橐这般戏弄，怏怏不乐。见路边一农夫，子路便戏问道："农家做何？"农夫回答："锄地。"子路又问："看你忙忙碌碌，不知手中之物日抬几度？"农夫一时答不出，师徒窃喜。

此时，项橐跑来回话："我父年年锄地，自知手中之物日抬几度，先生行必乘车马，想必知马蹄日抬几度？"

子路顿时哑然。

见小儿聪颖机敏，您便下车细察："观你这孩童才智过人，今你我各出一题，互为应对，胜者为师，如何？"

项橐道："不可戏我。"

您说："童叟无欺。"接着问他："人生于世，皆托日月星辰之光，地生五谷，方养众多生灵，且问小儿，天有多少星辰、地上多少五谷？"

项橐答道："天高不可丈量，地广不能尺度，一天一夜星辰，一年一茬五谷。"

稍顿，项橐问："人之体比地小，目之眉比天低，二眉生于目上，天天可见，人人皆知，夫子可知二眉有多少根？"

您无言以对，正欲按照先前之约，拜小儿为师，项橐纵身跳入旁边水塘之中。一会儿，项橐浮出水面，说道："沐浴后方可行礼，夫子也来沐浴。"

您说："吾不曾学游，恐沉而不浮。"

项橐道："不然，鸭子不曾学游，反而浮而无沉。"

"鸭有离水之毛故而不沉。"

"葫芦无离水之毛，也浮而不沉。"

"葫芦圆而且内空，故而不沉。"

"钟圆且内空，何又沉而不浮？"

项橐此番连珠炮似的话语，弄得您面红耳赤、无法作答。于是，待项橐沐浴完毕，您如约设案行礼，拜项橐小儿为师。之后，一路驱车返回曲阜，从此不再东游……

《论语》中，反映您敏而好学的语句可以说不胜枚举。诸如："十室之邑，必有忠信如丘者焉，不如丘之好学也。"（《论语·公冶长》）；"三人行，必有我师焉：择其善者而从之，其不善者而改之。"（《论语·述而》）"敏而好学，不耻下问。"（《论语·公冶长》）"朝闻道，夕死可矣。"（《论语·里仁》）"学而时习之，不亦说乎？"（《论语·学而》）"见贤思齐焉，见不贤而内自省也。"（《论语·里仁》）……

说到这里，我很想知道：在您求学悟道的过程中，尽管"学无常师"，但总会有一些师长、友人让您礼敬、令您难忘，他们都是谁？和您之间又发生过什么样的故事？

孙 儿

2022 年 3 月 20 日

孙儿：

从来信中可以看出，你是一个好学上进的后生。咱们孔氏的世代家训是："不学诗，无以言""不学礼，无以立"。（《论语·季氏》）这两句话，是 2000 多年前我讲给孔鲤听的，到现在为止，孔家的子孙们一直秉持"诗礼传家"的家训，在学知识、遵道德、懂规矩、重言行、恪操守等方面孜孜以求，赢得了人们的尊重，维护了咱们孔氏的尊严。这一点，令我十分欣慰。

我被奉为"天纵之子""天之木铎"，以至于被封为所谓"圣人""先师"等等，这当然是人们对我的溢美之词。就我个人而言，并非完美无瑕，但有一点我十分满意，那就是我敬重先师、遵从道德、谦虚好学。信中你询问令我礼敬、难忘的师长、友人，这里不妨择其要者给你说道说道——

首先我要说的是老子。关于我和老子之间的关系及传说有很多，有的人说老子这个人根本不存在，有的人认为我和老子之间没有交集，还有的人讲，老子和我不相上下……对此，这里我不想费任何唇舌、作任何无意义的解释。我只想说：他是一个令人尊敬的智者、大师。

老子（约前 571 年—前 471 年之间），姓李，名耳，字聃，是中国古代伟大的哲学家、思想家，道家学派的创始人，其传世之作《道德经》（又称《老子》）主张无为而治，充满朴素的辩证法，对中国哲学的发展影响深远。我认为，老子的知识和见解高深莫测、不可企及，犹如"乘风云而上天"的"龙"，而老子比喻我为"凤"。我俩一龙一凤，龙凤呈祥。

我一生曾两次拜访老子：第一次是在鲁昭公二十四年（前 518 年），那年我 34 岁，老子 50 多岁；第二次是老子被免周朝守藏室史，回故乡宋国沛地之后，那年我50多岁，前往沛地与他一起讨论天道。

让我印象最深的，是第一次。当时，洛邑（今洛阳）是东周的国都，我很早就想去洛邑"观先王之遗制"，考察"礼乐之原""道德之归"，于是，通过我的学生南宫敬叔上书鲁昭公，表达了我要去洛邑问礼的愿望。

对此，昭公给予高度赞赏，专门赐车乘一辆、马两匹，派一名童仆侍从，并安排南宫敬叔一路陪同。

此时，老子任守藏室之史，管理国家文献典籍。得知我从鲁国远道而来，他非常高兴，早早来到大街上迎接，对我说的第一句话就是：君子，如果时运好，能够得到明君的帮助，就可以出来做官，干一番事业；如果时运不济，没有明君的帮助，便不妨随波逐流，听从命运的安排。

随后，他带着我观祭神之典，考宣教之地，察庙会礼仪，特别是在东周明堂，让我看到了"尧舜之容、桀纣之象"，以及周公辅佐成王的画面。其间，又引我拜会了大夫苌弘，教我学乐律知识。我辞行前，老子在馆舍之外，赠言与我：

我听说富贵者往往以财富赠人，仁义者以格言赠人，我既不富又不贵，没有财富赠你，只能赠送你一些嘉言，即：有些人聪明深察却日益走近死亡，是因为他喜好议论别人的是非；有些人博学通达却危害其本身，是因为他喜好揭发别人的罪过。为人子者不要只有自己，为人臣者不能只知自己。

老子把我送到黄河之滨，听着河水滔滔，势如万马奔腾，声如虎吼雷鸣。我伫立黄河岸边，油然慨叹："逝者如斯夫，不舍昼夜！黄河之水奔腾不息，人之年华流逝不止，河水不知何处去，人生不知何处归。"

他手指着浩浩黄河，对我说："汝何不学水之大德欤？"

我问："水有何德？"

他说："上善若水。水善利万物而不争，处众人之所恶，此乃谦下之德也；故江海所以能为百谷王者，以其善下之，则能为百谷之王。"

我听了之后，恍然大悟："先生此言，使我茅塞顿开：众人处上，水独处下；众人处易，水独处险；众人处洁，水独处秽。所处尽人之所恶，夫谁与之争乎？此所以为上善也。"

他点点头："汝可教也！汝须切记：与世无争，则天下无人能与之争，此乃效法水德也……汝此去后，应去骄气于言表，除志欲于容貌。否则，人未至而声已闻，体未至而风已动，张张扬扬，如虎行于大街，谁敢用你？"

我由衷感叹："先生之言，发自肺腑，令我等受益匪浅，终生难忘。吾将遵奉不怠，以谢先生之恩。"

之后，我便与南宫敬叔迈上车子，依依不舍地离开老子，向鲁国方向驶去……

再来说说蘧伯玉（前585年—前484年）。你还记得《大学》里讲的"一言偾事，一人定国"吗？说的就是蘧伯玉治理卫国的故事。

蘧伯玉生于仕宦之家，活过了一百岁，自幼聪明过人，饱读经书，能言善辩，谦诚坦荡，一生曾辅佐卫献公、卫襄公、卫灵公三代国君，主张以德治国，倡导用执政者的模范行为去感化影响人民。他比我大三十多岁，是位真正的君子：君王有道，则出仕辅政治国；君王无道，则心怀正气，归隐山林。

我周游列国在卫国住了十年，有九年住在蘧伯玉家。在他家里，我整理了《诗经·风》。特别是在他年高隐退后的五年中，我曾在他家里设帐授徒，与他交流思想，无事不谈，对《诗》《书》《礼》《乐》等"六经"的删述，许多初稿都是在与他探讨后完成的。应当说，这五年，是我的思想日臻成熟的五年，他以德治国的理念和智慧，直接影响和助推了儒家思想体系的形成。后来，我的弟子有不少来自卫国，比如子贡等十余人，在七十二贤中均声名显赫。

现在，世间恐怕还传颂着"君子不欺暗室"的故事：卫灵公与夫人南子晚上在屋里说话，忽听远处传来车驾声，声音越来越清晰，马车越来越近，眼看就要从宫门前飞驰而过。突然，马车声音不见了，车子好像停了下来。过了一会儿，马蹄声、车辕辘声又响起来，听起来车已过宫门而去。

卫灵公很奇怪："这是谁的车？"

夫人说："一定是蘧伯玉。"

卫灵公更加奇怪："你们都没出，怎么知道是他？"

夫人说:"我听说蘧伯玉每次路过宫门都要下马,步行而过,以示对君王的尊重。真正的忠臣孝子,不仅在光天化日下持节守信,独处暗室时也是如此。蘧伯玉是卫国的贤人,对朝廷尊敬有加,为人仁爱而富有智慧。"

再比如:当年晋国赵简子想攻打卫国,派大夫史默去卫国打探消息,回来后,史默对赵简子报告:"时下蘧伯玉当宰相,深得百姓拥护,卫国举国上下齐心,国家治理得很好,千万不可以对卫国发兵。否则……"赵简子听了以后,便打消了攻打卫国的念头。

诸如此类的德行善事,不胜枚举。蘧伯玉不仅在春秋时期被称为贤人,而且受到几代王朝的封赏,至今曲阜孔庙内还供奉着他的塑像。

说到晏平仲,我俩可谓亦师亦友。晏平仲又名晏婴(约前578年—前500年,"平"是晏子的谥号),年龄比我大二十余岁,历仕三朝,齐国著名政治家。此人虽然"长不满六尺"(约合现在一米四的样子),但其机智与谋略非常人所能及,从"晏子使楚"的故事中,足可窥见一斑。

晏子一生都致力于挽救姜齐的统治,齐景公对他相当倚重,正所谓"景公知晏子贤,乃任以国政,三年而齐大兴"。

晏子与我的第一次碰面是在公元前522年。当时,身为齐国大夫的晏子陪同齐景公访问鲁国,我作为鲁昭公重臣出席。其间,齐景公问我"国小处辟"的秦穆公为什么能称霸,我回答:"国虽小，其志大；处虽辟，行中正。"对我的说法，在场的晏子十分认可。

第二次见面，是在五年之后。鲁国大乱，我被迫跑到齐国当了高昭子（齐景公后期主政大夫）的家臣，"闻《韶》，三月不知肉味"就在这个时期。

其间，齐景公曾两次问政于我，第一次我提出"君君，臣臣，父父，子子"，第二次我提出"政在节财"，齐景公听后非常高兴，准备封赏我领地。

这时，晏子一口气指出四个"不可"："滑稽而不可轨法""倨傲自顺，不可以为下""崇丧遂哀，破产厚葬，不可以为俗""游说乞贷，不可以为国"（《史记·孔子世家》）。之后，又大加挞伐我的"礼"教。结果，齐景公默认了他的说法，没有册封我什么，也不再向我请教问题。这一次相见，直接改变了我对晏子的认知，不久我便返回了鲁国。

我和晏子的第三次见面，是在公元前500年。此时，我已50岁出头，到了知天命之年，而晏子已经年近耄耋。这时，我作为鲁国大夫且政绩煌煌，此次访问齐国与上次来齐避难，实不可同日而语。齐景公对我的言行更加信服、认可，结果却因我的一句"营惑诸侯者罪当诛"而开了杀戒。不久，晏子便抑郁地死去，虽然不是被齐景公所杀，但也不能说与此事丝毫无关。

说到底，我与晏子之间，政治理念极其相似，彼此欣赏，但因立场不同，矛盾自在其中。我主张以"仁""礼"求"道"，就政治而言则为张公室而抑私家；而晏子针对齐国陈氏坐大的局面，提出"君令而不违，臣共而不贰……""唯礼可以已之"。我二人维护国君权力的政治主张，为彼此互相赞赏的基础。我称晏子为"忠臣"，"以兄事之"，而晏子在我去齐国时专门设宴款待我。

我与晏子之间之所以又相互对立，主要原因在于所处的地位及其立场不同：晏子一生仕齐，我则倾心于鲁，两国互相征伐、严重对立。晏子死后，我对他的评价是："救民百姓而不夸，行补三君而不有，晏子果君子也！"至于后人如何评价我俩之间的复杂关系，最中肯的应当理解为："道不同，不相为谋。"

在问礼悟道的过程中，我还得格外说一下老莱子这个神秘人物。老莱子（约前599年—前479年），春秋楚国人，与我同时代，是一位德行高尚、安贫乐道的贤者。

楚王深知他的贤德，欲以"守国之政"相托，曾备着厚礼登门迎接。老莱子在其妻的开导下，不愿"受人官禄，为人所制"，谢绝了楚王的邀请，向更远的地方迁徙隐居，在荆门象山脚下，垦荒耕田，奉养双亲。

民间流传的《二十四孝图》中，有一幅"老莱娱亲图"，表现的是老莱子70岁时，为消解年迈双亲的孤寂，他穿戴孩童的彩衣花帽，手里摆弄着小拨浪鼓，手舞足蹈地在父母面前嬉笑玩耍，甚至玩弄小鸡小鸭，摆出天真无邪的样子（后人以"老莱衣"指代孝养父母）。

我与老莱子相识于游历楚国之时，他的弟子外出打柴遇见我，将我引荐给了他。一见面，他就劈头盖脸地训斥道："丘，去掉你那矜持而自恃聪明的神态，才可以成为君子。"

我听了以后，边作揖边谦恭地问："夫子，我所追求的仁义之学还可以修进并为世人所用吗？"

他说："不忍一时的损伤，会留下万世奔波不息的祸患，你是本来就孤陋闭塞，还是才智赶不上呢？人如果要以施行恩惠来讨人喜欢，应该是人的终身之丑。……与其称赞唐尧而非议夏桀，不如两种情况都遗忘掉，且堵住一切称誉之门。悖逆事理与物性一定会受到损伤，心性被搅乱就会邪念顿起。圣人顺应事理稳妥行事，总会事成功就。你执意推行仁义且以此自矜，又会怎么样呢？"

他甚至以自己的牙齿作喻，说："牙齿虽然刚硬，却在我六十岁时掉光，这是因为牙齿经常互相磨损。"

此番点拨，令我茅塞顿开：依照老莱子的道家哲学，凡事要道法自然；而我的"知其不可而为之"，又是何等的固执与可笑啊！

接着，再给你讲讲子产（约前581年—前522年）。他是郑穆公之孙，春秋时期著名政治家、思想家。他在郑国执政期间，既维护公室的利益，又限制贵族的特权。他曾进行了三项改革：一是田制改革，划定公卿士庶的土地疆界，限制了贵族的扩张；二是把承担兵役、军赋的范围从国人扩大到"野人"；三是铸刑书，把成文法铸在刑鼎上，并公之于众。对于第三项改革，我不敢苟同，因为：以礼来教化人民，人民就会知道耻辱，恪守礼法；而用法律来约束人民，人民虽然不犯法，却已无羞耻之心。但是，子产却认为社会矛盾已无法用礼乐来调和，只能通过法律来"救世"。子产虽然铸了刑书，却不是彻底的法家，不然便不会有"不毁乡校"之说。

话说子产游于乡校，以论执政，郑国大夫然明劝子产把乡校毁掉。子产说：为什么要毁掉呢？让大家议论吧，"其所善者，吾则行之；其所恶者，吾则改之。是吾师也，若之何毁之？"

我听了此事，甚为感慨："以是观之，人谓子产不仁，吾不信也。"子产的政治经济改革，一定程度上推动了当时社会的转型，使郑国出现了中兴的局面。同时，他认为天体运行的轨道与人事遵行的法则互不相干，否定占星术能预测人事，认为人生始化为魄，既生魄，阳曰魂；匹夫匹妇强死，其魂魄仍在。应当说，这是中国哲学史上关于形神关系的最早的探讨。

子产是位了不起的哲学家、政治家，他于公元前522年去世时，我曾痛哭流涕地称他为"古之遗爱"。

最后，讲一下我与孟公绰的故事。孟公绰（生卒年不详）系鲁国大夫，"三桓"孟氏族人，一生清净寡欲、清正廉洁，但短于才智，是我非常敬重的人之一，我在教育弟子时经常引用他的德行故事。

我认为，尺有所短寸有所长，世间每个人都有自己的长处，应该做到人尽其才。而孟公绰知足常乐、道德学问好，做晋国（春秋时期的强国）诸卿赵氏、魏氏的顾问，会绰绰有余、十分优秀，但如果去做滕国、薛国（春秋时期的弱国、小国）的官员，去处理琐碎的政务，就不太合适。子路曾问我："怎样才算得上完人？"我说："像臧武仲（春秋时期鲁国有名的政治人物）那样有智慧，像孟公绰那样不贪求，像卞庄子（春秋时期鲁国卞邑大夫、著名勇士）那样勇敢，像冉求（春秋时期鲁国人，我的弟子）那样有才艺，再用礼乐增加他的文采，就可以算个完人了。"

我觉得，见到利益能想到道义，遇到危险肯献出生命，长期处于贫困也不忘平日的诺言，就算得上完美的人。而孟公绰正是这样的人。

以上这几位先生，堪称德行教化的典范，在我漫漫的人生之路上所产生的影响不可估量。对此，我没齿难忘！

老祖

2022 年 3 月 24 日

创办私学

有教无类："小六艺""大六艺"

让我百思不得其解的是：以您当初的学识、作为，您已经获得了"士"的身份，拥有了出有车、食有鱼的生活和地位，为什么还要创办"私学"？在"私学"里，您又以什么独特的学问、方法来教授学生？

老祖：

"三十而立"是您人生的重要阶段，而"立"的里程碑式的标志，就是您参与会见访问鲁国的齐国国君齐景公及名臣晏婴。

鲁昭公二十年（前522年），您大约三十岁，不再担任季氏的委吏、乘田，开始创办"私学"，成为中国历史上打破"学在官府"的第一人。

当时，齐景公专门召见您，好奇地问："秦国一个小国且地处偏僻，何以能够称霸？"

您回答："秦国虽小但志向远大，虽地处偏远却善用贤能。"同时，您还特别强调秦穆公慧眼识才，居然把异国奴隶百里奚用五张黑羊皮换回来，并委以重任令其执掌国政。

对于我的回答，景公大为赞赏。能够参与这场国事并接受景公问政，足以说明世人对您知识、能力、操守的高度认可。

探寻您的人生历程，我认为创办"私学"、设坛授徒是您生命中最辉煌、最闪耀、最精彩的篇章，可以说是成就您"万世师表"的根源所在。是您，开创了中国兴办"私学"的先河，您的"有教无类""因材施教""学而不厌，诲人不倦"等理念，对人类的教育事业至今仍产生重要影响。

让我百思不得其解的是：以您当初的学识、作为，您已经获得了"士"的身份，拥有了出有车、食有鱼的生活和地位，为什么还要创办"私学"？在"私学"里，您又以什么独特的学问、方法来教授学生？

孙儿

2022 年 3 月 27 日

孙儿：

人之为人，贵在自知，贵在尊严。人与动物的最大区别，在于人有思想、有情怀、有追求、有担当。

回答你的问题，我必须带你走进我的时代。我出生于春秋末期的鲁国——周公旦之子伯禽封地，这里完好保存着周代的典籍文物，素有"礼乐之邦"之称。鲁昭公二年（前540年），晋大夫韩宣子访鲁后赞叹"周礼尽在鲁矣"。此时，西周社会的经济政治制度已经瓦解，社会动荡不安，战乱频仍。

在鲁国，我曾担任官职，与鲁国的贵族势力进行激烈斗争，主张以德仁治国、爱民如子，以缓和复杂的阶级矛盾，恢复西周的秩序，即所谓"克己复礼"。为此，我经受了无数磨难，付出了沉重代价。

我是一个有志于学的人，既然在官场不能实现自己的抱负，那么不如弃官而去，拿出足够的精力精进自己的学问，正如弟子子夏所言："仕而优则学，学而优则仕"（《论语·子张》）。就这样，我创办了"私学"，一来借助它找到了独特的人生道路，用这种办学方式推行主张、干预社会，宣介思想、实现理想；二来可以确保自己人格的独立和精神的自由，不再一味地受制于人。同时，凡"自行束脩以上"，我"未尝无诲焉"（《论语·述而》），有效解决了我自己的经济困境和温饱问题。（必须说明："束脩"即一捆十条的干肉，是古时学生与老师初次见面时的赠礼，后泛指学费。我收徒标准不同，贫寒的学生表达心意即可，至于贵族子弟比如子贡一类人可以更高一些，或者干脆提供赞助。）

没有金刚钻，别揽瓷器活。既然开办"私学"，就得有真本事。在古代，作为男人，要想出人头地、赢得社会的尊重，首先要掌握传统儒业的"小六艺"，即礼、乐、射、御、书、数，这也是周王朝官学要求贵族子弟必备的技能。在这方面，我有着自己独到的见解。我的培养目标不同于传统官学，不仅要让弟子们掌握基本的才能，更要让他们拥有更高的精神追求，即从价值观的层面成为理想人格的践行者，正如我的学生曾参所言："士不可以不弘毅，任重而道远。仁以为己任，不亦重乎？死而后已，不亦远乎？"（《论语·泰伯》）意思是，作为一个士人、君子，必须有宽广的胸怀、坚韧的毅力，因为他们肩负的责任重大，而且道路又很遥远。以"仁"为自己的责任，不也是很重的担当吗？一直做到死才罢休，路途不也是很艰难遥远吗？

我授徒的理念与官学也不一样，可以说是"有教无类"。在我的"三千弟子"中，既有贵族子弟（比如孟懿子、南宫敬叔），也有平民子弟（比如颜回），还有新兴的商人（比如子贡），甚至还有盗贼（比如子路的妻兄颜涿聚）。坦率地说，在我这里，不分什么贵贱、长幼、籍贯，聪明也好，愚钝也罢，只要他将自己收拾得干净整洁，只要他想学习、求进步，均可以是孔门之徒。

我设坛授徒，所教的内容与官学也有所不同。除了官学必教的礼、乐、射、御、书、数（"小六艺"）之外，我更注重传授"大六艺"，即《诗》《书》《易》《礼》《乐》《春秋》。

我主张"君子不器"（《论语·为政》），真正的君子不能拘泥于某种手段而不考虑其背后的目的，更不能像器具那样作用于某一个方面而被人当成某种工具，而是应该"志于道"，做到体用兼备，善于从纷繁复杂的万象中彻悟冥冥天道，以不变应万变。要做到这一点，就不能只教授学生"小六艺"（因为"小六艺"主要是专门的技术，属于初级层面，培养的只是"工具"），而是要更多地教授"大六艺"这种"大学"之道，以培养学生的道德操守、健全人格，以及价值判断力，使之成为真正的君子。

我曾经告诫学生子夏："女为君子儒，无为小人儒。"（《论语·雍也》)，就是说不要只掌握某一方面的知识，不要仅仅以此作为谋生的手段，而要"志于学"，做一个乐成"大道"的君子。所以，我要传道授业，使学生们读懂《诗》《书》《易》《礼》《乐》《春秋》。

《诗》《书》《易》《礼》《乐》《春秋》这六部经典，并非我的原创，而是早已有之，概为王室贵族所有，深为历代统治者所推崇，我只是对它们做了一些整理工作。

关于它们的作用，《礼记·经解》中曾引用我的话说："入其国，其教可知也。其为人也，温柔敦厚，《诗》教也；疏通知远，《书》教也；广博易良，《乐》教也；洁静精微，《易》教也；恭俭庄敬，《礼》教也；属辞比事，《春秋》教也。故《诗》之失，愚；《书》之失，诬；《乐》之失，奢；《易》之失，贼；《礼》之失，烦；《春秋》之失，乱。"

意思是说，来到一个国家，看看这个国家的风俗，就能知道这个国家的教化怎么样。那里的人们如果温和柔顺、朴实忠厚，就是《诗》教的结果；如果知晓远古的事情，就是《书》教的结果；如果心胸广阔坦荡，就是《乐》教的结果；如果清洁沉静、洞察细微，就是《易》教的结果；如果端庄恭敬，就是《礼》教的结果；如果善于辞令和铺叙，就是《春秋》教的结果。学者如果《诗》学过了头，就会愚蠢；如果《书》学过了头，就会浮夸不实；如果《乐》学过了头，就会奢靡；如果《易》学过了头，就会损害正道；如果《礼》学过了头，就会烦琐；如果《春秋》学过了头，就会犯上作乱……

那么，这些经典中，都记载了些什么呢？

所谓《诗》，即《诗经》，系我国历史上第一部诗歌总集，收录了从西周初年到春秋中叶大约五百年的诗歌三百零五篇，包括风、雅、颂三个部分，风即十五国风，是带有地方色彩的土风歌谣，雅、颂是朝堂、宗庙上的祭歌和颂歌，赋、比、兴则是其独特而又自然淳朴的表现手法。

所谓《书》，又称《尚书》，系周王室外史所藏的政治文件，内容包括祭祀类、战争类两种，正所谓"国之大事，在祀与戎"；文体形式上，分为上行的奏议和下行的诏令两类。

所谓《易》，即《周易》，它是群经之首，是一部博大精深的哲学著作，反映了当时中国哲学的最高水准。《易》源于"河图洛书"的《连山》《归藏》与《周易》，鉴于《连山》《归藏》两本早已失传，所以《易》即指《周易》。"易"包涵三层含义：一是"变化"，指世间万物的无穷变化；二是"简易"，即以简单诠释复杂，"以六爻穷变化"；三是"不变"，即永恒不变。

所谓《礼》，又称《周礼》《周官》，系周公于洛邑制礼作乐而成，记载了周王室的典章制度，体现了天子、诸侯、大夫必须遵循的严格的等级制度，主要内容包括：建侯卫、宗法制、封诸侯、五服制，以及爵位、谥法、官制和吉、凶等礼。

所谓《乐》，是隶属周王室司乐的音乐作品，它集夏、商两代音乐精华之大成，由周公在洛邑整理而成，后由周王室历代乐官修订，现已失传。

所谓《春秋》，本是先秦鲁国人对史书的称谓。当时，除周王室外，各诸侯国皆设有自己的史官，以记录其朝代的更迭变化。我当时所整理的《春秋》，一万八千余字，意在通过记载、评价鲁国二百四十二年的历史，为天下提供治国理政的镜鉴，从而达到克己复礼、民安邦宁国富的目的。

教授上述六部经典，目的在于让我的学生领悟"大学"之道。所谓"大学"，就是学大学问、真学问，通过学习让自己不断地"大"起来，进而成为大人，即君子。换言之，大学之道，不单纯是为了就业，而是为了成人；不是为了谋一己，而是为了谋天下。正如《大学》中所说："大学之道，在明明德，在亲民，在止于至善。"我所说的"志于学"，就是这样的"大学"，它不是传授静态的知识，而是要涵养人的价值观念、道德操守，旨在培育光明正大的品德，并将之应用于生活之中，进而达到至真至善的境界。北宋哲学家、人称"横渠先生"的张载有著名的"横渠四句"（为天地立心，为生民立命，为往圣继绝学，为万世开太平），讲的就是儒家的大学之道。

正是从我开始，"儒"不再是一个简单的职业，而是发生了脱胎换骨的变化（由职业技术演变为学术流派），成为"祖述尧舜，宪章文武"的君子儒。

至于我是如何教授学生的，则无非是"因材施教"（《论语·先进》）。也就是说，要根据学生的实际情况、个性差异，有的放矢地进行有差别的教学，使每位学生都能够扬长避短，获得最大程度的发展进步。

记得有一次，我讲完课，回到书房，刚刚接过学生公西华端上来的热水，子路就匆匆忙忙跑来，大声讨教："先生，如果我听到一种正确的主张，可以立刻去做吗？"

我看了他一眼，慢条斯理地说："怎么只是听到了就去做呢？总得去问一下自己的父亲和兄长吧。"

子路刚出去，另一位学生冉有悄悄走到我面前，恭敬地问："先生，我要是听到正确的主张，应该立刻去做吗？"

我马上回答："是的，应该立刻去做。"

冉有走了以后，公西华好奇地问："先生，对同样的问题，您的回答怎么会是相反的呢？"

我笑着说："冉有性格谦逊，办事犹豫不决，所以我就鼓励他临事要果断。子路逞强好胜，办事不周全，所以我就劝他遇事多听听别人的意见，做到三思而行。"

在具体学习过程中，我特别强调"学而不思则罔，思而不学则殆""温故而知新，可以为师矣"（《论语·为政》），以及"不愤不启，不悱不发，举一隅不以三隅反，则不复也"（《论语·述而》），类似的事例还有很多，这里就不一一列举了。

老祖

2022 年 3 月 31 日

门生（1）：

颜回 曾参

『八儒』有若

作为一名虔诚的儒学爱好者，我深为您拥有那么多忠诚的弟子而感动、骄傲。特别让我想知道的是：在您的众多弟子中，您最为欣赏、印象最深的是谁？他又是什么样的人？

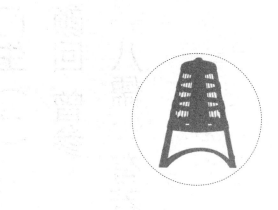

老祖：

《史记·孔子世家》记载："孔子以诗书礼乐教，弟子盖三千焉，身通六艺者七十有二人。"（"七十二"或为概数，后世关于"七十二贤"的说法亦存在争议。信中所用名录出自通行说法）每每谈起您的设坛授徒，人们常用"弟子三千，贤者七十二"来形容。您的许多学生，跟您学有所成之后，纷纷应邀出去做官，有的甚至做到了一国之相。

说实在的，您的三千弟子究竟都有谁，恐怕直到现在也搞不清楚，不过身列七十二贤者大致有：

颜回，字子渊。闵损，字子骞。冉耕，字伯牛。冉雍，字仲弓。冉求，字子有。仲由，字子路。宰予，字子我。端木赐，字子贡。言偃，字子游。卜商，字子夏。颛孙师，字子张。曾参，字子舆。

澹台灭明，字子羽。宓不齐，字子贱。原宪，字子思。公冶长，字子长。南宫适，字子容。公皙哀，字季次。曾点，字皙。颜无繇，字路。商瞿，字子木。高柴，字子羔。漆雕开，字子开。司马耕，字子牛。樊须，字子迟。有若，字子有。公西赤，字子华。巫马施，字子旗。梁鳣，字叔鱼。颜幸，字子柳。冉孺，字子鲁。曹恤，字子循。伯虔，字子析。公孙龙，字子石。冉季，字子产。公祖句兹，字子之。秦祖，字子南。漆雕哆，字子敛。颜高，字子骄。漆雕徒父，字子文。壤驷赤，字子徒。商泽，字子秀。石作蜀，字子明。任不齐，字选。公良孺，字子正。后处，字子里。公夏首，字乘。奚容蒧，字子皙。公肩定，字子中。颜祖，字襄。鄡单，字子家。句井疆，字子疆。罕父黑，字子索。秦商，字子丕。颜之仆，字叔。荣旂，字子祈。县成，字子祺。左人郢，字行。燕伋，字思。郑国，字子徒。施之常，字子恒。颜哙，字子声。原亢，字籍。乐欬，字子声。廉絜，字子庸。叔仲会，字子期。狄黑，字皙。邦巽，字子敛。孔忠，字子蔑。公西舆如，字子上。林放，字子丘。公西蒧，字子上。

我深知，以上"七十二贤"，是您的忠实弟子和信徒，是儒家学说的坚定追随者、忠实实践者、积极传播者，他们作为儒家学派的杰出代表，被历代儒家学者、社会贤达尊崇。

《论语·述而》载："子以四教：文，行，忠，信。"意即围绕诗书礼乐、社会实践、忠诚守信、思想情操等四个方面来教育人、培养人。与之相适应，您所教授的内容涉及四个大的门类，包括德行（道德品行）、言语（应对辞令）、政事（政务之事）、文学（音乐礼学）等四科。

"孔门四科"科学的学术分类、深邃的思想内涵，对儒学的传承发展产生了不可估量的影响。在您驾鹤西去之后，仅战国时期，儒家内部就形成了八大学派，即子张之儒、子思之儒、颜氏之儒、孟氏之儒、漆雕氏之儒、仲良氏之儒、孙氏之儒、乐正氏之儒。（《韩非子·显学》）

所谓"子张之儒"，即以子张为代表的儒家学派。子张姓颛孙，名师，字子张，春秋末期陈国阳城（今河南淮阳）人，生于公元前503年，卒年不详。他是您晚年的弟子，勤学好问，学业出众，经常与您讨论问题，主张"士见危致命，见得思义，祭思敬，丧思哀"（《论语·子张》），明确反对"执德不弘，信道不笃"（《论语·子张》）。他博爱容众，交友广泛，认为君子应"尊贤而容众，嘉善而矜不能"（《论语·子张》）。他终身未仕，您去世后，他在陈国收徒讲学，其弟子就逐渐形成了"子张之儒"，被列为战国儒家八派之首。荀子在其《非十二子》中说："弟佗其冠，神禫其辞，禹行而舜趋，是子张氏之贱儒也。"

所谓"子思之儒"，即以您的孙子子思为代表的儒家学派。子思（前483年—前402年），名孔伋，春秋时期著名思想家。您的思想由曾参传于子思，子思的门人再传给孟子，后人将由子思、孟子之学发展而来的学派称为"思孟学派"。子思上承您的中庸之学，下开孟子的心性之论，"子思之儒"对儒学的发展特别是宋代理学的产生，有着十分重要、深远且积极的影响。

所谓"颜氏之儒"，即以颜回为代表的儒家学派。在您的一众弟子中，姓颜的有八人，包括颜无繇、颜回、颜幸、颜高、颜祖、颜之仆、颜哙、颜何。"颜氏之儒"最主要特点就是安贫乐道，强调重在实践您的"仁德"思想。

所谓"孟氏之儒"，即以孟子为代表的儒家学派，与"子思之儒"为一系。孟子（前372年—前289年），名轲，字子舆，邹国（今山东邹城）人，受业于子思门人，是战国中期儒家的代表人物。他发展了您的"仁学"思想，提出"人性本善"，推崇"仁政""王道"的政治理想和"民贵君轻"的民本思想。孟子曾说："予未得为孔子徒也，予私淑诸人也。"（《孟子·离娄下》）

所谓"漆雕氏之儒"，即以漆雕开为代表的儒家学派。漆雕开（前540年—前489年），字子开，春秋末期鲁国人，著有《漆雕子》十三篇。您主张"学而优则仕"，他却回答："我对做官这件事还没有信心。"为此，您对他的为学、行道感到欣慰。他认为人性有善有恶，平日里好勇任侠，属于孔门弟子中任侠一派，宓子贱、公孙尼子、世硕等，都是这一派的主要成员。公元前489年，您周游列国从叶地返蔡，路遇大雨，住进漆雕开家。他家境并不富裕，但为了不让您挨饿，他淋着大雨，独自一人到鸿隙湖采藕，不幸落水遇难。您的弟子中姓漆雕的共有三人：漆雕开、漆雕哆、漆雕徒父。

所谓"仲良氏之儒"，即《孟子·滕文公上》中所说的陈良一派：

"陈良，楚产也，悦周公、仲尼之道，北学于中国。北方之学者，未能或之先也。"陈良，荆楚大儒，积极传播周公的礼制、您的仁道，据传是屈原的老师。"仲良氏之儒"兼有曾子、子夏两家之学。

所谓"孙氏之儒"，即以荀子为代表的儒家学派。荀子（前313年—前238年），名况，又称荀卿或孙卿，是战国晚期儒家的代表人物。他在政治思想上发展了您的"礼学"，倡导礼法兼治；在哲学上主张"天人相分""制天命而用之"；在人性理论上认为"人之性恶，其善者伪也"。"孙氏之儒"中除了那些传承荀子经学的弟子之外，最有名者就是韩非和李斯（法家的代表人物）。

所谓"乐正氏之儒"，即以曾子弟子乐正子春为代表的儒家学派。乐正子春的思想以"孝"为主体，倡导把孝道落实到日常生活的一言一行之中，使思想与行动达到高度统一。

"儒家八派"是战国时期儒家内部分化出的不同派别，其观点聚焦儒学且各有千秋，其代表人物大多是您的弟子或再传弟子。

在追随您的足迹、传承您的学说的过程中，还有这样一位传奇性的人物，那就是您的弟子有若。

有若（前508年，一说前518年—？），有氏，名若，字子有，世称"有子"，孔门七十二贤之一。他学问十分精进，相传《论语》即由他和曾子一起整理而成（《论语》中所涉及的您的学生，只有曾参和有若称"子"）。他去世后，鲁悼公曾前往吊唁。

《史记·仲尼弟子列传》中说："孔子既殁，弟子思慕，有若状似孔子，弟子相与共立为师，师之如夫子时也。"您去世之后，众弟子对您思慕有加，曾因有若形象、神态皆与您相似，有意推举其为师，并以师礼事之。为什么？定是他与众不同，有卓异之处。

对您及您的学说，有若研究至深，顶礼膜拜，曾有这样一段名言：

麒麟之于走兽，凤凰之于飞鸟，太山之于丘垤，河海之于行潦，类也。圣人之于民，亦类也。出于其类，拔乎其萃，自生民以来，未有盛于孔子也。（《孟子·公孙丑上》）

意思是，麒麟对于走兽，凤凰对于飞鸟，泰山对于土堆，河海对于小溪，都是同类。圣人对于百姓，也是同类，但远远超出了他那一类，大大高出了他那一群。自有人类以来，没有谁比孔子更负有盛名的了。

由此可见，所谓有若"貌似圣人"，内在含有他对您的思想领悟至深之意，绝非单纯指外表相像。

有若在向您问学的过程中，好学强识（读书时担心睡着曾用火烧手掌），善于思考，对儒家学说有着独到的见解——

他恪守孝悌为本，指出："其为人也孝弟，而好犯上者，鲜矣；不好犯上，而好作乱者，未之有也。"（《论语·学而》）那种孝顺父母、敬重兄长却喜欢触犯上级的人，是很少见的；不喜欢触犯上级却喜欢造反的人，更是从来没有的。

他注重贵和有节，提出"礼之用，和为贵"（《论语·学而》），礼的功用，以遇事做到恰当和顺为可贵；强调不能因和合可贵而一味无原则地附和，而要循礼、致中。

他坚持崇礼守中，曾说："信近于义，言可复也。恭近于礼，远耻辱也。因不失其亲，亦可宗也。"（《论语·学而》）讲信用而合乎道义，所说的话是能够践约的；恭敬而又符合礼仪，可以远离耻辱；所依靠的人都是可以信赖的人，这是值得尊敬的。

他重视藏富于民，向鲁哀公建议降低民众赋税，以百姓的富足来确保国家的强盛。

有若的上述观点，属于典型的儒家思想，这既源于您的教诲，又对您的学说有所发扬光大。

…………

信写到这里，作为一名虔诚的儒学爱好者，我深为您拥有那么多忠诚的弟子而感动、骄傲。特别让我想知道的是：在您的众多弟子中，您最为欣赏、印象最深的是谁？他又是什么样的人？

孙儿

2022 年 4 月 3 日

孙儿：

每当听人评价我"弟子三千""贤者七十二"，我便由衷地感到自豪和骄傲，因为我的一生最宝贵的财富、最可炫耀的资本，就是我的弟子。正像你说的，我的三千弟子，连我也未必能一一道明。

掐指算来，在设坛授徒的生涯中，我主要收了三批学生：第一批是在我30岁到45岁之间收的，他们比我大概小7岁到15岁，大多来自鲁国；第二批是在我45岁以后至60岁左右收的，他们大多比我小30岁左右，主要是我在鲁国做官以及周游列国期间所收的学生，以鲁国、卫国的年轻人为主；第三批是在我60岁至70岁之间收的，这些弟子来自不同的国家，多以文学、言语见长。

这三批学生加在一起，盖三千余人，其中学业有成、精通六艺者有七十二人，在这七十二人当中，又有十位比较突出，号称"孔门十哲"。《论语·先进》记载："德行：颜渊，闵子骞，冉伯牛，仲弓。言语：宰我，子贡。政事：冉有，季路。文学：子游，子夏。"其实，这就从"孔门四科"的角度，对我最有名的十大弟子进行了点评。这里，撇下"十哲"暂且不论，不妨先从"两圣"（复圣、宗圣）说起。

首先说"复圣"，我最得意的门生颜回（前521年—前481年），字子渊，又称颜渊。他是春秋末期鲁国都城（今山东曲阜）人，14岁拜我为师（小我30岁），终生跟随。可惜他身体不好，在我71岁时英年早逝，为此，我曾捶胸顿足："噫！天丧予！天丧予！"（《论语·先进》）。作为"七十二贤"之首，颜回在后世备受推崇，在曲阜孔庙大成殿里配享于我、祀以太牢，被尊为"复圣"。

当初，颜回在所有学生当中年纪最小，记得行跪拜之礼、初入孔门的时候，他个子不高，破衣烂衫，深陷的双眸里充满了期待和迷茫。在从师学习过程中，他不是最聪明的，但最为勤奋，其学识、品行、人格、境界也是最令人称道的。

他好学上进。鲁哀公曾经问我："弟子孰为好学？"我回答："有颜回者好学，不迁怒，不贰过。不幸短命死矣，今也则亡，未闻好学者也。"（《论语·雍也》）从我与哀公的对话中，你可以感觉到，颜回的好学是其他学生不可比拟的。他上进心极强，而且永不懈怠，每当谈到他的早逝，我都感到十分惋惜。

他重德力行。他曾问我什么是"仁"，我说"克己复礼为仁"。他又问如何去做，我说严格按照"仁"的要求行事，"非礼勿视，非礼勿听，非礼勿言，非礼勿动"。我常常称赞他具有君子四德，即强于行义，弱于受谏，怵于待禄，慎于治身。我曾说："回也，其心三月不违仁，其余则日月至焉而已矣。"（《论语·雍也》）他时刻不忘仁德的重要，并且能够躬身力行。

他大智若愚，个性温顺柔和，言行相对拘谨，"敏于事而慎于言""讷于言而敏于行"，表面上看似愚钝，但内心聪慧，善于思考，注重发挥，正所谓："吾与回言终日，不违，如愚。退而省其私，亦足以发。回也不愚。"（《论语·为政》）

他尊师重道，对我礼敬有加，服膺终生，周游列国时匡地遇乱、陈蔡遇险，很多学生信念动摇，而他却坚定地说："老师的理想很高、学问很深，所以才不被一般人所理解、任用，这正是他们的耻辱。"他赞叹我的道德学问："仰之弥高，钻之弥坚。

瞻之在前，忽焉在后。"（《论语·子罕》）

他安贫乐道。不论环境多么恶劣，家境多么贫寒，都不能动其心、夺其志。为此，我曾由衷慨叹："贤哉，回也！一箪食，一瓢饮，在陋巷，人不堪其忧，回也不改其乐。贤哉，回也！"（《论语·雍也》）

颜回虽然家里很穷，但他始终坚持自己的道德操守。有一次，针对有学生说他手脚不干净，我特地去他家看个究竟。我坐车来到他家里，亲眼看见他家里穷困潦倒。吃饭时，我被安排在上首，刚拿起筷子，就看见碗里的肉方不方、条不条，便生气地撂下筷子起身就走。他莫名其妙，拽住我的袖子，我硬是甩开了他。他在后面猛追，可怎么也赶不上车子，一会儿就被远远地甩下了。

我坐在车上，心想：颜回两口子真不懂得礼法，连我吃肉必须切得方方正正都不晓得，难怪有人说他坏话。于是，我抱着再试试他的想法，下车在路上放了一锭金，旁边标注"天赐颜回一锭金"几个字，然后坐车离去。颜回跑得气喘吁吁，被绊了个跟头，明明正好看见了那一吊钱，却狠狠朝钱踢了一脚，又继续追车。这个过程我看得清清楚楚，终于不再相信颜回爱财、手脚不净一类的流言蜚语。

再说"宗圣"，得我真传的如意门生曾参（前505年—前435年），字子舆，鲁国南武城（今山东平邑，一说山东嘉祥）人，比我小46岁，系孔门著名弟子之一，被尊称为"宗圣"，是配享孔庙的"四配"之一。在我众多弟子中，只有他和颜回被尊为

"圣"，可见曾参在儒学传承中的地位。

当年，曾参并不是个聪明伶俐的学生，我曾经用"参也鲁"来评价他，似乎对这个"后进弟子"不太看好。事实并非如此，曾参虽然表面上显得有些迟钝，思维也不算敏捷，但他勤学用功，锲而不舍，所以，他上承修己安人的君子之道，下启"思孟学派"，成为名副其实的儒学正宗。

《大学》中载有曾参的"修齐治平"思想：

格物而后知至，知至而后意诚，意诚而后心正，心正而后身修，身修而后家齐，家齐而后国治，国治而后天下平。

意思是说，在对万事万物进行认识、研究后，才能获得知识；获得知识后，意念才能真诚；意念真诚后，心志才能端正；心志端正后，才能修养身心；修养身心后，才能管理好家庭和家族；管理好家庭和家族后，才能治理好国家；治理好国家后，天下才能太平。至今，他的这一思想仍然被人们广泛称道。

自古以来，凡成大事者，无不注重自省自律。在这方面，曾参可以说是典范中的典范。我曾说："学而时习之，不亦说乎？有朋自远方来，不亦乐乎？人不知而不愠，不亦君子乎？"（《论语·学而》）

对此，曾子提出了"三省吾身"的修身原则：

"为人谋而不忠乎？与朋友交而不信乎？传不习乎？"（《论语·学而》）

可以说，自我反省是他的修身方法，而自我反省又建立在严于律己的基础上，正如《荀子·法行》中所言："同游而不见爱者，吾必不仁矣；交而不见敬者，吾必不长也；临财而不见信者，吾必不信也。"与人交游而不被人喜爱，我一定是个无仁爱之心的人；交了朋友而不被人敬重，我一定是个没有优点的人；面对财物而不被人信任，我一定是个没有信誉的人。

如何做到严于律己呢？那就是无论在什么时间、什么地点，即使是一个人独处，也要严格要求自己。《大学》强调："所谓诚其意者：毋自欺也，如恶恶臭，如好好色，此之谓自谦，故君子必慎其独也。"同时，还要做到"诚于中，形于外"。这就是人们常说的"慎独"。其修身的最终目的，就是做道德高尚的人——君子。

曾参素以孝道著称。《史记》中记载，我以为曾参"能通孝道，故授之业"，而他本人亦撰有《孝经》。曾参说孝道是社会的根本法则，先王以五条原则治理天下："贵有德，贵贵，贵老，敬长，慈幼。"（《礼记·祭义》）他认为，最大的"孝"是让父母精神愉快，只要子女能够常陪父母左右，哪怕粗茶淡饭，父母也甘之若饴。为此，他辞去了齐国的卿相之聘，坦然地说："吾父母老，食人之禄则忧人之事，故吾不忍远亲而为人役。"正所谓"父母在，不远游，游必有方"（《论语·里仁》）。

这里，不妨讲一则曾参为孝的故事：一次，曾参进山打柴，家里突然来了客人，母亲不知所措，站在门口盼着儿子快点回来，但等了好久也不见儿子的踪影，便用牙咬了自己的手指。正在山里砍柴的曾参猛然感到心口疼痛，赶紧返回家中，跪问母亲为何如此。母亲说："咱家来了客人，我是通过咬手指唤你早点回来。"可见，曾参孝母至深至切。

曾参守礼法甚于生命。《礼记·檀弓上》载有曾参"守礼易席"的故事：曾参病得厉害，临终前，弟子、儿子守在身边，一个童子看到曾参身下的席子，感慨地说："这么漂亮的席子，是大夫所用的吧？"

曾参听到后，若有所思："是的。是季孙大夫送我的，因为我病得太重，没来得及换下来。"于是吩咐儿子赶紧将席子换掉。

儿子不同意，说："您已病入膏肓，不能随便移动，等天亮以后再给您换下吧。"

曾参却说："你对我的爱意还不如那个小孩。君子爱一个人，会成全他的美德；而小人爱一个人，则往往纵容他的苟且。这时候，我还希求什么呢？能够不失尊严、合乎礼仪地死去，我就心满意足了。"

于是，他们将曾参抬起，为他换席，等换过之后再将他放回席上时，他就咽气离世了。

曾参可谓是领悟了我的思想精髓。《论语·里仁》中记载了我们的一段对话：我对他说"吾道一以贯之"，他表示明白。等我离开后，其他门人问他我这话是什么意思。曾参说："夫子之道，忠恕而已矣。"

我"学而不厌，诲人不倦""知其不可而为之"，为的就是能够"修己以安人""修己以安百姓"，从而使天下复归于有道。其实，"修己"就是"忠"，"安人"就是"恕"，此所谓"忠恕之道"。

冥冥之中，我似乎感到：在我去世之后，作为孔门核心人物，曾参的影响将会十分深远。当年，子张、子游、子夏等弟子出于对我的敬仰与思念，曾因有若面相似我而推举其为师，结果遭到曾参的强烈反对。他愤然道："不可，江汉以濯之，秋阳以暴之，皜皜乎不可尚已。"（《孟子·滕文公上》），意思是说我作为先师，洁白无瑕，任何人都不能取代。正因为曾参的坚持，这一提议未能成行。

后来，曾参的弟子多达七十余人，难怪有人认为"颜子殁后，终得圣人之道者，曾子也"，就连子贡也对曾参高度赞赏："满而不盈，实而如虚，过之如不及，先王难之。博无不学，其貌恭，其德敦；其言于人也，无所不信；其骄于人也，常以浩浩，是以眉寿。是曾参之行也。"（《孔子家语·弟子行》）。所以，我说："孝，德之始也；悌，德之序也；信，德之厚也；忠，德之正也。参中夫四德者也。"（《孔子家语·弟子行》）

应当说，颜回、曾参在我的一众弟子中，是最突出、最优秀的。正是在与他们的对话交流、密切接触中，我的思想学说得以不断丰富完善。他们对儒家思想的形成、发展和传播，发挥了不可或缺、极其重要的作用，可谓功莫大焉！

老祖

2022 年 4 月 7 日

门生（2）：子贡 子路

在"孔门四科"的门生当中，除了颜回、曾子这两位为人敬仰的圣贤之外，尚有许多性格不同、言行迥异、为人称道的学生，他们以自己独特的方式，传承着您博大精深的儒家思想，践行着您卓尔不凡的理想抱负。

老祖：

细读您的来信，从您对颜回、曾子的评价中，我似乎感受到了您的无限惬意与由衷欣慰，也为关注和研究儒学的人认识这两位圣贤，提供了最为权威的诠释。

与此同时，我仿佛在古语金句的世界里徜徉——"不迁怒，不贰过""敏于事而慎于言""讷于言而敏于行""学而时习之，不亦说乎？有朋自远方来，不亦乐乎？人不知而不愠，不亦君子乎？""为人谋而不忠乎？与朋友交而不信乎？传不习乎？"……众多耳熟能详的古语金句和耐人寻味的圣人故事，令我深刻感悟到中华优秀传统文化跨越时空的永久魅力，也情不自禁地为您的智慧、学识而赞叹！

我知道，在"孔门四科"的门生当中，除了颜回、曾子这两位为人敬仰的圣贤之外，尚有许多性格不同、言行迥异、为人称道的学生，他们以自己独特的方式，传承着您博大精深的儒家思想，践行着您卓尔不凡的理想抱负。

比如，为您守孝六年的子贡。您去世后，众多弟子均守孝三年，且每人在墓前种植一棵楷树（系曲阜一带名贵树种）。三年结束后，很多学生离开了墓地，只有子贡继续坚守，又守了三年。别人所种的树都枯死了，只有他种的树还茁壮成长。虽然这棵楷树在光绪八年（1882 年）遭遇雷火，但后人还是将树桩保留下来并立碑纪念，"子贡手植楷"几个大字至今依然耀眼夺目，它在时刻提醒人们：生活在礼仪之邦的中国，必须尊师重道，这是中华传统美德。子贡去世后，于唐开元二十七年（739 年）被追封为"黎侯"，宋大中祥符二年（1009 年）加封为"黎公"，明嘉靖九年（1530 年）改称"先贤端木子"。

比如，您最亲近的学生子路。凡深入研习儒学的人，不会不晓得《论语》中您和子路的这样一段对话——

子曰："道不行，乘桴浮于海。从我者，其由与?"

子路闻之喜。子曰："由也好勇过我，无所取材。"

您说："如果我的主张行不通，我就乘上木筏到海外去。能够跟从我的恐怕只有仲由吧！"听了这话以后，子路颇为高兴。您接着说："仲由啊，你好勇超过了我，除此之外就没有什么可取的才能了。"这分明是您对子路坦率而又中肯的评价，能让人感悟到您和子路关系的非同寻常。

再比如，您的亲女婿公冶长。山东省安丘市保国山村，至今保有一座景致幽雅的名胜古迹——公冶长书院。相传，这里是公冶长读书的地方，后人为了纪念他，专门在此建了三间祠堂，里面安置着公冶长塑像。两棵饱经沧桑的银杏树，据说是您带来的树苗，由公冶长亲手种植的。不论公冶长在仁德、能力上有多深的造诣，单在公冶长"虽在缧绁之中"，您依然嫁女于他这一件事情上，就足以令我辈对您刮目相看。

还有闵子骞。大凡要研究您的学说和人格，总离不开上述这几位高徒。诸如这些门生，他们的学问造诣、能力水平、为人处事，无不从某种鲜明而独特的角度，凸显着您的思想、学识和人格，体现着博大精深的儒学气象。

那么，您对您的这些学生，又是怎么看待的呢？这能让人从中得到什么样的启示？

孙儿

2022 年 4 月 10 日

孙儿：

中华优秀传统文化源远流长、博大深邃，之所以流传开来、影响深远，其中一个重要原因就是它有着具有民族特色、朗朗上口、便于传诵的载体，而最好的载体就是成语、典故——可以说，这既不是溢美，也不为夸张。

"四书五经"特别是《论语》中的很多成语典故，都来源于生活与实践，凝聚着中华民族的智慧和创造。我作为一个求学问道授徒者，如果说有什么贡献的话，最大的贡献就是对其加以搜集、整理和规范，且从德行、言语、政事、文学的角度，以相对完整的体系、形式记载下来。

或许人们记不清楚我的某些观点，或许人们记不得我的某位弟子，或许人们对儒家思想的认识不那么全面，但可以设想且肯定的是，当人们闻听或谈起某些成语、典故时，便会不由自主地念及我，联想到《论语》，进而产生一种莫名的恍然之感。而这些成语、典故，往往是我在与弟子们谈学论道时涉及的。

恰如你信中所言，在我的众多弟子中，除了颜回、曾参两位圣贤外，与我接触最多、关系最密切、交流最频繁也让我印象最深刻的，莫过于子贡、子路。

子贡（前520年—前456年），复姓端木，名赐，字子贡，春秋时期卫国人，比我小31岁。他从卫国来到鲁国跟我读书学习，经商于曹、鲁，为相于鲁、卫两国，游走于中原各国，堪称"言语科"的翘楚。他是我三千弟子中的首富，也是儒商的鼻祖，我和弟子们周游列国的费用主要靠他来提供。

子贡好学，经常询问我关于"仁"的问题。我告诉他："夫仁者，己欲立而立人，己欲达而达人。"（《论语·雍也》）意思是所谓仁人，就是自己想立身修德，也要让别人立身修德；自己想通达事理，也要让别人通达事理。凡事能够推己及人，就可以说是实行仁道的方法了。

子贡问我怎么才能做到"仁"，我回答："工欲善其事，必先利其器。居是邦也，事其大夫之贤者，友其士之仁者。"（《论语·卫灵公》）意谓做工的人想把活儿做好，就必须首先使他的工具锋利。居住在这个国家，就要敬奉大夫中的那些贤者，与士人中的仁者交朋友。子贡问我怎样才可称得上"士"，我告诉他"士"有多重境界，最重要的是"言必信，行必果"（《论语·子路》），即说话一定要诚信，做事一定要坚定果断。

子贡也曾问我有没有一个字可以终身奉行，我对他说："其恕乎！己所不欲，勿施于人。"（《论语·卫灵公》）那就是"恕"吧！自己不想要的，不要强加给别人。

子贡诚信经营的"端木遗风"为人称赞。他作为"卫之贾人"，常"废著鬻财于曹、鲁之间"（《史记·货殖列传》），以商贾身份往来于六国。"君子爱财，取之有道"，他恪守"君子喻于义，小人喻于利"（《论语·里仁》），每笔钱都赚得心安理得。他善于分析研判市场前景，"好废举，与时转货赀……家累千金"（《史记·仲尼弟子列传》），把东西便宜买进来，加价卖出去，以赚取差价。他发现达官贵人喜欢佩戴各种珠宝，便花费巨资到较为贫穷的国家收购原料，然后开设作坊，推销自己生产的珠宝饰品，因此他的生意越做越大，财富越积越多。

子贡讲究道义、乐善好施。很多人可能知道"子贡赎人"的故事。当时鲁国规定，如果鲁国人在国外沦为奴隶，只要有人出钱赎回，赎人者就可根据凭条向国家索要补偿。子贡经常到别国做生意，赎了很多同胞回来，但从未要过补偿。为此，我大发雷霆，训斥子贡："你这样会让很多人不再赎回奴隶，因为别人如果要补偿金，人们就会拿你来比，瞧不起他们。"为什么？因为这条法律的出发点是善意的——赎人者不仅能受人尊敬，还能得到补偿，从而让愿意做善事的人越来越多。而子贡这样做，意味着打破了法律的平衡。

子贡能言善辩，是有名的外交家。《史记·仲尼弟子列传》记载："子贡利口巧辞，孔子常黜其辩。"当初，齐国欲攻打鲁国，我让子贡去游说阻止。于是，子贡找到要攻打鲁国的田常，跟他说：鲁国毕竟太小，你即使攻下也不会提升你在齐国的地位，不如攻打国力强大的吴国，即使失败了，齐王也不好怪罪你。田常觉得难为情，子贡便游说吴国攻打齐国。吴王怕越国趁机攻打自己，子贡就又游说越王帮助吴王伐齐。与此同时，子贡还到晋国说吴国战胜齐国后必然出兵伐晋，让晋国做好准备。后来，吴军大败齐军，晋军大败吴军。越王趁吴军北伐，把吴国灭掉，北上争霸。正所谓："子贡一出，存鲁，乱齐，破吴，强晋而霸越。子贡一使，使势相破，十年之中，五国各有变。"（《史记·仲尼弟子列传》）

子贡容不得别人诋毁我，对我无比敬仰爱戴。鲁国的叔孙武叔诋毁我，子贡闻听此事，愤然曰："仲尼不可毁也。他人之贤者，丘陵也，犹可逾也；仲尼，日月也，无得而逾焉。"（《论语·子张》）意谓仲尼是毁谤不了的。别人的贤德好比丘陵，还可超越，仲尼的贤德则好比太阳和月亮，是无法超越的。针对叔孙武叔在朝堂上对别的大夫说"子贡贤于仲尼"之举，子贡反驳说："譬之宫墙，赐之墙也及肩，窥见室家之好；夫子之墙数仞，不得其门而入，不见宗庙之美、百官之富。"（《论语·子张》）以围墙为喻，子贡家的围墙只有齐肩高，从墙外就可以看到里面房屋的美好；而我家的围墙有几丈高，找不到大门进去，就看不到里面宗庙的雄伟、房屋的富丽。

记得子贡曾经问我他这个人怎么样，我说他是个"器具"。子贡又问："何器也？"我答："瑚琏也。"（《论语·公冶长》）

我为什么把子贡比作瑚琏？因为瑚琏是古代祭祀时盛黍稷的器皿，夏朝叫"瑚"，殷朝曰"琏"，它尊贵而华美，是"高""贵""清"的象征。古代只有在国家举行大典的时候，才请出瑚琏一用。我将子贡比作瑚琏，是对他的一种欣赏和褒奖，寓意子贡具有治国安邦之才。

说起子路，便自然让人想到我所称赞的"子路好勇，闻过则喜"。子路（前542年—前480年），名仲由，字子路，又字季路，鲁国卞（今山东省泗水县泉林镇卞桥村）人，比我小9岁，是弟子中跟随我时间最长的"政事"科门生。他除学习《诗》《礼》之外，还为我赶车、做侍卫，跟随我周游列国。他初仕鲁，后仕卫，我任鲁国司寇时，他任季氏宰，后任卫国大夫孔悝的邑宰，可惜在卫国之乱中死于非命。我对子路的才能这样看待："千乘之国，可使治其赋也，不知其仁也。"（《论语·公冶长》）在拥有一千辆兵车的国家里，可以让他负责军事，至于他有无仁德，我就不知道了。

子路志气刚强、性格直爽，入孔门之前，头戴雄鸡式的帽子耍威风，佩戴野猪形的饰物以显示自己的无敌，对学习显得不屑一顾。他问："学习难道有多少好处吗？"

我说："驱赶狂马的人不能放下鞭子，操拿弓弩的人不能丢下正弓的器具；木材经过绳墨加工就能变直，人们接受直言规劝就会通达。从师学习，重视发问，哪有不顺利不成功的！"

他说："南山出产竹子，不经加工，自然就直，砍下来用它做箭，能穿透犀牛皮做的铠甲。既然如此，为什么要学习呢？"

我说："在箭的末端装上羽毛，把箭头磨得更加锋利，箭不是能射得更深更远吗？"

听后，子路佩服地施礼："真是受益良多。"

子路非常孝敬父母。他年少时生活困难，经常靠吃野菜维生，但对父母百般孝顺。他家里无米，为了让父母吃上米，增加营养，他必须到百里之外的地方买米。百里之外路途遥远，来回一次两次尚可，常年如此实属不易。然而，子路却甘之如饴，不论寒风烈日，都不辞辛劳。冬日，他头顶鹅毛大雪，踏着河床冰面一步一滑，脚被冻僵了就跺跺，双手被冻疼了就在嘴边哈哈；夏天，他冒着炎炎烈日，累得汗流浃背，遇到大雨就把米袋捂在衣服里……如此这般，只为能够早点回家，给父母做上可口的饭菜。"子路负米"的动人故事，至今广为流传。

子路经常与我讨论问题，率真而单纯。当谈起他个人的志向时，他说："愿将车马、裘衣与朋友共用，即使损坏了也没有什么遗憾的。"同时问我的志向是什么。我说："老者安之，朋友信之，少者怀之。"（《论语·公冶长》）让所有人晚年能安享幸福，朋友之间能够相互信任，年轻子弟能够得到关怀。子路问："卫国国君等着老师治国理政，您打算先从哪里入手？"我告诉他须从"正名分"开始，他说我"不合时宜"。为此，我批评他"无知"，强调："名不正，则言不顺；言不顺，则事不成；事不成，则礼乐不兴；礼乐不兴，则刑罚不中；刑罚不中，则民无所错手足。"（《论语·子路》）名义不正，那么说话就不能顺理成章；说话不能顺理成章，那么事情就做不成；事情做不成，礼乐就不兴盛；礼乐不兴盛，法律就不公平；法律不公平，百姓就会手足无措。

这里，讲一则"子路侵官"的故事：子路曾做过鲁国郈地的首长，当政者季氏限百姓五个月内开通一条运河，这一任务对百姓来说极为艰巨繁重。为鼓励大家拼命赶工，见公家的钱不够，子路就自掏腰包，从自家弄来粮食供大家吃。我闻听此事，立即派子贡前去，把子路安排给百姓的饭统统倒掉，甚至将锅砸烂。子路气急败坏地跟我吵架："你天天教我们做好事、行仁义，可如今我做了你又反对，还让子贡来捣乱。"我对子路说："你不要糊涂。当了君王的人，因为天下是他的，便忘了自己而爱天下；当了诸侯，就爱护自己国家的人民；当了大夫，就管好职责以内的事情。超过了一定范围，纵然仁义、仗义，却越了位、侵犯了别人，所以你错了！"

子路一生追随于我，积极捍卫我的声誉。楚国叶公向他打听我是个什么样的人，他不轻易作答。我说："女奚不曰，其为人也，发愤忘食，乐以忘忧，不知老之将至云尔。"（《论语·述而》）意思是他应该说我这个人一用功就忘记吃饭，快乐得忘掉一切忧愁，连自己快要老了都不知道。

后来，在我生病的时候，他向鬼神祈祷，祈求我恢复健康，并告诉我《诔》（哀悼死者的文章）早就记载了向天地神明祈祷的事情。

就连我在卫国"见南子"的事情，他知道以后也很不高兴，因为南子名声不好，他认为我是圣人，不应该去见她。为此，我对天发誓："予所否者，天厌之！天厌之！"（《论语·雍也》）我如果做了错事，上天就会厌弃我！上天就会惩罚我！

所以，我曾经欣慰地说："我自从有了子路这个弟子后，就没有再听到恶意诽谤我的话。"

子路勇敢且坚贞，用一生诠释了一个"勇"字。他食君之禄忠君之事，恪守"士为知己者死"的信条。话说卫灵公夫人南子与别人有染，太子蒯聩愤而密谋刺杀南子，因事情败露逃奔到宋国。卫灵公死后，蒯聩的儿子辄即位为卫出公。太子蒯聩想回国，但出公生怕失掉王位，未予答应。蒯聩便逼迫其侄子——卫国大夫孔悝联盟作乱（当时子路任孔悝的邑宰）。

孔悝的家臣栾宁听说发生动乱，一边派人通知子路，一边找人驾车护送卫出公逃往鲁国。子路闻讯赶来，正要进城，刚刚逃出孔家的子羔告诉他门已关闭，并劝说道："来不及了，你不要跟着孔悝去受难。"

子路说："我拿着孔悝给的俸禄，不能看他受难却不救。"于是，子路趁有使者出城之机，进了城。

到了联盟台前，子路勇敢地对蒯聩说："你为何要借助孔悝来作乱呢？你即使杀了他，我也会辅佐新的继任者。"又说："你并不勇敢，我若是放火烧台，你就必然会放了孔悝。"

蒯聩在恐惧之下，派石乞、壶黡下台阻挡子路。二人用戈刺中了子路，割断他的帽缨。

子路正色道："君子死而冠不免。"便停下战斗，毅然系好帽缨，从容就义，最终被剁成肉酱。

在这之后，"仲由缨"便成为不怕牺牲、慷慨赴死的象征。得知此事后，我在庭院失礼痛哭，哀叹道："天要灭我，天要灭我啊！"

一谈起子贡、子路这两个弟子，我就思绪飞扬，写着写着便到了深夜子时。好了，该休息了，先到这里吧。

老祖

2022 年 4 月 14 日

门生（3）：闵子骞 公冶长 宰予

　　每当谈起弟子们，我的心情都相当复杂。可以说，始终都为他们的忠诚而欣慰，为他们的成就而鼓掌，为他们的去世而忧伤，尤其是他们的慷慨赴死或意外死亡，更令我有一种刻骨铭心的痛！

老祖：

在前两封信中，您谈起您的得意弟子——颜回、曾子、子贡、子路，您有太多的话要说，但书信这种传统的沟通形式又不免有诸多局限，因而您还有很多话没有说出来——好在最让人好奇也是我最想知道的，您已经说了不少。所以，我还是期待了解更多有新鲜感、陌生感的人和事。

在3月16日的那封信里，我还提到了"德行"科的另外两名弟子——闵子骞和您的女婿公冶长。

谈起闵子骞，人们即刻便会想到"芦衣顺母"的故事：闵子骞识大体、顾孝道，少年时母亲早逝，父亲娶了后妻，又生了两个儿子。继母偏爱自己的亲生儿子，经常虐待闵子骞。冬天，继母给他用芦花做"棉衣"，却用棉花给自己亲生的两个儿子做衣服。

一天，父亲出门，让闵子骞牵绳拉车，他因寒冷而双手打战，将绳子掉落在地上。父亲不知情，斥责他懒惰并用鞭子抽打他，结果衣服被打破，芦花飞了出来。父亲得知实情，恼羞成怒，回家要休逐后妻。他跪求父亲饶恕继母，说："母在一子寒，母去三子单。"父亲十分感动，宽恕了后妻。继母悔恨知错，从此以后，对他视如己出，全家和睦。对此，有诗赞道："闵氏有贤郎，何曾怨晚娘？父前留母在，三子免风霜。"

百善孝为先。在明朝刊印的《二十四孝图》里，闵子骞排第三。他的孝行善举，被广为传颂。山东济南百花公园西邻建有济南孝文化博物馆，旁边便是闵子骞的衣冠冢。我想问您：除了孝行之外，闵子骞还有什么过人之处？

说到公冶长，不能不提及他的"背诺"之事。嘉靖年间的《青州府志》中载有一则公冶长与鹞鹰的寓言故事。传说公冶长懂鸟语，某天一只鹞鹰飞落窗前，对公冶长说："公冶长！公冶长！南边有一只獐子，你吃它的肉，我吃它的肠！"于是，公冶长跟着它来到南山，果然发现那里有一只死獐子。得到獐子后，公冶长却没有将肠子给鹞鹰。对此，鹞鹰非常生气，怀恨在心。

几天后，鹞鹰又跟之前一样来到了公冶长窗前，照旧对他说南边有只死獐子。公冶长想都没想，跟着鹞鹰便走。走了一会儿，远远看见一群人围着什么东西嚷嚷，公冶长以为是死獐子，担心被人拿走，就边跑边喊："是我打死的，是我打死的！"到了近处，才发现是个死人。众人逮住公冶长，送到县官面前。县官审问公冶长，他再三辩解。县官说："你自己说是你打死的，难道是在欺骗我吗？"公冶长无言以对，最终被送进监狱。

这则故事告诉人们：说话不算数、背信弃义的人，迟早会付出代价。我想知道的是，在讲究诚信方面，您怎么理解？对您的女婿，您除了"可妻也。虽在缧绁之中，非其罪也"（《论语·公冶长》）这样的评判之外，还有什么看法？有关其他弟子的事，我也期待您能给我讲讲。

孙儿

2022 年 4 月 17 日

孙儿：

我欣赏且尊重你的好奇心。世上所有的创新创造，无不源于人们对自然和社会的好奇，唯有好奇，人们才想方设法孜孜以求。出于对你所谓的"新鲜感""陌生感"的回应，我不妨将闵子骞、公冶长、宰予等弟子的情况再给你说道说道。

闵子骞（前 536 年—前 487 年），名损，字子骞，春秋末年鲁国人，比我小 15 岁，在德行方面可以与颜回相媲美。他之所以为人称道，最主要的是因为他的孝。对于他的至孝，我曾赞道：

"孝哉闵子骞！人不间于其父母昆弟之言。"（《论语·先进》）

很多人知道"曹溪一滴"这个成语，但对它的出处未必完全清楚。其实，这一成语即源于闵子骞的故事。你晓得，当初我设坛授徒是要收学费的（我也需要靠一些微薄的收入过日子），时人要想成为我的学生，必先缴纳一份学费。当然，这学费并非什么金银财宝，而是"束脩"（风干的肉条）。可是，闵子骞家境贫寒，根本拿不出什么"束脩"，只好准备一坛精心酿造的美酒当学费。有的同学知道后，讥笑他："曹溪的水，怎么能与我们带来的束脩相比呢？"

对此，我却不这么看。于是，我特意在讲课时说："闵子骞不远千里来求学，本就精神可嘉，即使只带来一滴曹溪水，其价值也远胜百条束脩。"

"礼""仁"是我一贯的主张，在我的直接影响下，弟子们都十分注重德行。闵子骞为人正直，道德高尚，你信中提到的"芦衣顺母"，便是其孝德的一个缩影。除此之外，他还具有忠于职守、刚正不阿的品格。

闵子骞拥有为政的抱负和能力，却反对季氏专权，不愿为官。当时，鲁国有季孙氏、叔孙氏、孟孙氏等政治势力，其中最有权力的是季氏。季氏使闵子骞为费宰，闵子骞说："善为我辞焉！如有复我者，则吾必在汶上矣。"（《论语·雍也》）季桓子派人请闵子骞去做费邑县官，闵子骞对来请他的人说："请你好好替我推辞吧！如果再来召我，那我一定跑到汶水那边去了。"他为什么推辞？原因有三：一是季氏专权于礼不合，二是他不愿意卷入复杂的政治斗争，三是他对为官求富贵看得很淡。闵子骞不屈于权，不惑于禄，后来还是在我的劝说下，出任了费邑的县长。

闵子骞寡言稳重，崇尚节俭。在位期间，鲁国的执政大臣要扩建国库并增加税收，为此征求他的意见。闵子骞认为，与其扩建国库、增加税收，还不如更多地惠及百姓生活。于是，他说："仍旧贯，如之何？何必改作？"维持老样子不好吗？何必一定要翻修呢？事后，我听闻闵子骞所说的话，感叹道："夫人不言，言必有中。"（《论语·先进》）闵子骞这个人不说则已，一说定会击中要害。

闵子骞在公务上不懈怠、敢较真。在他的精心治理下，费邑发生了巨大变化。他到费邑一年，秋粮才刚刚征收，季氏就派家臣来收税。他说税收应上交国库，可家臣却说："费邑是季氏的私邑，税收须直接交给季氏。"

他不得其解，问道："我生长在鲁国，怎么不知道此地是私人的地盘呢？"

家臣回答："现在的鲁君以弟弟的身份继承君位本是不合理的，现任鲁君能够即位完全是季氏拥戴他的结果。如今整个国家都是季氏执政，小小的费邑难道不是季氏的吗？"

季氏家臣的一席话令闵子骞心生怒气，他不愿为五斗米折腰，更不愿再替季氏卖命，于是毅然辞掉费宰之职，从此随我周游列国，直至四十九岁在山东长清去世。

再说我的女婿公冶长。我之所以把自己的女儿嫁给他，绝不仅是对其"罪非其罪"的同情，更多的是出于对其仁德和才能的肯定。

公冶长（前519年—前470年），复姓公冶，名长，字子长，春秋时期鲁国人。后来，他继承了我的遗志，致力于教书育人，成为伟大的教育家。

公冶长自幼家贫，但他勤俭节约，聪颖好学，德才兼备，终生治学不仕禄。除了高尚的仁德，人们传说最多的是他懂得鸟语，并且能通过与鸟儿的对话，为人们解决实际困难。当然，他的这一特异功能也为他带来诸多麻烦，甚至使他无辜获罪，遭受牢狱之灾。

至于他到底因为什么被送进监狱，历来有不同的说法，你信中提到的即是其中的一个版本。其实，还有个更有意思的版本——公冶长因听懂鸟语而找到了老婆婆儿子的尸体，却被认定为凶手并被捕入狱。传说公冶长从卫国返回鲁国时，在两国边界处听见一群鸟儿互相招呼着往清溪飞去吃死人的肉。走了一会儿，他看见一个老婆婆哭得厉害，便上前询问。老婆婆说："我儿子前天出去，至今没回来，恐怕已经死掉了，可我又不知道他在什么地方。"

公冶长说："我刚才听鸟儿说去清溪食人肉，可能那就是您的儿子吧。"

老婆婆听了，赶紧去清溪，果然找到了她儿子的尸体，于是把事情的来龙去脉告诉了县官。结果，公冶长被关进了监狱。狱官问他："你为什么杀人？"

他回答："我只是听懂了鸟语，并没有杀人。"

狱官说："那就试试，如果你真能听懂鸟语，就放了你。"

一天，几只麻雀落在监狱的窗棂上叽喳乱叫，公冶长听后大笑。狱官问他为什么发笑，他说："麻雀说，不远处有粮食车翻了，粮食收拾不尽，咱们招呼着去吃。"狱官派人前去一看，果然如公冶长所说。

因为被判死刑，到八月问斩时，县官命人将公冶长从牢里提出，公冶长大喊自己冤枉。于是，县官想了一个办法：把屋檐下的一窝乳燕掏出，然后放在抽屉中，母燕见了叫个不停。县官问公冶长母燕在叫什么，他回答："老爷，燕子在说，大人啊大人，我与您无冤无仇，也没有惹到您，您为啥把我的孩子关在抽屉里？"县官一听，觉得他说的有道理，但认为虽然他能听懂鸟语，仍洗脱不了杀人的嫌疑。于是，县官并未将公冶长问斩，却还是将他关在狱中。

又一天，一只鸟儿伏在狱窗上啼叫，告诉公冶长齐国军队正在侵犯鲁国边境。公冶长马上告知县官，县官又逐级上报给国君。国君虽然不太相信，但鉴于此事关乎国家安危，便派人打探，果然如公冶长所说。于是，公冶长终于走出牢狱，恢复了自由。

由于公冶长身怀绝技，鲁国国君便想提拔他入朝为官，但他毅然回绝。为什么？他耻于自己因懂鸟语而被重用。此后，他死心塌地地追随我，专心治学，并教授了不少学生。后来，鲁国国君又多次请他入仕，均被他一一拒绝。正因为如此，才像你信中所说的，后人看他，多觉疑窦重重。这就是我眼中的女婿——公冶长。

提起弟子宰予（前522年—前458年），立马会让人联想到《论语》里的两句话："朽木不可雕也""听其言而信其行"。

宰予，字子我，春秋末年鲁国人，孔门十哲"言语"科之首（位列子贡之前）。他小我29岁，能言善辩，在随我周游列国期间，经常出使于齐国、楚国。

他好学深思，善于提问，就某些儒学观点曾当面向我提出异议。他问："一个人的父母死了，守孝三年，时间是不是太长？君子三年不习礼，礼仪必定会废弃；三年不演奏音乐，音乐一定会失传。一年间，陈谷子吃完了，新谷子又成熟了；打火的燧木也经过了一个轮回，守丧一年也就可以了。"

我反问道："只守丧一年，你内心安不安呢？"

他回答："安。"

我说："你既然感到心安理得，那就这样做吧。君子守孝期间，即便吃到美味的食品，也感觉不到甜美；听到动听的音乐，也不感到高兴。如今你既然觉得心安，便这样做好了。"

他退出之后，我深有感慨地说："宰予不是个仁人君子啊！一个孩子生下来三年，才能离开母亲的怀抱。为父母守孝三年，是天下人共同遵行的礼仪啊。"

　　宰予还曾向我假设过这么一种情况：如果告诉一位仁者，另一位仁者掉进了井里，那么他是跳下去救，还是不跳下去救呢？因为跳下去就会死，而不跳下去便是见死不救，所以我就直接回复他：这个提问不好，是在愚弄人！

　　在《论语》中，宰予的每次出场均以提问始，以被我批评斥责终，但我在晚年回忆陈蔡之厄时，还是念起了跟随我的弟子，包括宰予。后来，宰予做了临淄大夫，因参与田常作乱而被杀。

　　唉，每当谈起弟子们，我的心情都相当复杂。可以说，我始终都为他们的忠诚而欣慰，为他们的成就而鼓掌，为他们的去世而忧伤，尤其是他们的慷慨赴死或意外死亡，更令我有一种刻骨铭心的痛！好了，权且写到这里吧。

老祖

2022 年 4 月 21 日

礼乐仁

克己复礼

08

"礼"也好，"乐"也罢，无论两者怎么结合、如何相融，毕竟尚属于外在、客观的载体和形式，令我始终萦绕于心、苦苦探求、执着坚守的，却是大写的"仁"字。读懂了"仁"，也就明白了儒学的最高信仰，把握了中华文明的价值所在。

老祖：

　　透过您对弟子们的精到点评，我深刻理解了这样一句话：如果世上有一种情感能够超越亲情、友情，那这种情感便是师生情。

　　的确，师生情是最令人称道的。一谈起道德高尚、才华横溢、性格迥异的诸多弟子，您乐在其中、溢于言表，仿佛有说不尽道不完的话。可是，能够让众多弟子不分富贵贫贱、才智高下而对您无限信赖、生死相随、执着坚守的，到底是什么呢？是您的学识、您的人格、您的操守，还是您的信仰、理念和愿景？

　　对诸如此类问题、疑惑，不同时期、不同派别的儒学专家和学者有着不同的解读，有的滔滔不绝地谈起您的"和为贵"理念，有的陶醉于您的"仁爱"情怀，有的执念于您的"君子"人格，有的畅游于您的"大同"世界，还有的仰止于您的"礼乐"大道等等，不一而足。

　　且不论诸多命题和内容的广泛性、关联度如何，单就"克己复礼"这一儒家伦理的核心命题之一，两千多年来，可谓聚讼纷纭。争论的焦点在于："克己复礼"中的"己"指的是什么？是自身、私欲，还是个人不合理的利益或欲望？"克"是有保留地克制，还是彻底地克服、剔除？"复"是恢复、符合还是践履？您要"复"的"礼"是周礼还是其他？……对此类问题，在从汉朝至清代围绕"克己"的探讨过程中，在从新文化运动至今围绕"复礼"的拷问过程中，无论是官方还是学术研究领域，都有着各自不同的理解和阐释，有的甚至严重相左。但是，作为您的嫡系子孙，本能地出于对您的信仰、学识、道德的敬重与崇拜，我更期待来自您的谆谆教导，您非凡超人的智慧，注定更能令我醍醐灌顶、茅塞顿开。

孙 儿

2022 年 4 月 24 日

孙儿：

　　正如你所说的那样，对于我的道德理想，世间解读起来版本各有不同,人们认知各异、难分伯仲。对此,这里且不作任何过多评判。

在我的道德理想中,"礼"既意味着出发,又标定着归宿,对于个体来说,它是从外部对人们的思想和行为进行教化、约束和规范;"乐"则是从内心来感化、诱导人们对"礼"的由衷认同和遵守。由此,"礼""乐"配合,以"礼"修身,以"乐"治心,引导人们通过内外兼修去"治国""平天下"。礼乐文化的精髓,最终归结为:"礼之用,和为贵。"(《论语·学而》)礼的作用,在于使人与社会的关系变得更加和谐。这就是我的思想体系的内在逻辑。

可是,"礼"也好,"乐"也罢,无论两者怎么结合、如何相融,毕竟尚属于外在、客观的载体和形式,令我始终萦绕于心、苦苦探求、执着坚守的,却是大写的"仁"字。读懂了"仁",也就明白了儒学的最高信仰,把握了中华文明的价值所在。

那么,"仁"到底是什么呢?

对这个问题,可谓仁者见仁、智者见智。"克己复礼为仁"不是单纯地属于政治学范畴,而是包含着伦理学的意蕴。要准确把握"克己复礼"的深刻内涵,就必须将其置于"克己复礼为仁"一语所在的语境中。《论语·颜渊》记载:

颜渊问仁。子曰:"克己复礼为仁。一日克己复礼,天下归仁焉。为仁由己,而由人乎哉?"

颜渊问怎样做才是仁。我说:"克制自己、一切按照礼的要求去做,这就是仁。一旦这样做了,天下的一切就都归于仁了。实行仁德完全在于自己，难道还在于别人吗？"

基于对以上观点的认同，颜渊接着问："请问其目。"怎么才能做到仁呢？

子曰："非礼勿视，非礼勿听，非礼勿言，非礼勿动。"我说："不符合礼义规矩的、不好的，你不要去看；不符合礼义规矩的、不好的，你不要听；不符合礼义规矩的、不好的，你不要说；不符合礼义规矩的、不好的，你不要行动。"

对于"克己"，人们的认识可以说高度一致，即克制自己不合理的欲望或约束自己不符合礼义规矩的言行举止。"克"是克制或约束，而不是克除或扼杀；"己"是自己不合理的欲望或不符合礼义规矩的言行举止，而不是自己的一切欲望或需求。

关于"复礼"，多数人理解为恢复、践履周礼。其实，对于"礼"，后人有着不同的解读，至少包括 "周礼" "礼制" "我心目中的礼" "一般意义上的礼仪规范" 等四种说法，而其中"周礼"一说则最为接近。为什么？

因为，春秋战国时代是一个"礼崩乐坏"的时代，与同时代的仁人志士一样，我也希望恢复礼制、改变现状。同时，追求美好生活、大同世界的愿望，使我对"礼义""规范"有着更为深刻的探究。我所复之"礼"，虽对周礼有所损益和突破，但鉴于与时代相适应的、完整意义上的"礼"尚未形成，所以，我所倡导的"礼"，就总体而言应为"周礼"。

平心而论，我打心眼儿里崇拜周公、崇尚周礼，拥有牢固而浓郁的"周公梦想"和"周礼情结"。我曾说："殷因于夏礼""周因于殷礼"(《论语·为政》)以及"周监于二代,郁郁乎文哉!吾从周"(《论语·八佾》)。殷代承袭夏朝的礼制,周代继承殷代的礼制。周代的礼仪制度是参照夏朝和商朝制定的,多么丰富多彩啊!我主张接受和服从周代的礼制。甚至到了晚年,我时常慨叹:"甚矣吾衰也!久矣吾不复梦见周公!"(《论语·述而》)

身处春秋乱世,我为"礼崩乐坏"、社稷无序而痛惜:"天下有道, 则礼乐征伐自天子出;天下无道, 则礼乐征伐自诸侯出。"(《论语·季氏》)目睹当时季孙氏等诸侯、大夫的僭越行为,我十分愤怒, 严厉谴责。你可记得"祖述尧舜,宪章文武"(《礼记·中庸》),也即遵循尧舜之道,效法周文王、周武王之制之说,讲的就是我远承尧、舜之传统,近取文、武之法则,进而丰富发展儒家学说,用于具体的实践。

应当指出的是,我所执着倡导的"复礼""从周",绝非常人所理解的一味要恢复过时崩坏的周礼,要捍卫周礼所维护的等级制度。所谓"从周",从根本上说是要遵从和贯彻周礼的内在精神——敬、诚、忠、信、义等,这些精神是周礼内在的道德依据,具有跨越时空的永恒价值。

细心研读有关周礼的经典著作(包括《仪礼》《周礼》《礼记》),可以看出:周礼表面上看是一套等级森严的典章制度,实质而论则是一个包括典章制度、道德规范和礼节仪式在内的文明架构体系。事实上,在"礼崩乐坏"的春秋时期,周礼并非被完全废弃或完全失去约束力，作为礼制和仪式层面的周礼依然存在，但周礼的道德精神却随着周王朝统治的衰微和周天子权威的动摇而日渐丧失。在周天子与诸侯之间、诸侯彼此之间，"尊尊亲亲"原则名存实亡，敬、诚、忠、信、义的道德精神丧失殆尽，以下犯上、背信弃义现象屡见不鲜。对此，我十分痛苦、焦躁不安。在出仕不顺、游说碰壁的情况下，我本着对周礼精神、和谐社会的坚守与执着，潜心整理文化典籍，广收门徒、传经布道，致力建构以"仁"释"礼"、弘扬周礼道德精神的儒家学说，从思想精髓、道德规范的角度，将"礼"的内涵和要求进一步丰富和提升——"礼"不仅是语言、姿态、仪容等外在形式，而且还必须有内在的精神和道德情感作基础。

所以，当子贡（时任鲁国之相）要把鲁国每月初一告祭祖庙的活羊撤去时，我特别严肃地说："赐也！尔爱其羊，我爱其礼。"（《论语·八佾》）赐呀！你爱惜那只羊，我则爱惜那种礼。

至于我所说的"述而不作，信而好古"（《论语·述而》），也并非泥古不化，而是强调恪守周礼中"礼"的内在精神和道德情感。

我向来以为，只有人们主动约束自我的言行举止，遵循并践行周礼所倡导的"礼"的内在要求，将敬、诚、忠、信、义等道德精神广泛传播，人间才能充满理性的"仁爱"，社会方能得以有序和谐。

老祖

2022 年 4 月 28 日

《周礼》
《礼记》
仁

要论周礼到底是一种什么样的"礼"，当然要从周礼的源头、典籍说起。你可知道被儒家尊称为"制礼作乐的圣人"的周公？……提出以"仁"为核心的思想，并把"仁"作为儒家最高道德规范，是我的思想体系的突出特征，也是对周礼传统文化思想的传承、创新和发展。

老祖：

"克己复礼为仁"，多么美妙、精到的阐释啊！

谈到"礼"之重要，不妨从您的学生子张（七十二贤之一）问政说起。子张曾经问如何从政，您告诉他："礼之所兴，众之所治也；礼之所废，众之所乱也。"（《礼记·仲尼燕居》）礼兴盛的地方，就是民众关系融洽的地方；礼被废弃的地方，就是民众纷争不断的地方。

您在《礼记·礼运》中说："故坏国、丧家、亡人，必先去其礼。"要破坏一个国家，想要让人家破人亡，就必须先破坏其礼仪制度。从中足以看出"礼"之于国家、社会、家庭的重要性。

那么，"仁"到底又是什么？据查证，"仁"是会意字，最早出现于春秋晚期的侯马盟书中。《说文解字》中说："仁，亲也。

从人，从二。"本义是指对人要友善、相亲。《礼记·中庸》中说："仁者，人也，亲亲为大。"《论语·颜渊》记载："樊迟问仁。子曰：'爱人。'"《论语·学而》讲："泛爱众，而亲仁。"后来，"仁"发展成为具有广泛意义的道德范畴，其核心是指人与人相亲相爱，而儒家倡导的"仁爱""仁政"则是其内涵的进一步延伸。

我深知，您坚守和追求的"礼"并非单纯意义上的周礼，而是其所蕴含的规制及道德精神，我为您结合春秋实际对原有周礼进行的创造性转化而感佩，更对您将"克己复礼"的终极目标和指向归结为"仁"而拍案叫绝！也为理解孟子和荀子所提倡的"内圣""外王"之道找到了最好的注脚。

那么，接着问题又来了：周礼到底是一种什么样的礼？有关周礼的最权威的经典有哪些？您心目中的"仁"指的又是什么？有什么丰富的内涵呢？

孙 儿

2022 年 5 月 1 日

孙儿：

经典和历史一样，是最好的教科书。所谓"经"，一般是指传统的权威性、标志性著作；所谓"典"，往往指那些重要的文献、典籍。凡被称为经典的，一般有三个突出特点：一是绝对权威，堪称某个时代或时期的典范；二是历久弥新，经得起历史的检验；三是集中代表某一领域、某一行业的最高水平，得到专家学者的广泛认可。

纵观古今，各个知识领域里权威性的著作，特别是那些带有原创性、奠基性的著作，往往被称为"经典"，譬如《易经》《诗经》《道德经》等。而周礼，就是通过一个个跨越时空的传统"经典"集中呈现进而代代传承、发扬光大的。

要论周礼到底是一种什么样的"礼"，当然要从周礼的源头、典籍说起。你可知道被儒家尊称为"制礼作乐的圣人"的周公？周公姓姬名旦，系周文王的第四子，周武王的弟弟，因其采邑在周地，故称周公。

周灭商后不久，武王病逝，鉴于武王之子姬诵年幼，难以理政，周公便凭借自己的身份、才能和贡献，在拥立姬诵即位（即周成王）的同时，代理成王发号施令、处理朝政。其间，周公在对夏、商礼仪制度有所损益的基础上，结合周的实际，制定了以"礼""乐"为突出特征的国家典章制度和行为规范，史称"周制礼乐"。这里的"礼"是维护周王朝等级制度的政治准则、道德规范和典章制度，"乐"则是专门配合礼仪活动的舞乐。舞乐的规模、等级必须与身份级别相一致。

礼乐制度的内容，主要包括：

（1）宗法制度。这是在周公主持下创造的、将父系宗族结构下血缘亲属关系与政治结构中尊卑上下关系相结合的一种制度，核心是嫡长子继承制。该制度改变了殷代继承制度传弟与传子并存的状况，避免了传长、传幼和传贤的矛盾。按照这一原则，只有天子与诸侯的嫡长子可被立为世子，拥有继承王位或君位的权利；其余王子与公子只能以别的身份另立新宗，以与君统相分离；宗统内部以嫡长子为大宗、众庶子为小宗。该制度的施行，有效避免了王位争夺引发的政治动荡，确保了周王朝的长期稳定。

（2）分封制度。武王灭商后，周公又率师东征，先后平定了管、蔡和以武庚为首的殷商遗民叛乱。为了在新征服的大片土地上巩固政权，加强周王朝对各地的统治，周公及时把姬姓王族分封至各地，建立起众多的诸侯国。当时，齐、鲁、燕、卫等诸侯国乃分封所致。此外，还分封了一些异姓诸侯。比如，孔氏祖宗微子启治下的宋国，即是分封殷商故地所建，意在安抚殷商遗民。

为调整规范中央和地方、王侯与臣民之间的关系，周公还制定了严格的君臣、父子、兄弟、亲疏、尊卑、贵贱的礼仪制度。

（3）政治和社会生活准则。在对夏、商礼俗进行损益的基础上，周公主持制定了一系列典礼仪式和行为规范。这些仪式和规范，集中体现在吉、凶、军、宾、嘉"五礼"上：吉礼是指对先祖与各种神祇的祭祀；凶礼指丧葬，包括对天灾人祸的哀悼；军礼指战争以及田猎、筑城等动员大量人力的活动；宾礼指诸侯对王朝的朝见、诸侯间的聘问和会盟；嘉礼指婚、冠、飨燕、庆贺、宾射等。

（4）与礼相配套的"乐"。乐舞本身并非周公创造，所谓周公"作乐"主要涉及两个方面：一是周公主持创制了一些新的曲目，如著名的《大武》乐（已失传）；二是对传统礼、乐进行改造，将乐舞与典礼紧密结合，规定社会成员等级不同配享的乐舞也不同，不得僭越，如六佾舞、八佾舞等。

上述四个方面，可谓对周公制礼作乐"精华"的高度概括。它的制定和实施，对维护和巩固周王朝的统治发挥了极为重要的作用，也对后世乃至整个中国的政治制度和文明产生了广泛深远的影响。从某种意义上说，周公制礼作乐为后世的儒家学说奠定了坚实的思想基础。

说到有关周礼的典籍，不得不言及《周礼》。《周礼》原名《周官》，又名《周官经》，是一部记述王室职官制度的著作，具体作者不详。其主要内容包括：

《天官冢宰》——天官之长冢宰，为六卿之首、百官之长，辅佐王统治天下，掌管天下政务兼财政、宫廷事务等（该系统有63种具体官职）；

《地官司徒》——地官之长大司徒，掌管邦教、土地、赋税等（该系统有78种官职）；

《春官宗伯》——春官之长大宗伯，掌管邦礼，主管宗庙祭祀等（该系统有70种官职）；

《夏官司马》——夏官之长大司马，掌管军政，统率军队等（该系统有 69 种官职）；

《秋官司寇》——秋官之长大司寇，掌管刑典，负责狱讼刑罚等（该系统有 66 种官职）；

《冬官司空》——冬官司空，掌管工程营造等（典籍散失，具体官职不详）。

除了《周礼》之外，还有《仪礼》《礼记》等经典。《仪礼》具体作者不详，主要记载周代所倡导和施行的有关制度和行为规范，分为冠、婚、乡、射、朝、聘、丧、祭八类礼节，相传有 17 篇，包括《士冠礼》、《士昏礼》、《士相见礼》、《乡饮酒礼》、《乡射礼》、《燕礼》、《大射礼》、《聘礼》、《公食大夫礼》、《觐礼》、《丧服》、《士丧礼》和《既夕礼》（本为一篇，因篇幅较大而分为两篇）、《士虞礼》、《特牲馈食礼》、《少牢馈食礼》和《有司彻》（本为一篇，因篇幅较大而分为两篇）。

关于《礼记》，我似乎知道它是儒家礼乐文化的资料汇编，可能是《仪礼》的注释本，至于具体有多少篇目、包括哪些内容，这里则不便妄论。

好了，今天就写到这里。至于你提到的我"心目中的'仁'指的又是什么、有什么丰富的内涵"，下一封信再给你解释。

老祖

2022 年 5 月 5 日

孙儿：

关于"仁"的问题，我想说，提出以"仁"为核心的思想，并把"仁"作为儒家最高道德规范，是我的思想体系的突出特征，也是对周礼传统文化思想的传承、创新和发展。

"仁"字见于《尚书·金縢》："予仁若考。"即"予仁而巧"，"巧"就是多才多艺，"仁"指好的道德。在《论语》中，"仁"字出现达 109 次之多，足以说明"仁"在我的思想体系中的核心地位。

在不同场合、不同时间，针对不同对象，我所阐述的"仁"的含义不完全相同，比如："爱人""克己复礼为仁""能行五者（恭、宽、信、敏、惠）于天下为仁矣"等等。那么，到底该怎么来认识和把握"仁"的思想和学说呢？

"仁"的内涵甚广，核心是爱人，倡导人们互存、互助、互爱。我的"仁学"作为完整的思想体系，至少包括：

（1）"孝悌"为本——孝顺父母，敬爱兄长。在以血缘为纽带的等级严密的社会中，发挥好血缘亲情的作用，社会就会兴仁德、安四邻。

（2）仁者"爱人"——爱人是仁之本，乃从血缘关系中延伸外化而来，提倡推己及人、"己所不欲，勿施于人"。

（3）差等之爱——仁爱情感根据亲疏关系而有所不同：爱自己胜过爱他人，爱亲人胜过爱外人，爱人类胜过爱非人类，而划分"差等"的标准则是"礼"。

（4）为己之学——"克己"就是"为仁由己"，人的道德修养主要靠自己来完成，依赖于独立的个人意志。

（5）"仁"的境界——强调"仁者安仁，知者利仁。"（《论语·里仁》）仁人安于人道，有智慧的人知道仁对自己有利才去行仁。

《论语·雍也》说："知者乐水，仁者乐山。知者动，仁者静。知者乐，仁者寿。"智慧的人喜爱水，仁义的人喜爱山；智慧的人懂得变通，仁义的人心境平和；智慧的人快乐，仁义的人长寿。

（6）政治伦理——靠德性来修身、齐家、治国、平天下。所谓"德性"，就是要赢得和保持人们对自我的信任，而"德性"必须以"修身"为前提。

（7）三达德之一——智、仁、勇，是儒家提倡的三种德行，"仁"处于核心地位。我曾说过："知者不惑，仁者不忧，勇者不惧。"（《论语·子罕》）智慧的人不迷惑，仁义的人不忧愁，勇敢的人不害怕。

（8）推己及人——强调"出门如见大宾，使民如承大祭。己所不欲，勿施于人"。（《论语·颜渊》）出门办事就像去接待贵宾一样，役使百姓就像去举行重大的祭祀一般。自己不愿意要的，就不要强加给别人。

儒家思想中"仁"指的是什么？是什么意思？

"仁"作为儒家最高的道德原则、道德标准和道德境界，包括孝、悌、忠、恕、礼、智、勇、恭、宽、信、敏、惠等内容。在儒家看来，任何人都有一种强烈的求"仁"、为"仁"的愿望，"为仁"是自觉自在的情感取向和行为，无法由他人代为完成。"仁"是内在的，"礼"是外在的；"礼"以"仁"为基础，依靠"仁"来维护。所谓"克己复礼为仁"，就是通过人自身的仁德修养，自觉地遵守"礼"的规定。

"仁"作为儒家的一种理想人格，从"仁"的情感性、自得性出发，其精神价值的一个重要体现就是"己欲立而立人，己欲达而达人"（《论语·雍也》），即自己想立身修德，也要让别人立身修德；自己想通达事理，也要让别人通达事理。

"仁"作为一种博大宽厚的胸怀，表现为"泛爱众，而亲仁"（《论语·学而》），意谓与所有的人都和谐友爱地相处，亲近那些具有仁爱之心的人。只有内心时刻以"仁"为标准，拥有"仁"的道德境界，才能真正做到孝顺父母、爱护兄弟、信赖朋友、忠于国家、博爱大众。

我的"仁学"思想绝不是纯粹思辨性的理论体系，我关注的焦点是社会现实，目的在于告诉人们怎么按照"仁"的要求去做。我认为："志士仁人，无求生以害仁，有杀身以成仁。"（《论语·卫灵公》）凡仁人志士，没有贪生怕死而损害仁的，只有牺牲自己的性命来成全仁的。为了崇高的"仁"的境界，不仅绝不做违背最高道德准则的事，而且在必要时候不惜牺牲自己来成就事业，以至于"杀身成仁"成为后世一些知识分子报国捐躯的内心思想根源。

总之，在我的儒家学说中，"仁"这一核心思想内涵极为丰富，是一个集"仁"的标准、"仁"的境界、"仁"的路径、"仁"的方法等在内的庞大思想体系。可以说，立足于道德修养，"仁"彰显的是修己、成人的"君子之道"；立足于社会治理，"仁"彰显的是包含家国民生、君臣上下的"为政之道"；立足于中华文化，"仁"彰显的是包含文物制度、礼乐精神的"文化之道"。这三者既有所区别，又紧密相连，内在有机和谐地融合贯通于我的"仁学"思想体系之中，完整体现了"立德、立功、立言"的精神。

老祖

2022 年 5 月 8 日

君子 君子

君子之道

人生在世，无论身份贵贱、财富多少，也无论从事何种职业、与什么人打交道……都无时无刻不与人格、尊严为伴。儒者尤其看重自身的名誉、声望，纷纷争当"君子"而愧为"小人"。那么，在您的心目中和思想体系里，"君子"乃至"君子人格"又是怎么样的呢？

老祖：

正如您信中所言，"仁"作为一种理想人格，历来为仁人志士所羡慕和追求，甚至不惜为之牺牲自己的生命。既然"仁"是一种理想人格，自然会让我想到令人称道的"君子人格"。

细读《论语》，全书正文15918字，"君子"一词出现过107次，足以说明"君子"在您心中的位置。

认真翻阅典籍资料，我发现："君子"一词甲骨文中没有，但有单个的"君"字。在商代，"君"指王的顾问之臣。春秋时期，"君"用于称呼周王分封的诸侯。春秋后期至战国，受封诸侯势力越来越大，相继称王，开始称周天子为君。可见，无论怎么使用"君"字，"君"都是地位、身份的指称。《说文解字》称："君，尊也。从尹，发号，故从口。""君"字由"尹"和"口"

组合而成，以强调尊而为君者发号施令。

"子"字，往往跟高贵的地位相匹配。"子"最早见于甲骨文，原为商王姓氏，后尊称在面前之人为"子"，尊称不在面前之人时，则在"子"前冠以姓氏。《说文解字》解释："子，十一月，阳气动，万物滋，人以为称。象形。凡子之属皆从子。"意为"子"是象形字，像婴儿的样子。

而"君子"一词，最早见于《尚书·周书》的《酒诰》《召诰》《无逸》《泰誓》四篇，在《周易》中出现 124 次，在《诗经》中出现 183 次。《尚书》中，"君子"代表着尊崇、尊贵。《周易》中诸如"初六，童观，小人无咎，君子吝"（初六，像幼童一样观仰景物，小人无所危害，君子必有憾惜），"好遯，君子吉，小人否"（喜爱隐居，这对君子是吉利的，对小人则未必）等，大多将"君子""小人"作为两种身份来区分。《诗经》中"君子"除保留"有位者"之义外，又特指丈夫、心仪男子，如"未见君子，忧心钦钦。……未见君子，忧心如醉"（《诗经·秦风·晨风》），意谓至今没见到他的踪影，忧心忡忡充满担心。……至今没见到他的踪影，忧心忡忡如醉如痴。

《论语》中，除保留了"君子"的"位"（社会地位）的含义之外，又进一步丰富了"君子"的内涵。比如，您说："君子怀德，小人怀土；君子怀刑，小人怀惠。"（《论语·里仁》）君子思考的是德行，小人思考的是私利；君子行事考虑的是规则，小人行事考虑的是如何占便宜。比如，"君子之德风，小人之德草。草上之风，必偃。"（《论语·颜渊》）君子的德行好比是风，小人的德行好比是草，风吹在草上，草就必定跟着倒下。…… 我理解，文中所说的"君子"，主要指有地位者和执政者，而"小人"则指社会一般民众，并无道德贬损之义。

您时常将"君子"与"小人"并行而言，更多的是从道德修养上进行比较：一方面，凸显"统治者"高尚的道德品行；另一方面，"小人"的意思也从"被统治者"变为只关注和追逐个人权利或利益的德行卑劣者，如"君子坦荡荡，小人长戚戚"（《论语·述而》），意谓君子心胸开阔，能够包容别人，小人爱斤斤计较，患得患失；"君子成人之美，不成人之恶。小人反是。"（《论语·颜渊》）意谓君子成全别人的好事，而不促成别人的坏事；小人则与之相反。

单就君子德行这方面而言，您说"君子固穷"（《史记·孔子世家》），意谓君子即使穷途末路，依然安守节操和本分，同时高度赞赏"安贫乐道"的颜回。子贡曾说："君子之过也，如日月之食焉：过也，人皆见之；更也，人皆仰之。"（《论语·子张》）君子的过失，就像日食、月食一样：有过错时，人人看得见；改正以后，人人都敬仰他。这里，着重强调的是对君子的道德操守、社会责任的偏好与赞美。

我是否可以这样理解：您眼中的"君子"即使无"位"（社会地位）也应有"德"（道德操守），"君子"是一种理想的风范、理想的品格，它作为个人（私德）及社会（公德）的标准，时刻引导人们听"君子"言，跟"君子"行，使人人成为拥有高尚情操和道德人格的君子。而您——我的引以为傲的祖先，就是人间"君子"的化身和"生民未有"、万众敬仰的圣贤。

继而思之，不免又让我想到人们常说常新并陷入困惑的另一个话题：君子人格。因为，人生在世，无论身份贵贱、财富多少，也无论从事何种职业、与什么人打交道……都无时无刻不与人格、尊严为伴。儒者尤其看重自身的名誉、声望，纷纷争当"君子"而愧为"小人"。那么，在您的心目中和思想体系里，"君子"乃至"君子人格"又是怎么样的呢？

孙儿

2022 年 5 月 12 日

孙儿：

真不愧为老孔家的子孙，信中称我为"人间'君子'的化身和'生民未有'、万众敬仰的圣贤"，不免有严重溢美之嫌。但有一点是肯定的：有生以来，特别是在三十而立、四十而不惑、五十而知天命、六十而耳顺、七十而从心所欲不逾矩的非凡历程中，无论处于顺境还是逆境，我都按照"君子"的标准，恪守仁者爱人的原则，说"君子"言、行"君子"事，慎终如始地追求完美的"君子人格"。

在我的人生辞典里，"君子"一词格外耀眼。幼年时期，仰望君子，学习君子；成年时期，感悟君子，践履君子；为政之时，与君为伴，不忘君子；授徒期间，倡导君子，培养君子；周游列国，屡遭磨难，依然君子……可以说，我的一生与"君子"如影随形，不离不弃。

在《论语》中你会发现，我的诸多弟子中，围绕君子之学、君子之道，主动请教最多的有三人：子贡、司马牛、子路。

子贡问"君子"时，我说："先行其言而后从之。"（《论语·为政》）先实践自己想要说的话，等到真的做到以后再把它说出来。

司马牛问君子，我说："君子不忧不惧""内省不疚，夫何忧何惧"（《论语·颜渊》）君子没有什么可怕的，内省没有什么可愧疚的，又有什么可担心害怕的呢？

子路问君子，我说："修己以敬""修己以安人""修己以安百姓"。（《论语·宪问》）修养自己，保持严肃恭敬的态度。修养自己，使周围的人们都安乐。修养自己，使所有的百姓都安乐。

这里，我之所以给予不同的回答，主要是因为他们三人的职业不同、性格各异，其关注点也不一样。

那么，到底什么是君子呢？就"君子"一词，你在信中作了十分系统精彩的梳理。是的，它最早见于《周易》《诗经》《尚书》等典籍，重在强调地位之崇高。

《周易·乾卦》云："君子终日乾乾，夕惕若，厉无咎。"君子始终白天勤奋努力，夜晚戒惧反省，虽处境艰难，但终究没有灾难。

《诗经·周南·关雎》曰："窈窕淑女，君子好逑。"那美丽贤淑的女子，是君子的好配偶。

《尚书·大禹谟》说："君子在野，小人在位。民弃不保，天降之咎。"贤人在民间而不被重用，小人占据官位，百姓就会背弃离散，上天也会降下灾难。

而后，"君子"一词被赋予道德的含义，有了德性。我曾慨叹："君子道者三，我无能焉：仁者不忧，知者不惑，勇者不惧。"（《论语·宪问》）君子之道有三个方面，我未能做到啊：仁德的人不忧愁，睿智的人不迷惑，勇毅的人不畏惧。我还说过："乡愿，德之贼也。"（《论语·阳货》）所谓忠厚老实、言行不一的"好好先生"，是败坏道德的人，不配做君子。就德性而言，这可以说是对"君子"一词最具体的阐释。

一般而言，君子是指德才出众的人，学识渊博、深谙时事的人，善良诚信的人，有一定社会地位的人，胸怀天下的人……一句话，就是有道德、有学问、有修养、有情怀、有格局的人。

"君子"是我心目中理想的人格，至少有这样几个标准：（1）君子为善，有仁者爱人的胸怀；（2）君子内心强大，没有"忧患""疑惑"和"恐惧"；（3）君子善于反躬自省，不苛责外人；（4）君子"不怨天，不尤人"，有悲天悯人之心；（5）君子注重修养提升，不计较眼前利益；（6）君子有"独善其身""兼济天下"的品格；（7）君子谋求利益不可以不走正路；（8）君子"群而不党""和而不同"；（9）君子胸怀坦荡，平和善良；（10）君子言必信、行必果，"耻其言而过其行"。

作为一名响当当的"君子"，应当做到："三立""三德""三畏""三戒""三变""三愆""三省""四不""九思""三患""五耻"。

三立——立德、立功（行）、立言。"大上有立德，其次有立功，其次有立言。"（《左传·襄公二十四年》）最高的境界是树立德行，做人；其次是创造业绩功名，做事；再次是能够著书立说，做学问。

三德——即仁义、智慧和勇敢。"仁者不忧，知者不惑，勇者不惧。"（《论语·子罕》）仁爱的人不担忧，聪明的人不迷惑，勇敢的人不害怕。

三畏——"畏天命，畏大人，畏圣人之言。"（《论语·季氏》）敬畏天道命运，敬畏父母长辈、有德有位之人，敬畏圣人的话。

三戒——戒色，戒斗，戒得。"少之时，血气未定，戒之在色；及其壮也，血气方刚，戒之在斗；及其老也，血气既衰，戒之在得。"（《论语·季氏》）少年时期，尚未发育成熟，要戒色；青年时期，血气方刚，戒打架争斗；老年时，身体衰弱，戒计较得失。

三变——"望之俨然，即之也温，听其言也厉。"（《论语·子张》）远看他的样子一本正经、威严可怕；近距离接触他温和可亲、通情达理；听他说话，严厉不苟。

三愆——"侍于君子有三愆：言未及之而言谓之躁，言及之而不言谓之隐，未见颜色而言谓之瞽。"（《论语·季氏》）侍奉君子陪他说话，要避免三种过失：没问到你的时候就说话，这叫急躁；该你说话的时候不说话，这叫隐瞒；谈话不注意君子的脸色，这叫眼睛瞎。

三省——"为人谋而不忠乎？与朋友交而不信乎？传不习乎？"（《论语·学而》）替别人做事有没有尽心竭力？与朋友交往有没有诚信？老师传授的知识有没有按时温习？

四不——君子不妄动，动必有道；君子不徒语，语必有理；君子不苟求，求必有义；君子不虚行，行必有正。也即君子凡事讲礼，每当有所行动必定有其用意、合乎道理；君子不以讹传讹，随便说话，说话定要有理有据；君子节制欲望，不贪取不属于自己的东西，假如有所求，定是为了社会正义；君子凡事经过再三考虑，想清楚了才会行动，且定要合乎正道。

九思——"视思明，听思聪，色思温，貌思恭，言思忠，事思敬，疑思问，忿思难，见得思义。"（《论语·季氏》）看的要考虑是否明白，听的要考虑是否清楚，脸色要考虑是否温和，容止要考虑是否谦恭，语言要考虑是否忠诚，做事要考虑是否谨慎，疑问要考虑如何向人请教，心里不平要考虑是否有忧患，得到利益要考虑不要忘义。

三患——"未之闻，患弗得闻也；既闻之，患弗得学也；既学之，患弗能行也。"（《礼记·杂记下》）自己没有听说过的知识或道理，担心不能听到；已经听说了，担心不能学到手；已经学到了，又担心不能实行。

五耻——"居其位，无其言，君子耻之；有其言，无其行，君子耻之；既得之而又失之，君子耻之；地有余而民不足，君子耻之；众寡均而倍焉，君子耻之。"（《礼记·杂记下》）担任一定职位，却不能发表自己的意见，君子感到可耻；发表了意见，却不能实行，君子感到可耻；已经得到的东西又失去了，君子感到可耻；土地有余而劳动力不足，君子感到可耻；众人平均一份而自己多得，君子感到可耻。

以上八个"三"和"四不""九思""五耻"（必须且不限于），涉及"君子"言行举止的各个方面，包含温、良、恭、俭、让、忠、孝、仁、义、礼、智等作为"君子"的各种规范，构成了我所追求和倡导的"君子人格"的道德修养体系。

就儒家学说塑造的"君子人格"的社会气象来说，也可以着眼于儒家人学及其人格思想的角度，从八个方面来透视：

一是以仁德为先的君子。这类君子重仁、向仁和行仁，讲究"入则孝，出则悌，谨而信，泛爱众，而亲仁。"（《论语·学而》）孝敬父母，敬爱兄长，谨慎少言，诚实可信，广泛地去爱众人，亲近有仁德的人。

二是忠恕有道的君子。这类君子尽心为人、推己及人，奉行"己所不欲，勿施于人"（《论语·卫灵公》），也就是说自己不喜欢的，不要强加给对方。

三是宽和敦厚的君子。这类君子具有厚德载物、反求诸己、宽以待人的博大胸怀。

四是重情重义的君子。这类君子坚持以义为上、重义轻利，恪守"君子之交淡如水"的原则。

五是文明谦逊的君子。这类君子注重谦逊礼貌，举止文明、彬彬有礼，希望"四海之内，皆兄弟"（《论语·颜渊》），天下的人都像兄弟一样。

六是以诚信为本的君子。这类君子讲求诚信伦理，注重讷言敏行、口惠实至。

七是中庸和顺的君子。这类君子奉行中庸之道，坚守"君子不器"（君子不能被视为工具，简单地以有用和无用来衡量其价值）、"君子不争"、"和而不同"。

八是亲民爱民的君子。这类君子坚持"以民为本"，"知稼穑之艰难"，能够做到爱民、为民、惠民。

越来越多的人相信，在中国，儒家推崇圣人、贤人，道家向往真人、神人，然而反观现实，圣贤不世出，真神不可及，倒是君子成了人世间相对完美、较为普遍且容易绘就的人间画像。君子人格的理想和目标虽然远大，但道理却十分朴素、温馨，并非不可企及。只要人们恒立君子之志，求真至诚向善，着眼于提升自己的思想境界和道德修养，在学习、感悟、实践之路上笃行不怠，便会演绎出灿烂辉煌的人生，完美展现属于自己的独特的君子之风。从这个意义上说，生活在这个世界上的我们，人人皆可为君子！

这，就是我心目中的"君子"及"君子人格"。坚信我的孙儿能够以"君子"的标准，锤炼自己的"君子人格"，有尊严且豪迈地行走在变幻莫测的人生之路上。

老 祖

2022 年 5 月 15 日

出仕（1）：委吏 中都宰 司寇 夹谷之会

儒家学说是一种"入世"的学问，其目的在于治国平天下、推动人类社会走向"大同"。何以"入世"？或许，选择"入仕"不失为一条实现抱负的捷径。

老祖：

读着老祖的来信，我对君子及君子人格的敬仰油然而生。我们艳羡君子、向往君子、争当君子，期盼拥有周全的君子人格、展现完美的君子风范。

透过您对君子和君子人格如数家珍般的描述，我蓦地意识到，您不仅因"生民未有"的"万世师表"为人膜拜，更因"仁者爱人"的君子风范令人感到亲切，您超脱飘逸的君子形象仿佛就在眼前。

儒家学派传人、"亚圣"孟子曾说：君子"穷则独善其身，达则兼善天下"（《孟子·尽心上》），在不得志的时候要洁身自好修养个人品德，在得志显达之时就要造福天下百姓。而您集圣贤、君子于一身，胸怀宽广、志向远大，主张"仕而优则学，学而优则仕"(《论语·子张》),娴熟自如地处理了"学"与"仕"的关系,尽管历经了一些意想不到的挫折磨难,被迫"周游列国",也难改其志。

您生于士族家庭(虽然没落但生活殷实),自幼与众不同,"为儿嬉戏,常陈俎豆,设礼容"(《史记·孔子世家》),孩童时做游戏,经常摆设俎豆等各种礼器,模仿祭祀的礼仪动作。您承袭士族习惯,"十有五而志于学"(《论语·为政》),十五岁时有志于学习礼、乐、射、御、书、数等学问,为成年后入仕谋生创造条件;"三十而立,四十而不惑"(《论语·为政》),三十岁能够独立处理事情,四十岁能够通情达理不为外物所迷惑,还广泛延揽门徒,立志弘扬圣贤之道、服务黎民百姓。

您曾喟然而叹:"苟有用我者,期月而已可也,三年有成。"(《论语·子路》)意思是如果有人用您治理国家,一年之内就可以见到成效,三年时间就会卓有成效。这种自信,来源于您的治国理想和施政方略,那就是实行仁政,以礼治国,以德治国。

反观您在鲁国的为政实践,最初时,应当说是兑现了您的诺言。但结果终非所愿。

您20岁始为委吏(管理仓库的小吏),初涉官场,小试牛刀。

51岁,正值"知天命"之年,您被任命为中都宰,于是走出悒郁,"翩然而出"。西汉韩婴《韩诗外传》所载命辞曰:"宋公之子弗甫何孙鲁孔丘,命尔为司寇。""天命"是什么?我理解,您的"天命"即"天赋使命"，也就是您所说的"志"——使"仁政"施行于天下，建设一个礼序祥和的社会。

直到 73 岁驾鹤西去，五十多年间，您在短暂的仕宦生涯中屡遭挫折不幸，无奈之下率众弟子游说列国，达十四年之久。

据我所知，曲阜孔子博物馆藏有《圣迹图》（亦名《至圣文宣先师周流之图》）石刻本，源于明正统九年（1444 年）张楷（字式之）所绘《孔子圣迹图》，全套 36 幅图（其中两幅缺失），有文有赞，无题。从图中"圣迹"来看，您从 55 岁至 68 岁近十四年的时间里，先后到过卫、曹、宋、齐、郑、晋、陈、蔡、楚等国，会见大小国君及权臣 70 余人，极力推广自己的治国主张，希望被委以重任，但四处碰壁。这幅图展示的"圣迹"，集中反映了您出仕为政的五味杂陈，所谓郁郁不得志也便不难理解。

对于您的仕宦经历，《论语》有所记载，可语焉不详。《大学》《中庸》《孟子》《史记》等典籍，虽多有涉及，但或散见于您与弟子的诸多对话中，或辑录在后世学人的研究资料中，也未必准确、全面、权威。思来想去，最直接、最真实、最可信的，还是老祖亲口所说，因为您是主角，也只有您这个主角，演绎出来的才是最生动、最具体、最鲜活的仕宦人生。

孙儿

2022 年 5 月 19 日

孙儿：

谈到我的入仕为政，让我想到我对弟子子夏说的一句话："女为君子儒！无为小人儒！"（《论语·雍也》）你要做就做成大道的儒士，不要做专业的儒士。对弟子子贡，我特别强调"君子不器"（《论语·为政》），意思是君子应为通才，不应像器具那样仅专注于某一方面，要有大格局，有远大理想，找到人生之"道"。我的人生之"道"，就是不一味地修身、做学问、讲道德、倡仁爱，还要齐家、治国、平天下。而这，就不得不讲讲我的悲催的从政经历。

我20岁时初涉政事，被鲁国贵族季氏聘为委吏（管理粮仓的小吏），因为核算得当、账目清楚、计量准确，又被任为乘田（主管畜牧的小吏），负责牛羊的饲养、放牧、蕃息。

51岁时，我正式从政，被鲁定公任命为中都宰——这是我做的第一个官。中都，系鲁国的一个小城；宰，相当于一县之长。中都位于鲁国西部，系鲁国九位国君陵墓所在地，是水陆交通要塞，自然条件不错。但上任后，我看到的却是百姓饥寒交迫，经济一片萧条。于是，我将此地作为儒家治国思想的"试验田"，以"每事问"的方式，访贫问苦，调查研究，以养生与送终礼制为突破口，大刀阔斧地进行了一系列改革。

比如，"养生三条"：（1）"长幼异食"，给老年人和小孩多吃好的食物；（2）"强弱异任"，根据个人不同情况，分配不同任务；（3）"男女别途"，男女之间应有区别。

再比如，"送终三条"：（1）"四寸之棺，五寸之椁"；（2）"因丘陵为坟"，节约土地；（3）"不封不树"，不筑大坟头，不在坟墓周围植树。

诸如此类注重礼制教化和社会治理的改革措施，有力推动了当地经济社会的发展，仅一年光景，便收到境内大治之成效，正所谓"路不拾遗，夜不闭户"。周围各地纷纷学习、效仿。

于是，鲁定公召见我，问："用治理中都的办法来治理鲁国如何？"

我回答："岂止是鲁国，用来治理天下也是可以的！"

不久，52岁的我由中都宰升任司空（负责鲁国土木工程事务的副官）。任期虽短，但我坚持以礼治国、德行天下，颇受百姓拥戴并赢得了鲁定公的信任。于是我再次升迁，担任司寇一职，以鲁国最高司法长官的身份，负责社会治安、刑狱、纠察等事务（这也是我担任的最高官职）。相随为官的弟子有：子路任季孙氏的家宰；子贡被聘为鲁国大夫，辅佐我从政；公西赤出使齐国；冉有则掌管经济。

司寇为上卿，"三桓"（季孙氏、孟孙氏、叔孙氏）瓜分鲁国后，只有"三桓"家族的族长方可担任，我以异姓平民担任司寇，权位仅次于鲁定公和"三桓"，在当时引起了不小的轰动，堪称我的职场奇迹。由于鲁定公的权力被"三桓"架空，而我在司寇任上又一度被授权"行摄相事"（代理相事），所以我实际掌握了鲁国的权力。而这，自然引起了"三桓"的忌妒，为以后我为政不顺、遇事多舛埋下了伏笔。

在司寇任上，我有幸参与谋划、亲身经历了史上著名的"夹谷之会"，这也是我在从政史上办得最漂亮、最精彩的一件事。

"夹谷之会"发生于鲁定公十年（前500年）的夏天，是春秋时期齐、鲁两国的一次重要外交活动。齐国最早称霸于诸侯，与鲁国相比既大且强。自桓公和管仲之后，齐国盛极而衰，晋国取而代之，而鲁国居齐、晋之间。春秋后期，齐国在景公和晏婴的治理下，实力有所恢复，欲与晋国再行争霸。鲁国过去依附于晋，这时欲与齐结盟，以换取自身安全；而齐国为削弱晋国，也乐于与鲁国结盟。于是，齐、鲁两国约定，两国国君在牟国和嬴邑的交界——夹谷举行会谈。

会盟之前，我向鲁定公建议："听说有文事者必有武备，有武事者必有文备。古时候诸侯离开自己的疆土，必有文臣武将侍从。"对此，鲁定公欣然采纳，配备左右司马，带兵会齐侯于夹谷。而齐景公，则由齐相晏婴、大夫梁丘据随侍。

会盟开始，齐、鲁两国国君相互揖让而登三级盟坛，互献礼品并敬酒酬答。接着，齐国以奏四方之乐为名，让嬴邑当地的士兵全副武装突然登场，刀枪剑戟，鼓噪而至。形势骤然紧张，鲁定公霎时惊慌失措。

这时，我遽然起身，从容不迫地沿着新筑的盟坛台阶拾级而上。登上盟坛后，我向面目狰狞、狂乱作舞的士兵一甩长袖，两眼直视着齐景公，大义凛然地怒斥道：

"这些人是干什么的？两国国君在此友好会盟，却让这些当年被征服的夷狄之俘来捣乱，你齐君怎么还能号令诸侯？！'裔不谋夏，夷不乱华'，这是大家应当遵守的，不然就是对神的亵渎，对人的失礼，对德行的违背，你齐景公肯定不会这样做吧？"

齐景公被我说得面红耳赤、无地自容，挥手斥退了乱舞的兵士，当场道歉："这是寡人之过啊。"

但难题并没有解决。过了一会儿，齐国司仪上前禀报："请奏宫中之乐！"齐景公回答："可以。"于是，一队齐国的倡优和侏儒来到盟坛前，开始嬉戏逗乐。

我疾步向前，严厉喝道："以无知小人惑乱诸侯者，其罪当诛。请右司马立即行刑！"说时迟那时快，鲁国分管刑罚的官员迅即将齐国的倡优腰斩。齐景公见状，极为恐惧，面露惭色。

即将举行盟誓时，齐国人在盟书上加了一句话："一旦齐国军队出境作战，鲁国如果不派三百辆兵车跟随我们，就以背盟予以惩罚。"很明显，这是让鲁国无条件承认自己是齐的附庸。

鲁国与齐国订盟，目的在于向齐国求得和平与安全。但如果屈服，不仅会损害鲁国的实际利益，而且会使鲁国的声誉受到损伤。我寸步不让，当机立断，吩咐鲁国大夫兹毋还回答：

"如果齐国不把一年前阳虎奔齐时侵占的鲁国的郓、讙、龟阴之田归还鲁国，却要让鲁国出兵车，也是破坏盟约。"

…………

会盟结束后，齐景公欲设享礼招待鲁定公。我对齐国大夫梁丘据说："齐国、鲁国的旧礼，您怎么不知道呢？事情已经完成了，却又设享礼，这是让执事官无故辛劳。再说，牺尊、象尊不出国门，钟磬不在野外合奏，在外设享礼而这些东西全部具备，便是违背礼仪；如果这些东西不具备，那么这享礼就像秕稗一样轻微。用秕稗一样的薄礼是君王的耻辱，抛弃礼仪又有损名声，您是什么用意？享礼，是用来宣扬德行的仪式。如果不能宣扬，则不如停止。"齐景公听说后，点头默认，没有再设享礼。会盟顺利结束。

据说齐景公回去后大怒，斥责群臣："孔子以君子之道辅佐其君，而你们以夷狄之道诱教寡人，使我在会盟时得罪了鲁君，该如何是好？！"事后，齐景公心不甘情不愿地归还了鲁国的郓、谨、龟阴之田以谢过。

毫不夸张地说，在这次夹谷之会上，我应对自如，据理力争，有礼有节有力地粉碎了齐国的阴谋，收复了鲁国的失地，同时有效捍卫了鲁国的尊严，为其他小国、弱国树立了以弱制强的榜样。当然，我的政治才干、外交艺术和人格魅力也得到了尽情展示。从此，诸侯不敢辱鲁国，群臣不敢小孔子！

好了，我的从政经历还有许多，先说这些，以后再叙。

老祖

2022 年 5 月 22 日

出仕（2）：诛少正卯『堕三都』

您为官执政的每一步、每一个细节，都贯穿着一个原则、一条主线，那就是"克己复礼为仁"，即克制自己的欲望，修养至善的德行，践行礼制的要求，达到仁义的境界。

老祖：

"诸侯不敢辱鲁国,群臣不敢小孔子",如此自信,如此豪迈!
这就是我的老祖。

从中都宰一任的小试牛刀,到为司寇、行相事、风云夹谷之会,
让孙儿看到了一个堪当大任的老祖!

单就近两年的短暂从政履历中,我清晰地发现,您为官执政
的每一步、每一个细节,都贯穿着一个原则、一条主线,那就是"克
己复礼为仁",即克制自己的欲望,修养至善的德行,践行礼制
的要求,达到仁义的境界。所以,凡是不符合礼制规范的,凡是
与道德要求相悖的,都令您不齿甚至深恶痛绝。

大凡从二十世纪六七十年代走过来的人,恐怕没有不知道您
"诛杀少正卯"这一事件的（且不论事件的真假如何）。

《孔子为鲁司寇像》相传为唐代吴道子所画，从画中您文雅、仁慈、宽厚、豁达的面相上看，人们怎么也想不到您会杀人。但荀子（战国末年思想家，儒家学派代表人物，曾任稷下学宫祭酒）的确说您杀了少正卯，而且正是在司寇任上。

少正卯，春秋时期鲁国大夫，少正系官名，卯为其名。据查，最早记录您"诛杀少正卯"一事的是荀子。《荀子·宥坐》中说："孔子为鲁摄相，朝七日而诛少正卯。门人进问曰：'夫少正卯，鲁之闻人也，夫子为政而始诛之，得无失乎？'孔子曰：'居！吾语女其故。人有恶者五，而盗窃不与焉：一曰心达而险，二曰行辟而坚，三曰言伪而辩，四曰记丑而博，五曰顺非而泽。此五者有一于人，则不得免于君子之诛，而少正卯兼有之。故居处足以聚徒成群，言谈足以饰邪营众，强足以反是独立，此小人之桀雄也，不可不诛也。'"

译成白话文就是，您做了鲁国的代理宰相，当政才七天就杀了少正卯。学生进来问您："少正卯是鲁国的名人啊，可老师一执掌政权就把他杀了，不会是弄错了吧！"您说："坐下！我告诉你原因。人有五种罪恶，盗窃尚不在其中：一是内省通明但用心险恶，二是行为邪僻却又顽固不化，三是说话虚伪却还善辩，四是记述稀奇古怪而驳杂广博，五是赞同错误而又对之进行粉饰。这五种罪恶，一个人只要有一种，就不能逃脱君子的诛杀，而少正卯却同时兼具这五种罪恶。所以，他居住的地方足以聚众成群，他的言谈足以掩饰邪恶、迷惑众人，他的刚愎自用足以反是为非而独树一帜。这是小人中的'奸雄'，是不可不杀的。"

司马迁《史记·孔子世家》记载："定公十四年，孔子年五十六，由大司寇行摄相事，有喜色。门人曰：'闻君子祸至不惧，福至不喜。'孔子曰：'有是言也。不曰"乐其以贵下人"乎？'于是诛鲁大夫乱政者少正卯。"

意思是说鲁定公十四年（前496年），您56岁，由大司寇行国相之事，满脸欢喜。弟子说："听说君子祸难临头不恐惧，遇到好事也不喜形于色。"您说："有这样的话，但不是还有一句'乐在身居高位而礼贤下士'的话吗？"在这一时期，您把扰乱国政的大夫少正卯杀了。

诛少正卯之举，恰好印证了《淮南子》中的记载："孔子诛少正卯，而鲁国之邪塞；子产诛邓析，而郑国之奸禁。"孔子杀了少正卯，鲁国的奸邪就被堵塞了；子产杀了邓析，郑国的奸诈便被禁止了（邓析，系郑国大夫，春秋末期"名辨之学"代表人物，反对"礼治"，经常故意歪曲法令、迷惑民众，后被郑国当政大夫子产惩处）。

不论是《荀子·宥坐》，还是司马迁《史记·孔子世家》，均称少正卯为"鲁大夫"。传说，在成为鲁国大夫之前，少正卯与您齐名，曾是聚徒讲学的教育家，您的三千弟子多次离您而去，只有颜渊不为所动，寻来找去，挖走您弟子的便是少正卯。所以，有的研究专家武断地分析"诛杀少正卯"是您在公报私仇，称您既"不仁"也"不义"。这无疑小看了您的"君子人格"，以至于使您长期背负骂名。

历史上，少正卯这个人究竟是否存在还存在争议，因为在《论语》《礼记》等经典中均未提及，亦未提及他个人的思想学说。但有一点人们不会忘记：二十世纪七十年代初的"批林批孔"运动中，您的一大"罪状"就是"为了维护奴隶主阶级利益，杀害'法家思想家'少正卯"。但从您"诛杀少正卯"这一事件中，足以看出您对"礼制"的执着坚守，也再次感受到您的君子风范。这一事件，只是您维护"礼制"、播撒"仁爱"的冰山一角，更多精彩内容，且等您下回分解。

孙 儿

2022 年 5 月 26 日

孙儿：

"克己复礼为仁"是我一贯的思想理念和道德追求。"仁义"是儒学之本，凡是违背礼制、丧失仁德的"小人"之举，均为儒家所不齿。

鲁昭公二年（前 540 年），晋国大夫韩宣子访鲁观书后赞叹："周礼尽在鲁矣。"意指鲁国是周公封地，保存有大量的西周典章文物。但正是在鲁国，春秋末期，孟、叔、季三家世代为卿，操纵政权，国君竟然完全被架空，礼制规范简直成了摆设。

至于你信中所言"诛杀少正卯"之事，确实让我再次想到了子产，他是让我十分推崇的同时代的"君子"。作为大夫，他以"救世"为目标，倡导崇礼与改革并重，带领郑国摆脱贫困、实现中兴，成为备受晋楚两大国尊重的中等诸侯国。但即使如此，他还是遭到奸佞小人邓析的诽谤与攻击。所以，为了正视听、复秩序，子产非杀邓析不可。而少正卯在鲁国蛊惑人心、扰乱国政，同样逃脱不了被惩处的命运。虽然我一度被人非议为"诛杀异己"，甚至连子贡这样的弟子一时也理解不透，但我心无悔。

其实，"诛杀少正卯"只是我为政之初的"小插曲"，让我耿耿于怀的还是那有始无终的"堕三都"，正是因为这件事，我的为政之道被画上了晦暗的休止符。

"堕三都"到底是怎么回事？此事还得从"周礼"说起。

按照周公之礼，天子须按嫡长子继承制世代相传，是"大宗"；其他不能继承王位的王族，被分封为诸侯，是从属于天子的"小宗"；诸侯们也是按嫡长子继承制世代相传，非嫡长子则由诸侯分封为卿、大夫，卿、大夫是诸侯的"小宗"；大夫之下的士是贵族阶级的最底层，不再分封。至西周后期，周王室权威衰落，诸侯割据地方，不再听命于王室，分封制名存实亡，历史进入了"礼崩乐坏"的时代。而"周礼尽在"的鲁国，作为周礼的保存者和实施者，也陷入了混乱局面，鲁国国君像周天子一样大权旁落，鲁国大夫"三桓"（孟孙氏、叔孙氏、季孙氏原是鲁桓公的子孙，故又称"三桓"）即犯上作乱的代表。

春秋中后期，鲁国政治主要由三种势力掌控：一是以鲁定公为代表的公室，二是以"三桓"为代表的贵族，三是贵族的家臣。随着礼制破坏、政权下移，"三桓"明目张胆地架空鲁国国君，即便是其家臣，也经常以下犯上，越过"三桓"干预国政，甚至凭所控之邑发动叛乱，诸如"礼乐征伐自大夫出""陪臣执国命"等乱象屡见不鲜，而臭名昭著的"阳虎之变"便是鲁国历史上的一大笑谈。

阳虎（又名阳货），系季氏家臣，在季平子与鲁昭公的斗争中握有季孙氏军权，季平子摄行君位后，他妄生效仿之意。季平子、叔孙成子相继去世后，阳虎囚禁了季桓子，执掌了鲁国国政。三年后，阳虎纠集党羽密谋篡位，季孙氏请求孟孙氏保护，孟孙氏以鲁定公君令为号，会同叔孙氏平定了叛乱，最终迫使阳虎逃往齐国。同一时期，叔孙氏家臣侯犯也干出了犯上作乱之事，以失败告终。

公元前 500 年，我被鲁定公任命为司寇，正值阳虎之变、侯犯之乱结束不久，"三桓"势力日趋削弱。我始终笃信"名不正，则言不顺；言不顺，则事不成"（《论语·子路》）。我致力于推行周礼，希望社会秩序井然和谐，国君位居权力巅峰，卿、大夫、士等各尽其责。所以，扭转"陪臣执国命"之局面势在必行。

周礼规定，天子、诸侯、大夫有尊有卑，所筑城池高度、广度均有定制。"三都"即鲁国三位大夫的都邑，分别是季孙氏（季桓子）的费邑、孟孙氏（孟懿子）的成邑和叔孙氏（叔孙州仇）的郈邑，在城市建设上，"三都"都大大超越了礼制的标准，属于典型的"名不正"。

"堕三都"，意在强公室，弱私门，重树君主权威，还权力于鲁定公。就"三桓"而言，叔孙氏的郈邑，刚发生侯犯之乱；季孙氏的费邑，由家臣公山不狃把控；孟孙氏的成邑，掌握在家臣公敛处父手中。因此，他们也想要借助外力，铲除尾大不掉的家臣势力。"堕三都"的主张一经提出，就得到了鲁定公的支持及"三桓"的默许。

那么，"堕三都"又是怎样执行的呢？公元前498年，"堕三都"之命正式下达。首先动手拆除的，是叔孙氏的郈邑。郈邑才刚经历了侯犯叛乱，虽已是叛军的据点，但在叔孙氏的支持下，郈邑拆除得非常顺利。

接着要拆除的，是季孙氏的费邑。季孙氏家臣公山不狃率领费邑人反叛，直接袭击鲁国国都曲阜。由于鲁国军队被"三桓"瓜分，"三桓"的军队又被家臣把持，外加曲阜防卫薄弱，公山不狃的军队很快杀入都城。鲁定公、季桓子、叔孙州仇、孟懿子等人只好躲入季氏家中，登上武子之台。我带领军队赶到，在曲阜百姓与鲁军联手反击下，经过英勇战斗，打败了叛军。公山不狃见大势已去，仓皇逃到齐国避难。于是，费邑的城墙也被拆毁。

可惜的是，孟孙氏的成邑未能如期拆除。与季孙氏和叔孙氏不同，孟孙氏的家臣公敛处父为人厚道，在侯犯作乱、公山不狃叛乱后，孟孙氏内部稳定，未发生动乱。面对强拆，公敛处父决心以武力强硬抵抗。鲁定公大为恼火，亲自率领军队进攻成邑，结果没有打下来，最后竟然不了了之。

最终，"堕三都"只堕了两都，成邑的高大城墙仍岿然挺立。这再次充分暴露了鲁国公室的极度软弱。经此行动，季孙氏打垮了长期盘踞在费邑的公山不狃，叔孙氏消除了侯犯重返郈邑的后患。目的达成之后，当孟孙氏反对拆除成邑、其家臣以死抗争时，季孙氏、叔孙氏便不再支持"堕三都"了，因为我的最终目的是将权力收归于鲁定公，而这却是他们不愿看到的。

"堕三都"虽然功败垂成，但"三桓"势力受到了沉重打击，鲁定公的地位有所提高，权威也大大增强。可我作为"堕三都"的倡议者，不仅没有受到应有的嘉奖，反而落了个受埋怨、遭排挤的悲惨下场。

如此尴尬的处境令我格外郁闷和惆怅，于是，我对子路等弟子感叹道："道不行，乘桴浮于海。从我者，其由与？"（《论语·公冶长》）子路听后十分高兴。

不久，在鲁国已无用武之地的我，于无奈之下中断仕途，与众弟子一起黯然离开故土，被迫踏上"周游列国"的艰辛之路。

至此，我的"为政之道"不得不先被搁置一旁，尽管有着太多太多的不情愿、不服输。

老祖

2022 年 5 月 29 日

13

八俏舞于庭

是可忍，孰不可忍

齐女离间

从您 20 岁以委吏身份初涉政事，到 51 岁被任命为中都宰，继而为司寇，其间历经 30 余年。30 余年间，您围绕"礼制""仁义""君子"等潜心治学，广收门徒，声名鹊起，经历了数不清的喜怒哀乐。

老祖：

　　"堕三都"的功败垂成，标志着您从政生涯的正式结束与周游（不如说"流亡"更准确些）生涯的正式开始。从您20岁以委吏、乘田身份初涉政事，到51岁被任命为中都宰，继而为司寇，其间历经30余年。30余年间，您围绕"礼制""仁义""君子"等潜心治学，广收门徒，声名鹊起，经历了数不清的喜怒哀乐。

　　此次流亡开始之前，您至少有两次流亡经历。一次是您35岁的时候，您因季平子（季孙意如）破坏礼制，超规格享用"八佾舞"而怒发冲冠："是可忍也，孰不可忍也。"（《论语·八佾》）连这个都可以容忍，还有什么不可以容忍的呢？之后，您第一次踏上流亡之路。另一次是您在鲁国执政期间，齐国故意献美女给鲁定公，使用离间之计，逼迫您愤然离开鲁国。

回顾您"周游列国"的生涯，我感觉这两次流亡似乎就不是个好兆头（尽管人的前世今生不可预测）。其原因到底是什么？之后又发生了怎样的故事？叩问老祖，盼复。

孙 儿

2022 年 6 月 2 日

孙儿：

在我颠沛流离的生涯中，35 岁时的这次流亡的确是第一次。这一次流亡，严重影响了我的思想情绪，某种程度上颠覆了我的"三观"。它使我更加认清一个现实，那就是尽管"周礼在鲁"，但鲁国也并非一片净土，维护"礼制"，"克己复礼"困难重重，需要付出代价甚至做出牺牲。

《左传·成公十三年》中说："国之大事，在祀与戎。"祭祀对内，战争对外；祭祀年年搞，战争不常有。和平时期，祭祀显得尤为重要。按照周礼，祭祀所用乐舞的等级因身份而各异：天子礼乐用八佾（八行八列六十四人），诸侯六佾（六行八列四十八人），大夫四佾（四行八列三十二人），士两佾（二行八列十六人）。而且祭祀的时间，也有明确规定。鲁国公侯虽为周王室贵胄，可享天子礼乐，但也因等级不同而有严格区别。

我始终主张以礼治国、以德为政，无论是君臣还是官民，都要遵循礼制规范各安其位，做自己该做的事。

我提倡做人要有立场、有态度，不做无原则的"伪君子"。《论语·阳货》中有句名言："乡愿，德之贼也。""乡愿"顾名思义，即投乡里族群之所愿，实则指社会上那些是非不分、言行不一、流于世俗、不得罪人、以"忠厚老实"为人称道的"老好人"。这种人表面上看似"有德"，实际上却在"非德""乱德"，是"德"的叛徒和逆贼。我反对"乡愿"，旨在推行"仁""礼"，匡扶社会正义！

我始终认为，作为下属，切不可行越礼之事，否则就是以下犯上，就是"僭越"。"是可忍也，孰不可忍也"，乃针对季平子"八佾舞于庭"的僭越行为而言。

我35岁那年，正值鲁昭公即位二十五年祭祀他的父亲鲁襄公。祭祀刚一开始，人们就发现礼乐队伍只有十六人，完全与昭公作为诸侯的六佾配享不相符。经查，此时孟孙、叔孙、季孙"三桓"也在当日祭祖（按照礼制，君、臣不可同祭），特别是季平子，他控制了鲁国一半的军队和税赋，成为头号贵族。凭其大夫身份，他只能享用四佾（三十二人）乐舞，而他却调走鲁昭公的四佾乐舞为己所用，以超规格、乱礼制的八佾（六十四人）乐舞祭祀自己的祖先。由此可知，季平子享用的是天子的规格，而昭公却降格到士的层级。大夫在国君祭祖时不来陪祭本已是"大逆"，私自抽调国君的乐舞更是"不道"。这让国君如何体面地完成祭祖，又怎么对得起自己的先人？

鲁昭公忍无可忍，一怒之下，发兵讨伐季平子。季平子自知理亏，躲到自家庭院的高台上，向鲁昭公百般狡辩，请求昭公亲自调查自己所犯的"罪状"，甚至恳请昭公允许他"带五辆车子流亡他国"（当然是虚晃一枪）。昭公坚持不允。起初，昭公身边的大夫子家羁提醒昭公，不要硬逼季平子，否则会引起其党羽的激烈反抗，毕竟季平子已执政多年，而且"三桓"中的叔孙、孟孙两家不是不懂得一损俱损、一荣俱荣的道理，不会一味地袖手旁观。昭公没有听进去，双方在高台上下僵持到深夜。

此时，因"斗鸡事件"与季平子早有积怨的郈昭伯（斗鸡是当时贵族间的一种游戏。季平子因斗鸡失败，一怒之下强占了郈昭伯的房产），在一旁大肆鼓动，劝昭公抓住时机，一鼓作气杀了季平子。迫于迟迟攻打不下，经昭公允准，郈昭伯去请求孟孙氏增援。就在孟孙氏犹豫不决时，叔孙氏这边犯起了嘀咕：如果季平子这次战死，那从此以后，鲁国便没有季氏了，而没有了季氏，叔孙氏的末日很快也会到来。于是，叔孙氏私家军队的精兵强将拿起武器，倾巢出动，加入战斗。季平子的家臣阳虎也带着季氏兵马，与叔孙氏、孟孙氏三家合兵一处，将昭公的军队打得落花流水。其间，郈昭伯也被孟孙氏乱刀砍死。就这样，鲁昭公这位鲁国第二十四任国君被无情打败，逃往齐国，后又逃至晋国，于公元前510年，在晋国的乾侯去世，享年51岁。随后，季平子立鲁昭公之弟公子宋为君，是为鲁定公。

"三桓"重新掌权，控制舆论，一股脑儿地将这次政变归咎于鲁昭公，致使原本同情鲁昭公的臣民敢怒不敢言。

在这样的大是大非面前，我忍无可忍，终于愤怒地喊出："是可忍也，孰不可忍也！"

古训云："君辱臣死。"人总要有一点骨气和精神，何况像我这样崇礼尊义的"君子"。作为周公的封国，鲁国怎么能出现臣子赶走君主的事情呢？既然鲁国已经乱成这个样子，那还有什么可留恋的？而且，鲁昭公有恩于我：孔鲤诞生时，昭公马上派人送鲤鱼作贺礼；我欲去洛邑学礼，昭公专门拨经费、供马车，全力支持；学成返鲁后，昭公特意任命我为鲁宗社礼官……思来想去，鲁昭公流亡齐国不久后，我也带着弟子去了齐国（我对齐国的总体印象不错，而且与齐景公、晏婴有一定交情）。进入齐国，我遇到的第一件事，就是人们熟知的"苛政猛于虎"。

从鲁昭公二十五年年底至鲁昭公二十七年春，我在齐国待了大约一年半的时间，其间，我主要是与齐景公、晏子等人打交道。公元前522年，齐景公到访鲁国时见过我，曾经问道："从前秦国国不大，地又偏，为什么能称霸一方？"我当时回答："秦国国家虽小，可国人志气大；地方虽僻，可他们的人行事正当。秦穆公会用人，器重喂牛的百里奚，与其只谈了三天便信任他，叫他执政。像秦穆公这样的人，统治全国也不在话下，称霸一方只能算小有成就。"齐景公听后非常满意。这次到齐国，我也期望遇到一个明君，使我能够施展自己的理想抱负。于是，我先在齐景公的亲信高昭子家任职，经高昭子引荐，有了再次与齐景公相见的机会。

齐景公问我治国之道，我说："君君，臣臣，父父，子子。"（《论语·颜渊》）即做君主的要像君主的样子，做臣子的要像臣子的样子，做父亲的要像父亲的样子，做儿子的要像儿子的样子。这也就是"正名"。齐景公听后，高兴地说："讲得好呀！如果君不像君，臣不像臣，父不像父，子不像子，那么即便有的是米，我能吃得上吗？"

齐景公又问我治国最紧迫的是什么，针对齐国当时奢侈成风、浪费严重的现象，我说："是节约。"齐景公听了，表示满意。

其间，就我与齐景公之间的谈话，弟子子禽出于好奇，专门询问子贡：

"夫子至于是邦也，必闻其政，求之与？抑与之与？"子贡曰："夫子温、良、恭、俭、让以得之。夫子之求之也，其诸异乎人之求之与？"（《论语·学而》）

子禽问："老师到了一个国家，必然会听到那个国家的政事。这是他自己求得的呢？还是人家国君主动告诉他的呢？"子贡答："老师是靠着温良恭俭让的美德取得的。他老人家获得的方法，或许与别人获得的方法不同吧？"

可是，当齐景公有意封我尼溪地方的田地时，齐国的执政大臣、老政治家晏婴等极力反对、阻止，并说了许多不利于我和一些儒士的偏激的话。于是，齐景公动摇了，再见到我的时候，虽表面客气，但不再跟我讨论为政之事……

又过一些时日，齐景公对我一语道破："我老了，精力不济，不能任用你来实行改革了。"其实，我早有耳闻，齐国的贵族担心我在齐国当政，会一味按照礼制规范行事，以至于削弱他们的权势，故生陷害之意。

就这样，深受冷落、壮志难酬的我，只好收拾行囊，"接淅而行"（捞起淘米水中的米，来不及炊煮，就与一众弟子匆匆忙忙地离开了齐国）。之后的十四年里，我以一名不惑"智者"的身份，研究典籍，教书育人，交游各界，服务社会。

对了，谈起在齐国的这段经历，我不由得想起"三月不知肉味"的典故。《论语·述而》中说："子在齐闻《韶》，三月不知肉味。"我在齐国听到《韶》乐，被深深地吸引，别的事都不放在心上，以至于很长时间尝不出肉的滋味。

有礼必有乐，知礼必懂乐。你知道，在周朝首都洛邑，我专门拜访了周敬王的大夫苌弘，在他家里讨教《韶》乐与《武》乐，得知《韶》乐与《武》乐虽风格不同但同样悦耳。《韶》乐乃虞舜太平和谐之乐，侧重于安泰祥和、礼仪教化；《武》乐乃武王伐纣一统天下之乐，侧重于大乱大治、述功正名。对于《韶》乐，我由衷地发出了"尽善尽美"的赞叹（《论语·八佾》）。在齐国，我拜宫廷乐官师襄子为师，刻苦学琴，一连十天反复演练，悟出《文王操》的音律，令师襄子感叹汗颜。

齐国为姜太公开建，是《韶》乐和《武》乐的正宗传承之地。既然到了齐国，我便自然有欣赏宫廷乐舞的机会。恰逢齐景公举行宗庙祭祀，受宫廷乐官的邀请，我有幸参加大典，现场聆听了《韶》乐、《武》乐，亲身体验了乐舞的庄严恢宏。对《韶》乐，我情有独钟，因为它符合大同社会的价值取向。之后的时间里，我全神贯注于《韶》乐，终日弹奏，手舞足蹈，沉醉于宁静、和谐、甜美、雅致的境界中。一连几个月，我一入睡就在梦中反复吟唱，吃饭的时候也苦苦揣摩思索，以至于连肉的味道也品尝不出来了。

这，就是我所谓的"第一次流亡"的故事。

第二次流亡，时间是在鲁定公十年（前500年），齐鲁夹谷之会结束后不久。在夹谷之会上，齐国既没讨到便宜又丢了面子，君臣上下十分苦恼，同时，我以司寇的身份代理相事，国家治理得井井有条，使齐国深知我的价值与分量，担心鲁国越来越强大，危及自己的地位和尊严。于是齐国想方设法离间我与鲁定公、"三桓"等人的关系，以阻止我在鲁国执政。

齐国深知鲁定公"好色不好德"，手下臣僚亦不乏好色之辈，而我又特别强调"政者，正也"，国君要做表率。经过大夫黎弥等人密谋，齐国想了一个计谋：献美女以迷惑鲁定公，使其沉湎于声色犬马，荒废政事，并制造我与鲁定公及诸位臣子的矛盾，从而祸乱鲁国国政。

于是，齐国挑选了16名美女，教以歌舞，授以媚术，同时又选120匹良马，饰以雕鞍，一起送到鲁国。起初，所送的美女、良马没能直接进城，而是暂时被安顿在城南门外驿站中。这些美女一连几天身穿华服，表演歌舞，引得鲁国的百姓驻足围观。

鲁国的季桓子本是好色之辈，闻听这一消息，心中暗暗高兴，就换上便服，乘车去南门外偷看。齐国美女轻歌曼舞，尽显媚态，令季桓子目瞪口呆、垂涎三尺。一连几天，他都偷偷去南门外欣赏，鲁定公多次宣召，才将他召进宫廷。

鲁定公把齐国赠送美女、良马的文书交与季桓子，一并商量应对之策。季桓子窃喜，满口答应，并添油加醋地描述齐女之媚态。定公按捺不住，也换上便服，与季桓子一起前去偷看。齐国使者暗中发现鲁定公偷偷前来，便知色诱之事有了定数，传令舞女们做足媚态，尽情表演。舞女们得到指令后，霓裳飘曳，摆胯扭腰，媚眼直勾，引诱得鲁定公神魂颠倒。于是，鲁定公立即回宫传见齐国使者，心满意足地悉数接受了美女、良马。从此，鲁定公的心思全扑在齐国美女身上，将国家大事抛到九霄云外，连一年一度的郊祭也置之不理了。

知道此事以后，我大为恼火，深为鲁定公感到羞耻，为鲁国命运感到担忧。弟子子路劝我离开令人失望的鲁国，寻找、投靠开明的君主。我心有不甘，尚抱幻想："几天后便是郊祭大典，看看国君的表现再说！"

不承想，鲁定公十三年（前497年）春，季桓子主持郊祭，我未受邀参加。听说郊祭那天，鲁定公心不在焉，草草祭祀完毕，顾不上给大臣们分发祭肉，便急匆匆地回宫与美女嬉戏享乐。我在家里眼巴巴地等着祭肉，却始终未能等到。无奈之下，我终于下定决心，"合则留，不合则去"，率领众弟子离开了令人失望的鲁国，开始了我的第二次流亡。是年，我55岁，自鲁定公九年出仕，至今已有四年。

从此，鲁国一蹶不振，日渐衰落，最终沦为齐国的附属国。

这次流亡，同样令我刻骨铭心。

老祖

2022年6月5日

14

周游：
去鲁适卫
匡城被困
蒲邑『弃盟』

离乡背井、颠沛流离的"流亡"，总是充满了辛酸和苦难，尽管有众多弟子簇拥相陪，也难以掩去您心中的郁闷和忧伤。毕竟，您作为仁人君子、万世圣贤，修身治国平天下是您的宏图伟愿。

老祖：

　　离乡背井、颠沛流离的"流亡"，总是充满了辛酸和苦难，尽管有众多弟子簇拥相陪，也难以掩去您心中的郁闷和忧伤。毕竟，您作为仁人君子、万世圣贤，修身治国平天下是您的宏图伟愿。对于您的列国周游，作为您的子孙，可以说五味杂陈，特别是"累累若丧家之狗"（《史记·孔子世家》），更是让我深切体悟到了悲哀、酸楚的味道。

　　据史料记载，您从鲁定公十三年（前497年）春离开鲁国，开始了漫长的周游列国生涯，14年后（鲁哀公十一年）的秋天返回鲁国。14年的时间里，先后到过卫、曹、宋、郑、陈、蔡、楚等国家，其中，在卫国的时间最长，达10年之久；其次是在陈国，居住了4年；而曹、宋、郑、蔡、楚等国，则只去过一次，有的仅属路过。您游历的诸侯国主要集中在鲁国周边，也就是中原地区，较远到达过楚国边境和晋国的黄河边。

回想您55岁那年离开故国鲁国时，是那么不情愿，那么无奈。您回望故土，走一步停两步，行动缓慢。面对弟子们的埋怨，您喟叹道："走得慢，是因为要离开自己的母国啊！"快要离开鲁国边境的时候，您在一个叫屯的地方过了一夜。当好朋友鲁国乐官师己赶来送行、安慰您时，您不由自主地抚琴唱了一曲《去鲁歌》：

"彼妇之口，可以出走；彼妇之谒，可以死败。盖优哉游哉，维以卒岁！"意谓那些妇人几句话，就可以把人逼走；那些妇人整日与当权者亲热，就可以使国家败亡。悠哉悠哉，聊以安度年华。曲中的伤感与愤怒，不言而喻。

您"周游"的第一站之所以选择卫国，我想大概有几个方面的原因。首先，卫国与鲁国接壤，距离较近，土地肥沃，人口稠密。其次，卫国、鲁国执政者均是周文王的后代，卫国首封国君康叔与鲁国首封国君周公旦同为大姒（周文王妃）所生且情谊颇深。正所谓："鲁卫之政，兄弟也。"（《论语·子路》）第三，卫灵公"修康叔之政"，在位42年，善于用人，身边会聚了史鱼、蘧伯玉、宁武子、公叔发等一批贤人。比如蘧伯玉，是卫国大夫，一生侍奉卫国三公（献公、襄公、灵公）；比如孔文子，"敏而好学，不耻下问"。第四，也许是弟子的原因。您的得意门生子贡、子夏均是卫国人。子路的大舅哥颜浊聚（同为您的学生）为卫国贤大夫且家资丰厚，子路的连襟弥子瑕又深得卫灵公宠信。

据说，您来到卫国后，卫灵公对您非常友好，立马参照您在鲁国任职时的俸禄，"致粟六万"（时为米六万斗，系诸侯国中上卿的待遇，也是臣子和客卿的最高待遇），彻底解决了您和众弟子的生活保障问题和后顾之忧。而这，更加使您对未来充满了希望，以致热血沸腾，颇有一种强烈的施展才能、实现抱负的冲动。但是，冷酷的现实摧毁了您的梦想，使您不得不陷入纠结与困惑之中。

那么，在卫国的十年时间里，又发生了哪些让您难以释怀的故事呢？

孙儿
2022 年 6 月 9 日

孙儿：

整个十四年的"周游列国"是我人生中最为重要的经历，很多有关我的故事和思想，大多出现于这一非常时期。其间，我先后五次去过卫国。

公元前 497 年，我第一次到卫国，岂料卫灵公听信谗言，10

个月后我凄然离去；第二次是因为去陈国时，路过匡、蒲二地遇到麻烦返回卫国；第三次是离开陈国，与蒲人战被迫立约，被释放后来到卫国；第四次是去晋国不成，返回卫国；第五次，也是最后一次，从楚国到卫国，并一直住在卫国，直到鲁哀公十一年结束周游回到鲁国。

如此反反复复，掐指算来，在卫国待了十年之久，可以说卫国成了我的"第二故乡"。

难忘那第一次，在去卫国都城——帝丘的途中，子贡曾问我："您此番离开鲁国，打算怎么办？"

我说："作为一个君子，应做到国有道就全力相助，国无道则远避他乡。人生在世，必有所追求，不可昏昏然度春秋，茫茫然无所适从。"

进入卫国境内，看到人们熙来攘往，一片繁华景象，我和弟子们心情骤然好了许多。

弟子冉有问："这里人口已经很多了，下一步应该怎么做呢？"

我说："让他们富起来。"

冉有又问："富了以后，又该再做什么呢？"

我说："好好教育他们。"

于是，我和弟子们充满希望地来到帝丘，在子路妻兄颜浊聚的引荐下，拜见了卫灵公。

正像你说的，卫灵公非常高兴地接见了我们，立即吩咐"致粟六万"，但没有安排我任何官职。原因主要有三个方面：

其一，卫灵公虽然有图强之志，但似乎信心不足。他认为，卫国自"文公大治"以来，历经六代，始终未能强盛，欲改变面貌并非易事。

其二，卫灵公空有对我的表面尊重，对我的思想学说知之甚浅，对我治国理政的理念，并非完全感兴趣。常常是我在认真回答卫灵公的问题，而他却表现得心不在焉。

其三，也许是比较重要的原因，卫灵公听信了子路连襟弥子瑕的谗言。弥子瑕作为卫灵公宠信之人，善拉小圈子，是个有名的小人，曾劝诱子路："如果孔子寄居在我家里，便可以得到卫国卿位。"

我对子路说："一切由命运来决定。"

弥子瑕知道后，大为恼火，出于嫉妒之心，在卫灵公面前不断非议我和弟子，致使卫灵公对我等疑而不用。

最令我不能忍受的是，卫灵公竟然将我与卫国的一次叛逃事件关联起来。本来，我来到卫国，虽然不能"为政"，但日子过得还算可以，平时除寄居颜浊聚家教导弟子外，也结交了当地的一些社会名流贤达。没想到，我因为与公叔戌的关系而扯上了"官司"。

公叔戌是卫国大夫公叔文子的儿子，文子去世后，他继承了父亲的爵位。文子"富而能臣""富而不骄"，在卫国具有很高的声望，可他的儿子却既富且骄，遭到卫灵公及大臣的反感。偏偏公叔戌与同伙密谋，准备除掉卫灵公、夫人南子及同党，结果被南子发现。卫灵公一怒之下将公叔戌等人驱逐，公叔戌先逃至其采邑——蒲，试图反抗，失败后逃至鲁国，其他同党则逃到了宋国。

而这，与我等又有什么关系呢？关系就在于：出于对公叔文子的尊重，我和弟子曾一起采集过文子的言论和事迹，其间与公叔戌有过交往，见过几面，因此招致卫灵公猜疑，他专门派心腹到我和弟子的住处打探，以了解其中所谓的"内幕"。

如此受怀疑、被监视，我感到既冤枉又憋屈，十分不爽，思考再三，决定远离这个是非之地。就这样，我和弟子仅在卫国停留了 10 个月，于公元前 497 年年底离开卫国，取道南下陈国。

屋漏偏逢连夜雨，船迟又遇打头风。南下去往陈国途中，我和弟子又在卫国长垣境内的两个邑城遭遇了两件尴尬无比的"倒霉事"：一件是在匡城被困五日，另一件是在蒲邑被迫"弃盟"。春秋时期，匡城和蒲邑既不是豪华都市，也不属战略要冲，却因为我和弟子而名声远扬。事情是这样的——

我和弟子们路过匡城的时候，负责赶车的颜高（鲁国人，孔门七十二贤之一，曾经与阳货共事），指着匡城，炫耀地说："当年我来过这个地方，是从城墙那个缺口进来的。"匡城当地的百姓闻听此言，看了看我的相貌和高大的身材，大声呼喊："阳货来了！别让他跑了！"顿时，从四面八方跑来一群人，把我和弟子们团团围住。原来，阳货作为鲁国季氏家臣，曾经在匡城做官，在任时横征暴敛，虐待残杀百姓，致使人们极为愤怒，此时匡人有意趁此机会报复阳货。

横祸当头，弟子们心急如焚，我则不为所动，若无其事地抚琴弹奏，感慨万千，充满自信地说：

文王既没，文不在兹乎？天之将丧斯文也，后死者不得与于斯文也；天之未丧斯文也，匡人其如予何？（《论语·子罕》）

意思是：周文王死后，文明礼乐不是保存在我这里吗？如果上天要消灭这种文明礼乐，那我这个后死之人也就不会掌握这种文明礼乐了；如果上天不想灭除这种文明礼乐，匡地的人又能把我怎么样呢？

子路问我："您怎么大难临头还有如此雅兴？"我说："临大难而不惧者，圣人之勇也。"（此乃"临危不惧"成语的源头）我以"天不丧斯文"的道理，来安慰焦躁不安的弟子。

匡人见我大义凛然的样子，又听我如此淡定地开导弟子，方知完全是一场误会，于是五日之后，为我和众弟子放行。当我再见到失散回归的颜回等弟子时，我还对颜回说我原以为他已经遇害了，而颜回则笑着说："老师还活着呢，我是不敢先死的。"

所谓蒲邑"弃盟"，发生在上述"狼狈五日"之后。我和弟子一行人来到匡城以北十五里的蒲邑，正赶上公叔戌闹事。蒲邑是卫国的土地，也是贵族公叔戌的领地。公叔戌是卫国太子蒯聩的心腹，原本在朝中任职，卫灵公担心太子势力坐大，便把公叔戌外放到蒲邑。此时，公叔戌正在蒲邑招兵买马，积蓄实力，欲伺机配合太子发动政变，夺取君位。

我和弟子们路过此地，引起了公叔戌的怀疑，他以为我来蒲邑意在探听虚实，况且我德高望重、弟子众多，若与卫灵公联合，势必威胁他们的利益，于是率兵将我和弟子一行截住。

弟子公良孺人高马大，有勇有谋，他对我说："我先前跟着老师在匡地遇困，如今又在这里遇上危难，这是命吧！我和老师一再遭难，跟他们拼死算了！"说完，便跟蒲人激烈搏斗，随之，子路、冉求等弟子也投入战斗。

蒲人感到武力征服不了我和弟子，建议和谈。

公叔戌对我说："如果你们不去卫国，就可以放你们走。"我点头同意，于是，双方签了盟约。

蒲人放我等一行从蒲邑东门离开。出了东门，刚离开蒲邑不远，我就吩咐弟子颜高绕了个道，驾车去往卫国国都。

子贡心生疑惑，问道："盟约难道也可以违背吗？"

我最讲究信义，可在这件事情上为什么又不讲了？因为这个协议是被强迫签的，是不道德的。

因此，我坦然地说："要盟也，神不听。"（《史记·孔子世家》），意谓在被胁迫之下签的盟约，神明是不会认可的。

我和弟子们回到卫国，卫灵公十分高兴，亲自到郊外迎接。

他问我："可以讨伐蒲吗？"

我回答："可以。"

他说："我的大夫却认为不能去讨伐。因为蒲是卫国防备晋、楚的前哨，我们自己发兵去打，如果蒲人干脆投靠敌方，或敌方趁机来袭，那后果不是很不好吗？"

我说："蒲邑的百姓中，男人们效忠卫国，有拼死的决心；妇女们也有保卫这块土地的愿望。我们所要讨伐的，只是领头叛乱的四五个人罢了。"

灵公说："很好！"然而，最终没有讨伐蒲邑。

从此，以卫国这个"第二故乡"为滥觞，我的许许多多周游列国的故事也将一步步徐徐展开……

老祖

2022 年 6 月 12 日

留卫：女子与小人 子见南子 子路不悦

您在卫国的不凡经历，会令人不禁想起一个扯不清、理还乱的所谓"桃色"故事——"子见南子"。这一事件非同于一般人乃至专家学者对"唯女子与小人为难养也"的片面理解，关于它的"情色"解读，像一座道德的大山，压得人喘不过气来。

老祖：

您在卫国的不凡经历，会令人不禁想起一个扯不清、理还乱的所谓"桃色"故事——"子见南子"。这一事件非同于一般人乃至专家学者对"唯女子与小人为难养也"的片面理解，关于它的"情色"解读，像一座道德的大山，压得人喘不过气来。

关于女性话题，人们很容易想起您的一句流传千古的名言："唯女子与小人为难养也。"但大都忽略了后面的两句——"近之则不孙，远之则怨。"（《论语·阳货》）如果和他们亲近了，他们就不知逊让；如果和他们疏远了，他们便会埋怨你。

按照朱熹的说法："女子"为家中的婢妾，"小人"则是仆隶。这两类人，都需要由家主男人来供养。我理解，您说的"女子"并非泛指，而应该是有特定关系的人，丝毫没有贬损一般妇女的意味。

涉及您与女性的关系，《史记·孔子世家》中仅关联到两个人，一位是您的母亲颜征在，另一位是卫灵公的夫人南子。写到您的母亲，司马迁用了两句话：一句是"生孔子"，另一句是"孔子母死"。相比之下，反映南子的文字他则不吝笔墨，且极为生动鲜活。

对于您见南子之事，《论语·雍也》记载：

子见南子，子路不说。孔子矢之曰："予所否者，天厌之！天厌之！"

《史记·孔子世家》里说：

灵公夫人有南子者，使人谓孔子曰："四方之君子不辱欲与寡君为兄弟者，必见寡小君。寡小君愿见。"孔子辞谢，不得已而见之。夫人在绨帷中。孔子入门，北面稽首。夫人自帷中再拜，环佩玉声璆然。孔子曰："吾乡为弗见，见之礼答焉。"子路不说。孔子矢之曰："予所不者，天厌之！天厌之！"

您见南子的这一故事，应该发生在公元前496年年底，您离开卫国去陈国不成，又返回卫国之后。时年，您已经56岁，而南子则30余岁。

对于这个故事，不仅"子路不说"，也给更多的人留下足够大的想象空间。其实，您见南子一事，不像人们想象的那么复杂，它不关乎什么"情色"（不能称之为您和南子之间的"风流韵事"），关乎的是您的为人和卫国当时的政治。

尽管如此，依然有人议论：您本是道德修养极高的人，怎么能够与声名狼藉的南子纠缠在一起？有人慨叹：即便像您一样的圣贤、君子，也难以摆脱人间情色的纠缠啊！有人怀疑：这一事件到底是真还是假？为什么专家学者说法不一？

孙 儿

2022 年 6 月 16 日

孙儿：

"子见南子"的确是一个真实的故事。可以说，因为这个故事，我背负了许多莫名其妙的骂名，令我这个所谓的"好色之徒"跳进黄河也洗不清。面对子路等弟子的责难，我知道，即使我发出"天厌之！天厌之！"的毒誓，也未必能完全让人信服。

欲说清楚"子见南子"的来龙去脉，首先得从南子这个女人讲起。南子，系春秋时期著名的美女、卫灵公的妻子。身为宋国的公主，却与宋公子朝私通。嫁给卫灵公之后，倍受宠爱，卫灵公专门为其建造宫殿，经常邀请公子朝来卫国访问，实则是为南子创造与公子朝见面的机会。为此，南子落下个"生性淫乱"的坏名声。

针对卫国后宫的混乱，太子蒯聩十分恼火，欲借机发动政变。

据说，有一次在朝堂之上，太子蒯聩意欲让杀手刺杀南子，南子见蒯聩屡屡向杀手示意，连忙跑到卫灵公身边，大声说道："蒯聩要杀我！"在卫灵公的保护下，南子躲过一劫。事后，太子蒯聩被迫逃往宋国，后又到了晋国。

对南子这名有绯闻女人的"生性淫乱"，我早有耳闻。像我这样讲礼重义的道德君子，为了避嫌，原本是不能见也不愿见她的。但是，我为什么又要去见她呢？主要基于这样几个方面的考虑：

一是当时卫灵公昏庸无能，沉迷美色，卫国的国政已被南子所掌控。我和众弟子寄居卫国，吃着人家的粮食，拿着人家的俸禄，势必听人招呼。

二是我带着诸多的憾念离开鲁国，来到卫国寻找施展理想抱负的机会和平台，不论倡导"克己复礼"还是践行"君子人格"，都离不开人脉的响应，而在卫国，像南子这样的一个特殊人物，是我们最有力的支撑和靠山。

三是南子听说我回到卫国，特地派宠臣弥子瑕给我传话："四方各国的君子，凡是想要与卫国国君结为兄弟的，一定要来见见国君夫人，我们国君夫人也希望能见您一面。"话外之音就是：四方来客如果不首先拜见南子，便休想得到国君卫灵公的赏识。

就这样，拗不过南子信使的屡次邀请、劝说，迫不得已，权衡再三，我心怀忐忑，决定去见见这个南子。有什么大不了的？不就是见个面嘛！

于是，我整好礼服来到后宫。与南子见面时，她特意在面前挂了一张葛布帷帐，我恰好能隐隐约约看到她正襟危坐在帷帐后面。我款款进门，辨不清帷帐背后南子的模样，便冲着北面行了大礼。之后，南子也躬身两次，还了拜谢之礼。她弯腰行礼时，我清晰听见她身上的环佩玉器一直在叮当作响，发出清脆悦耳的声音。

其间，南子向我询问了有关《诗经》所载世间人情、治国理政等方面的情况，我简要介绍了关于"克己复礼"、为政以德等方面的想法。这一简短的隔帐会面，使我改变了原有的一些对南子的认识，多少增加了些对她的某种好感，至于她对我产生了一些什么样的情愫，我则不得而知。

就我见南子一事，我始终认为没有什么不妥或过分的地方。从后宫南子处回来后，我对弟子们说："我是不得已而见之，见了以后，感觉她还是一个知礼之人。"

弟子子路不这么认为，他脸拉得老长，非常不高兴。面对子路等弟子的误会、不理解，我十分着急，有言难辩，抛却一贯的含蓄内敛，一怒之下发出毒誓："予所否者，天厌之！天厌之！"（《论语·雍也》）我如果做了什么不该做的事，让上天来惩罚我！让上天来惩罚我！

那么，子路为什么不悦呢？我想，与其说他是在指责我不守礼法，认为我不该与南子见面，倒不如说他是怕我真的被南子迷惑、收买，进而帮助无道之人，为后世留下笑柄。

子路是个直肠子，性子急，爱憎分明，在男女道德这个问题上，我深信，他对老师我有着十二万分的信心。况且，我见南子合乎礼仪，由南子主动提出，"四方之君子"来到卫国，她都要见一见，与我相见有规矩可循，我去见她也是入乡随俗。我俩相见时，南子特意坐在帷帐后面，且向我拜了两拜，充分表明这是一次非常正式的会见，绝非什么男女私会。所谓我与南子有私情这样的绯闻，纯粹是"以小人之心度君子之腹"！

…………

我与南子见面后不久，卫灵公与南子、我一同出游。按照礼仪，如果同乘一辆车，我应坐在卫灵公左侧，南子应坐在卫灵公右侧，即便安排两辆车出行，卫灵公也应该与我乘同一辆车。匪夷所思的是，南子与卫灵公同乘一辆车，宦官雍渠为参乘，而我则被安排坐在第二辆车上，紧跟其后，一同堂而皇之地经过闹市。

对此，我深感耻辱，心想：堂堂一个国君，乐于美色陪侍，将我等君子冷落在后，岂有此理！于是，我感慨万千："吾未见好德如好色者也。"（《论语·子罕》）

面对此情此景，我对这里的一切感到厌恶和失望，决意离开卫国这个是非之地。

公元前493年，卫灵公去世，在南子及众大臣的操纵下，太子蒯聩（因乱先后逃亡至宋国、晋国）的儿子辄登上君位，即卫出公（亦称孝公）。晋国大夫赵鞅竭力扶持蒯聩回国与辄争夺君位。蒯聩来到晋、卫边境上的戚邑，并以之为据点驻下，伺机入卫。

恰在这时，虎视眈眈的齐国又帮助新就君位的卫出公辄，包围了戚邑（卫国重要城邑）。

眼看卫国国君父子反目、同室操戈，一场大战不可避免，在卫国无用武之地的我，深感危邦难居，于是，不得不再次离开此地，奔曹国而去。这也是我第三次离开卫国。

老 祖

2022 年 6 月 19 日

16

居卫论政：卫灵公 卫出公 名正言顺

　　鲁国是我周游的起始地，卫国是我停留时间最集中、最长的国家。它宛如一个敦实厚重的节点，几乎我所有的游历均由卫国发轫，遇有灾难、困惑或不顺，潜意识里我也首选回到卫国栖居。

老祖：

　　"夫哀莫大于心死，而人死亦次之。"（《庄子·田子方》）最悲哀的事莫过于心情沮丧、意志消沉而不能自拔，这比人死了还悲哀。而您作为春秋时期的思想家、教育家，为恢复礼制、播撒仁德、塑造君子、造福百姓，历尽磨难却意志弥坚，正所谓"亦余心之所善兮，虽九死其犹未悔"（《离骚》），您"上下求索"的坚定执着为世人称道，苍天可鉴。

　　从鲁定公十三年（前497年）离开鲁国正式出游开始，您第一个到达的地方是卫国，至鲁哀公十一年（前484年）结束周游返鲁，最后一站还是卫国。屈指算来，您在卫国居住历时十年之久。

　　在漫长的人生之路上，十年不过弹指一挥间。十年间，仅在卫国您就经历了卫灵公（前534年—前493年在位）、卫出公（前

492 年—前 481 年、前 476 年—前 456 年在位）两任国君。其间，
您与国君、大臣之间交集甚多，交流广泛，话题涉及最多的可以
说是为君之道、为政之要，诸多故事载于经典古籍，有的则难免
遗漏散佚。

作为您的嫡系子孙，虽然研读过有关您的经典，了解了您的
一些为政理念，但我想，与其相信经典记载的"真实"，倒不如
亲耳聆听由您讲述的您自己的故事。

孙儿

2022 年 6 月 23 日

孙儿：

是的。鲁国是我周游的起始地，卫国是我停留时间最集中、
最长的国家。它宛如一个敦实厚重的节点，几乎我所有的游历均
由卫国发轫，遇有灾难、困惑或不顺，潜意识里我也首选回到卫
国栖居。

在卫国，与我打交道最多、关系最密切的，莫过于卫灵公，
其次是卫出公。

卫灵公是春秋后期卫国至关重要的一位国君，在位长达 42

年。历史上，他因豢养男宠、纵容夫人南子淫乱后宫，给人的印象俨然一位昏君。其实，在其治下，卫国经济十分富庶，社会比较安定，以"卫多君子"享誉诸侯各国。尽管我的施政理想未能在卫国付诸实践，但我对卫灵公依然心存好感。

在我晚年的时候，鲁哀公曾问："当今的诸侯国国君中，谁最贤能？"

我回答说："没有见过最贤能的君主，如果有的话，应该是卫灵公吧？"

鲁哀公不服："我听说他连自己家庭内部的事情都处理不好，你怎么说他是贤君呢？"

我知道，他指的是南子淫乱且干政，于是回话："我说的是他在朝廷上的行为处事，不是论他的家事。"

鲁哀公又问："他的朝政又怎么样呢？"

我解释说，卫灵公善于识才用人，其弟弟公子渠牟的智慧足以用来治理一个诸侯国；手下大臣、谋士中，林国和庆足一个"见贤必进之"，一个"卫国有大事，则必起而治之；国无事，则退而容贤"，灵公对他们"贤而尊之""悦而敬之"；还有大夫史鱼、蘧伯玉等人。据此，我认为卫灵公应该算作时下贤能的君主。

记得公元前 501 年，卫、齐两国分别从南北方向出兵伐晋，南路的卫军在卫灵公率领下渡过黄河后向北进发。卫灵公带兵车五百途经中牟，当时晋国在中牟驻扎多达千乘的兵力。

两军对垒之际，卫灵公自信豪迈地说："好啊！咱们卫国的兵车有晋军的一半，我本人可以抵他们的另一半，加起来正好与他们兵力不相上下！前进！"

眼看卫国军队气势高昂地冲过来，从卫国逃至晋国的褚师圃对晋军首领说："卫国的兵力虽少，但由卫灵公亲自率领，他们势头旺盛，不可战胜，我们不如避其锋芒，攻打齐国的军队。"

于是，晋军躲避了卫军，卫灵公率军顺利通过中牟。由此可以看出，卫灵公不愧为一个机智勇敢的君主。

我在宋、郑、陈等国家周游三四年，不得志又回到卫国。我与卫灵公先后两次错失深度合作的机缘，始终没能在卫国推行我的以礼治国、以德治国、以仁治国思想。作为一个有理想有抱负的儒者，我对此深感惋惜。面对卫灵公已老，怠于政事，我曾喟然叹曰："苟有用我者，期月而已可也，三年有成。"（《论语·子路》）如果有人用我的方法治理国家，一年之内就可以见到起色，三年便能成效显著。

我与卫灵公之间的关系，集中体现在《论语·卫灵公》中。《论语·卫灵公》共42章，以"卫灵公问陈于孔子"为开端，内容主要包括我关于君子与小人、无为而治、杀身成仁及学习方法等方面的观点。比如，"志士仁人，无求生以害仁，有杀身以成仁"，仁者不会因怕死而害仁，而会牺牲自己来成全仁；子贡问我怎么实行仁义，我回答："工欲善其事，必先利其器""无为而治""人无远虑，必有近忧""道不同，不相为谋""人能弘道，非道弘人"等等。其中，卫灵公向我问用兵一事，对我的刺激和影响最大。

《论语·卫灵公》记载："卫灵公问陈（阵）于孔子，孔子对曰：'俎豆之事，则尝闻之矣；军旅之事，未之学也。'明日遂行。"意思是卫灵公向我询问排兵布阵的方法。我回答说："祭祀礼仪方面的事情，我曾经听说过；用兵打仗的事，我从来没有学过。"于是，第二天我就离开了卫国。

其实，你知道的，礼、乐、射、御、书、数等，我样样精通，对于军事我也有独特的见解。有一次，弟子冉有指挥鲁国军队打了胜仗，季康子问他："你指挥作战的才华跟谁学的？"冉有回答："跟我老师孔子学的。"

我不与卫灵公谈军事，实在是"非不能也，是不为也"。之所以说不懂得军事，是因为我提倡以礼治国，打心眼儿里反对战争。"俎豆之事"系祭祀之礼，乃当时最重要的礼制，我正是借"祭祀之事"阐明治理国家应以礼为主、依规行事，这是正途；发动战争会造成大量人员伤亡，带来巨大损失，能和平解决问题，就不要诉诸武力，战争不但不能解决所有问题，还有可能使问题扩大化。

而卫灵公呢？当时，他年事已高，国家面临危机。我来到卫国，本想帮助他恢复礼治、实施仁政，但他偏偏向我询问布兵作战之事，准备打仗。我虽然身处乱世，但始终主张施行仁政，反对用战争的方式处理国与国之间的矛盾，希望恢复礼制达到天下和谐太平；认为国家是否强大不在于有多少军队、是否能战，而在于经济、文化是否繁荣，社会是否安定，百姓有没有道德。

初到卫国时，弟子冉有看到卫国的人口众多，就曾问我："既庶矣，又何加焉？"这个国家人口已经很多了，应该怎么做？

我说："富之。"让他们富起来。

他又问："既富矣，又何加焉？"富了之后又要做什么？

我说："教之。"要教育他们。

弟子子贡也曾"问政"于我。我说："足食，足兵，民信之矣。"

子贡曰："必不得已而去，于斯三者何先？"

曰："去兵。"

子贡曰："必不得已而去，于斯二者何先？"

曰："去食。自古皆有死，民无信不立。"

我的意思是说，治理国家关键要抓好三件大事：第一个是要让百姓丰衣足食，第二个是要让国家有强大的兵力，第三个是要让百姓对政府有信心。三者之中，最为重要的就是要让百姓有信心，而信心则来自"为政以德"，通过统治者的德行、仁义来体现。因此，我对卫灵公热衷于用兵十分反感。

"兵者，国之大事。"古往今来，好战绝非统治者的本意。老子曾说："师之所处，荆棘生焉。大军之后，必有凶年。"（《道德经》）军队在哪里驻扎，哪里就会荆棘丛生；大规模战争之后，必定会暴发瘟疫。每一场战争中，不管是胜者还是输家，均会遭受惨重的损失，可以说是两败俱伤。

"问阵"之后的第二天，卫灵公又找我谈话。当时，空中有群大雁飞过，他抬头远望着款款南飞的大雁，口中似乎在喃喃自语，神色心思根本不在我这里，完全忽视了我的存在。至于我俩之间所谈的话题，他也是左耳朵进右耳朵出，全然一副心不在焉的样子。

识时务者为俊杰。我曾经对弟子颜渊说："用之则行，舍之则藏。"（《论语·述而》）有人用我，我就将道行于世；若没有人用我，我便将道藏于身。见卫灵公如此无礼、无道，无奈之下，我带着弟子离开了卫国……后来，我与众弟子刚"周游"到楚国，果然如我所预料的那样，卫国就发生了一场宫廷之乱。

我与卫出公的交集也颇多。卫出公，姬姓，卫氏，名辄，卫国第 29 代国君。他是卫灵公之孙、卫后庄公之子、卫悼公之侄。

灵公三十九年（前 496 年），太子蒯聩与灵公夫人南子有恶，欲杀南子，被南子发现并报告灵公。太子蒯聩逃往宋国（后又投奔晋国赵氏）。

灵公四十二年（前 493 年）春，灵公欲立少子郢为太子，公子郢坚辞不受。同年夏，灵公去世，夫人南子让公子郢即位，公子郢力推太子蒯聩之子辄即位。于是，辄即位，是为出公。

卫出公即位后，诸侯间舆论大哗，纷纷指责卫国不讲礼仪规矩。因为，灵公立郢为太子违背嫡长子承袭制，后来辄即国君位，但蒯聩的太子名分却并未被废除。于是，问题就来了：蒯聩作为太子没有即位，辄是蒯聩的儿子，却即了国君位。从名分上讲，蒯聩是太子，应即位，卫出公即位有违礼制。

同年六月，晋国赵简子送太子蒯聩回卫国，意欲取代辄即位国君。卫人听说后发兵阻击，蒯聩进不了卫国，只好入宿（毗邻卫国的小城）以自保。于是，卫国上演了一出父子争位的闹剧。

恰在这时，我与颜回、子路、子贡等众弟子一起来到卫国。面对国内外的混乱复杂局面，即位不久的卫出公意欲邀我参政，我在卫国为官的一些弟子（包括子路等），也劝我入仕以实现自己的抱负。

在《论语·子路》中，子路问我："卫君待子而为政，子将奚先？"卫国国君要您去从政，您打算先从哪些事情做起呢？

我说："必也正名乎！"首先必须正名分！

子路曰："有是哉，子之迂也！奚其正？"竟然还这样！您迂腐到这种地步了吗？这名怎么正？

我说："野哉，由也！君子于其所不知，盖阙如也。名不正，则言不顺；言不顺，则事不成；事不成，则礼乐不兴；礼乐不兴，则刑罚不中；刑罚不中，则民无所错手足。故君子名之必可言也，言之必可行也。君子于其言，无所苟而已矣。"真是粗野啊，你这个仲由！君子对于他所不懂的事情，一般采取存而不论的态度。名分不正，说起话来就不顺当合理；说话不顺当合理，事情就办不成；事情办不成，礼乐也就不能兴盛；礼乐不能兴盛，刑罚的执行就不会得当；刑罚的执行不得当，百姓就不知该怎么办。所以，君子一定要把名分定好，能说得通，能行得通。君子对于自己说的话，不能有一点马虎。

鉴于人们对辄即位为国君之事议论纷纷，我认为必须为其找一个合理的理由，也就是"正名"，否则，"名不正""言不顺"，这个国君就不好当……此时，卫国若按照我的思想加以正名，卫出公就必须让出自己的王位给父亲，这样我就在原则问题上与卫出公发生了矛盾。因此，我的"正名"主张自然不会被采纳。

但转念一想，卫出公之位不是辄抢来的，而是由其祖母南子扶持而就，即便将父亲蒯聩排斥在外，也不影响他的君位名分，因为按照礼制，父子关系从属于君臣关系。所以，卫出公的君位是符合周礼的，其名分应被予以肯定。

我在卫国期间，卫出公每年给我丰厚的俸禄，博得了识才爱贤的美名，但我始终没有被委以重任，只是凭着公养之仕的身份，成了卫出公的一名座上宾。因此，我也有充裕的时间，把更多的精力投入到治学、授徒中。

公元前481年，即卫出公在位十二年后，卫国大夫孔悝（孔文子之子）的母亲伯姬与人谋立蒯聩（伯姬之弟）为卫君，胁迫儿子孔悝弑杀卫出公，出公闻讯后，连夜逃到了鲁国。于是，出公之父蒯聩即位，是为卫后庄公。

居住卫国十年之久，关于我与卫灵公、卫出公的故事，当然还有很多，但我印象最深，也最愿意讲给孙儿听的，则是以上这些。

老祖

2022年6月26日

17

适陈：

陈蔡绝粮

『丧家之狗』

问津 师徒对话

《论语·为政》曰："六十而耳顺。"恰逢刚刚步入六十岁的年纪，我和众弟子从卫国前往陈国。到了这个年龄，经受的考验、遭受的磨炼，早已使我调节好了自己的心态，即使听了不中听的话，也能够冷静地加以分析，犯不上生气。

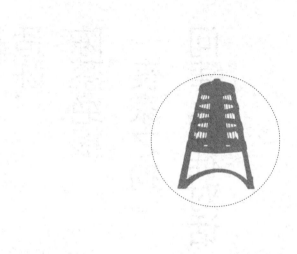

老祖：

在 14 年的周游生涯中，您曾数次进出陈国，足有 4 年时间在陈国度过。鲁哀公三年（前 492 年），正值耳顺之年的您率众弟子第一次来到陈国，从此与陈国结下了不解之缘。

谈起您和弟子们在陈国的经历，就不得不提及著名的"陈蔡绝粮"。这一故事发生于陈蔡边境，真实记录了您周游列国期间的第三次蒙难。对此，《论语》《史记》《孔子家语》等书中均有记载，民间亦是众说纷纭，后人甚至将此事与"天地厄于晦月，日月厄于薄蚀，帝舜厄于历山，大禹厄于洪水，成汤厄于夏台，文王厄于羑里"相提并论。

就民间而言，这个故事在河南上蔡、淮阳一带，至今还有不同版本流传。

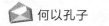

上蔡的百姓传说——

您一行数人被陈蔡两国的官兵困在蔡沟店，绝粮数日，弟子子贡、子路偷跑至集市买粮。但市井萧条，两人只好来到一片青堂瓦舍，敲门向一鹤发童颜的老者借粮。

老者说："夫子高徒借粮，没有不借的道理。正好我有一事讨教，当今世道何高何厚何香何臭？如能明示，我愿借粮一石。"

子贡正思索老者所问何意，子路却已脱口而出："天高地厚肉香屎臭。"

老者闻听此言，一言不发，作揖送客。

两人回来后，十分郁闷。您对子路说："你只知道天高地厚肉香屎臭，遇事不审时度势，便信口雌黄。你应该回答'父母高夫妻厚饿了香饱了臭'。"

于是，子贡再去找老者。老者一听，满意地说："先生此言合情合理。蔡地本是礼仪之邦、易象之源，现在礼崩乐坏，贤者失时而困，可悲可叹呀！"说完，吩咐家人装上一石米，送子贡回去。

淮阳的百姓流传——

您是被困在淮阳南坛湖中的高台而绝粮的。当时，您又弹琴又唱歌，感动了湖中一条九尺来长的大鱼，大鱼自动跳上岸来让您和弟子们吃。这里的百姓见您和弟子们断粮七天不仅没有饿死，还每天一起诵经讲学、弹琴唱歌，都认为您是"圣人"下凡。后来，人们在您被围困的南坛湖心岛上建了一座"弦歌台"，其正殿两边的石柱上，一副对联寓意深远：

　　堂上弦歌七日不能容大道，

　　庭前俎豆千年犹自仰高山。

还有的说，您被困南坛湖时，弟子们分头到湖里找鱼吃，可惜没有工具。您见湖里长满香蒲，便顺手拔了出来，没想到蒲茎细腻白嫩、脆甜可口，您和弟子们硬是靠吃蒲茎活了下来。现在，淮阳人还把蒲菜叫作"圣人菜"。

其实，您在居陈期间，并非一直待在陈国，而是经常自陈适蔡，又自蔡适陈，往返于两国之间。其间，您还曾从蔡国前往楚国叶县（今河南省平顶山市叶县），见了叶公沈诸梁（字子高，楚国大夫）。

有一天，叶公召见子路，请他介绍您的情况，子路故意没有作答。回来后，他受到了您的严厉斥责。

子路说："我听说叶公并不诚实，表面上对先生十分恭敬，但未必出于真心。据说他特别喜欢龙，天龙知道后，专门降临人间来探望，他见了，却被吓得魂不附体。他敬重先生是否也和爱龙一样，是故作姿态呢？在了解他之前，我想没有必要把您的情况告诉他。"

您点点头，经仔细观察，也认为叶公不足与谋，便带着弟子返回蔡国。

返蔡途中，需要过河但找不到渡口。您发现路旁有两位气质不凡的人正并肩耕作，就吩咐子路："你去问问渡口在什么地方。"

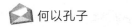

这两个人，正是隐士长沮和桀溺。

子路上前恭敬地问："先生，请问过河的渡口在哪儿？"

长沮扭头反问："坐在车上的老头是谁？"

子路回答："是我的老师孔丘先生。"

"那么，他应该知道渡口（指人生路口）在哪里！"长沮的话里带有讽刺意味，说完继续干自己的活儿。

子路只好又请教桀溺："先生，你能指点渡口在哪儿吗？"

桀溺回答："滔滔者天下皆是也，而谁以易之？且而与其从辟人之士也，岂若从辟世之士哉。"意思是像洪水一般的坏东西到处都是，你们同谁去改变它呢？而且，你与其跟着孔子那样躲避坏人的人，为何不跟着我们这些逃避社会的人呢？

子路将两人的话如实向您禀报。您落寞地说："鸟兽不可与同群。吾非斯人之徒与而谁与？天下有道，丘不与易也。"意谓人是不能与鸟兽合群同处的，如果不同世上的人打交道，又同谁打交道呢？如果天下太平有道，我就不必与你们一道去改变它了。

等您缓过神，与弟子返回再找长沮、桀溺时，两位隐士早已踪影全无……

据考证，河南上蔡县黄埠镇蔡埠口曾建有一座古桥，桥头设有孔庙，桥边颜真卿的题字碑上赫然标注"孔子问津处"。二十世纪八十年代汝河改道，桥、建筑和碑刻早已消失，曾经的码头如今只留下一汪清水。

当然，以上我所说的这些，其准确度、可信度如何，尚待老祖您的认证。

孙 儿

2022 年 6 月 30 日

孙儿：

《论语·为政》曰："六十而耳顺。"恰逢刚刚步入六十岁的年纪，我和众弟子从卫国前往陈国。到了这个年龄，经受的考验、遭受的磨炼，早已使我调节好了自己的心态，即使听了不中听的话，也能够冷静地加以分析，犯不上生气。"耳顺之年"中，对我影响最大的事，可以说非"陈蔡绝粮"莫属。

离开卫国去陈国，乃不得已而为之。没想到途经宋国的时候，又遭到宋国司马桓魋的迫害。我和弟子们出了卫国国界，就到了宋国境内。由于一路奔波劳累，我们便在一棵大树下休息。按照我的要求，弟子们正在认真温习所学的礼仪知识，这时突然来了一帮人，不仅恶狠狠地将大树砍倒，还扬言要杀我。我等定睛一看，来人正是桓魋，他在宋国奴役百姓，口碑不好，而且还受过我的谴责。

弟子们见势不妙，慌张地说："老师，快点儿走！"

我淡定地说："我有我的事业，老天会保佑我，桓魋能把我怎么样！"于是，我一边安慰弟子，一边往后退。

为了避免在宋国惹上更多的麻烦，经弟子们反复劝说，我只好换上便衣，与弟子们一起逃出宋国。仓皇之下，我和弟子们一度失散，于是在郑国又上演了一段"丧家之狗"的故事——

初到郑国，在一片慌乱中，我跟弟子们不幸走散。不知不觉地，我来到新郑（郑国都城）东门，恰巧被当地人看见。这时，子贡正手忙脚乱地四处找我，郑人遇到子贡，便对他说："在城东门那里有一个人，身高九尺六寸，眼眶平长，额头饱满，其前额看上去像尧，脖子像皋陶，肩部像子产，腰部以下比大禹差三寸。那狼狈不堪的样子就像一条丧家狗。"

顺着郑人所指，子贡气喘吁吁地找到我，又将此话如实禀告。我无奈，但又自嘲道："其实外貌并不重要，但那个人说我像丧家狗，倒也生动形象。"

尧是传说中的上古帝王，与舜并为先贤圣人；皋陶作为上古华夏部落的首领，是伟大的政治家、思想家；子产号称古代圣贤的继承人；大禹因成功治水而美名远扬。我作为乱世之君子，枉有"圣人之才"，为传播自己的道德思想、为政理念，明知"不可为"而"为之"，能不四处碰壁、像丧家之狗吗？而这，究竟是我个人的不幸，还是那个时代的悲哀？！

…………

正如你信中所说，我和弟子们是公元前 492 年初次来到陈国的。当时，陈国国君是陈湣公（也是陈国末代君主），时年为陈湣公十年。陈国相对较小，但区位特殊，其东面是吴国，南边是楚国，吴、楚两国都很强大，陈国作为它们争夺的目标，经常受到两国欺凌，陈怀公（陈湣公之父）就是被吴王阖闾扣留并害死的。

到了陈国国都宛丘，我和弟子们在大夫司城贞子家寄住。陈湣公作为一个小国国君，胸无大志，平平庸庸，表面上十分敬重我的深思博学，但丝毫没有委以重任的意思。

有一天，陈国宫廷里发现了一只被箭射落的老鹰，箭头是石头制成的，箭杆长一尺八寸。陈湣公未曾见过此箭，便打发人来问我。我说："这箭有来历，它是东北肃慎国造的。当年周武王平定天下以后，各国、各部族都来朝贡，肃慎国就上贡了这种箭。后来，周天子又把远方的贡物分给同姓的国家，目的是让他们不要忘了边疆。我听说这种箭曾被分给了陈国，你们若不信，可到保存古物的仓库里查一查。"后来派人一查，果然有这样的箭。为此，陈湣公对我肃然起敬，但佩服归佩服，他始终没有对我委以重任。

说实在的，我虽然身在陈国，却无时无刻不思念着故国鲁国。这年夏天，鲁国宫殿发生火灾，火从一个小的宫殿蔓延到鲁哀公的正殿，最后竟然把鲁哀公的八世祖桓公、六世祖僖公的祠庙也烧掉了。

这年秋天，季桓子病重，他对季康子（季桓子之子）说："我快不行了。我死后，你定会辅佐鲁君，你如果辅佐鲁君，一定要把孔子请回来。"没几天，季桓子去世，季康子接手了他的职位。

季康子将季桓子安葬以后，就要请我回去，却遭到一些臣子的阻拦，理由是：当年鲁定公曾用过我，但不能有始有终，被各国诸侯笑话；现在要是再用我，如果也不能有始有终，又要贻笑天下诸侯。于是，在公之鱼（鲁国大臣）的建议下，鲁国大臣有意请我的弟子（比如冉有）回去参政。对此，季康子尽管觉得有道理，却没有马上实行。

关于"陈蔡绝粮"，《论语》中的记载只有寥寥三十余字，但学术界和民间的说法不少。欲说清"陈蔡绝粮"之事，必须弄清我为什么要去楚国。应该说，原因有两个：一是源于战乱，二是受楚王之邀。当时，楚国作为南方大国，不仅占据长江中下游地区，还控制着河南南部和安徽北部大片地区。陈、蔡两国为吴、楚两国争夺霸权的交战区，被楚国先后灭掉，后来又加以复封。陈、蔡两国百姓不堪战祸，纷纷逃离。

鲁哀公六年（前489年），楚昭王正驻军城父（春秋时陈国领地），委派专人礼聘于我。对此，陈、蔡两国大夫惶恐不安。他们认为我作为有才德的贤者，久留陈蔡之间，经常谈论时弊且切中要害，如今楚国是强国，聘我赴楚，则势必会对他们两国不利，亦会给执政大夫带来危害。于是，在我和众弟子由陈国赴蔡国的途中，他们设下了险局——派兵将我和弟子围困在陈、蔡之间。

陈蔡之困虽然只有七天，但这摧残了我们的身体，危及了我们的性命，而且使我们的人生理想、价值观念、道德水准受到了空前的挑战，几乎动摇了我们的信念追求。之所以这么说，主要是因为——

陈、蔡两国的大夫，派兵将我和弟子们围困于陈、蔡两国间前不着村后不着店的荒野（桑树镇），使我们一连七天不能生火做饭。我们缺粮断米，只能靠野菜充饥，不少弟子无精打采、面有难色、疲惫不堪，而我却若无其事、坦然面对，依然不停地讲学、诵诗，弦歌不止。

这期间，有两件事令我印象深刻：一件是颜回"偷吃"米粥，另一件是弟子陷入迷惘。

颜回"偷吃"米粥的事是这样的——子贡不忍眼睁睁看着我和弟子们饥饿困顿，他突破重围，用自己的财物换来少许黄米。颜回与子路找来一口大锅，在一间破屋子里煮稀粥。子路有事刚离开一会儿，恰好子贡从旁边经过，看见颜回拿着小勺正在吃粥。子贡十分不悦，没有上前质问，而是直接找到了我，问："仁人廉士，会因贫穷而变节吗？"

我不知道子贡话有所指，回答道："要是变节了，那还能称得上仁人廉士吗？"

子贡接着问："像颜回这样的人，贫穷应该不会改变他的气节吧？"

"当然不会。"我明确地回答子贡。

接着，子贡便将他看到颜回偷吃粥的事告诉了我。我并未惊讶，淡定地说："我相信颜回的人品。虽然你看到了，但不能因为这一件事就怀疑他。其中可能有什么缘故吧。"之后，我没直接质问颜回，而是委婉地对他说："我前几天梦到了自己的祖先，想必他们是在护佑我们吧。你做好粥之后，我准备先祭祀祖先。"

颜回一听，立马恭敬地说："老师，这粥已经不能用来祭祀祖先了。"

我问："为什么呢？"

颜回回答："刚才煮粥的时候，粥的热气散到屋顶，屋顶被熏掉了一小块黑泥巴，落到了粥里。见粥不干净了，学生就想用勺子舀起来倒掉，但又觉得可惜，于是便吃了它。用吃过的粥来祭祀先祖，是不恭敬的啊！"

听完，我终于明白了子贡所说的那一幕，于是对颜回说："如果是我，也一样会吃了它的。"

颜回离开后，我对子贡以及在场的几位弟子说："我对颜回的信任，是不用等到今天才能证实的。"

对此，几位弟子深受教育，非常信服。

关于弟子陷入迷惘，事情是这样的——颜回正在屋外采野菜，子路与子贡两人在嘀咕耳语。听了两人的对话，颜回十分气愤，想说什么又无言以对。他回到屋里，将子路、子贡两人所言如实告诉了我："先生两次被鲁国驱逐，在卫国也没能待下去，在宋国讲学时，连背靠的大树都被人砍倒。先前去周地拜访时受到老子的数落，现在又被人围困在陈、蔡之间。追杀先生之人没有获罪，欺凌先生之举没有禁止，可先生倒好，依然在这里唱歌鼓琴、自得其乐。难道做君子的，就这样没有羞耻之心吗？"

闻听此言，我勃然大怒，推开琴，喟然长叹："子路、子贡呀！难道你们真的是小人？"随即吩咐："召他们进屋，我有话要跟他们说！"

子路、子贡进了屋。子路心有怨愤地对我说："老师，如今我们落到这个田地，可以说是穷途末路了吧！"

我听了，厉声喝道："这是什么话！君子能通达道理的叫作'通'，不能通达道理的才叫作'穷'。我们胸怀仁义之道，身处这寡仁少义的乱世而备受磨难，这很正常，何穷之有？内省无愧于道，临难不失己德。寒天来到，霜降雪落，才知道松柏的坚贞。过去，齐桓公在莒国受辱，反而树立王霸之志；晋文公在曹国受欺，因此产生称霸之心；越王卧薪尝胆，更加坚定了复国的志愿。这次，我们遭受这般磨难，难道不也会是件幸运的事吗？"

说完，我旋即转身，坐回琴案边，扣弦而歌。子路见状，也随之操起兵器，高昂着头合拍而舞。

子贡深知"夫子之道"，目睹了这一切后，顿悟似的喟然叹息："我真是不知道天有多高、地有多厚呀！"

为了从根本上化解弟子的怨气、疑惑与迷惘，达到思想上的协调一致，我特意与子路、子贡、颜回这三位个性迥然不同的弟子，分别单独进行了严肃认真的谈话。

第一个谈话的是性情耿直的子路。我问道："我不是那犀牛，也不是那老虎，怎么会沦落在这旷野之中呢？难道我的'道'错了吗？我怎么会落到这种地步呢？"

子路不假思索地回答："或许是因为我们没有行仁吧，所以人们还不信任我们。也或许是我们不够聪明吧，所以人们还不听从我们。"

对此，我十分不满意，反驳道："是这样吗？如果但凡是仁者，人们就一定信任他，又哪会有伯夷、叔齐呢？如果但凡是有智慧的人，就一定被人听从，又哪会有比干呢？"

第二个谈话的是聪明机智的子贡。针对同样的问题，他回答："老师，您的'道'太大了，所以天下没有能容纳您的国家。您能否稍微降低一下要求？"

我说："优秀的农夫能够播好种却不能保证有好收成，优秀的工匠能把作品做得精巧却不能保证买家喜欢。君子能够研究学说，阐发道理，构建思想体系，但也不一定被世人接受。现在，你不追求研究学说却追求被世人接受，你的志向不够远大啊！"

最后一个谈话的是大智若愚的颜回。面对同样的问题，颜回说："老师，您的'道'太大，所以不为天下所容。虽然如此，您能将您的'道'推而行之，那么不为天下所容又有什么关系呢？只有这样，才能彰显君子的本色呢！'道'修得不够，是我的问题；'道'修到了却不被用，乃当政者的问题。"

颜回的回答正合我意，我笑着说："是这样啊，颜回！假如你有钱了，我愿做你的管家。"

这次师徒对话，时间虽短，但意蕴丰厚，影响深远。我不满意子路的回答，不是因为他说我不够仁爱，不够有智慧，而是因为他没有抓住问题的关键和本质；子贡指出了困境产生的原因，也提出了摆脱困境的建议，但未能理解和把握我的追求、志向；只有颜回，能领会我"知其不可而为之"的痛苦与坦然，强调解决困境的办法在于追随本心、追求理想，现实不能强加于我而我却可以改变现实。所以，"求仁而得仁，又何怨？"（《论语·述而》）

后来，我和弟子们商定，委派能言善辩的子贡到楚国，请求楚昭王派兵解救。楚昭王当即答应，马上令驻守边邑的大夫叶公派兵前来，击退了围困我们的陈、蔡兵卒。于是，我和众弟子在楚军的护送下，平安经过蔡国，一路来到了被楚军占领的负函（河南信阳）。

"陈蔡绝粮"的故事尘封已久，但它真切地告诉人们："君子固穷，小人穷斯滥矣。"（《论语·卫灵公》）君子在困窘时能固守正道，而小人一面临困境便会胡作非为。作为一个有理想、有抱负的君子，不管遇到什么样的磨难、挫折，都不可丧失自己的真心、人格和气节，而应当识时务、观大势、通达乐观、慎终如始，哪怕牺牲宝贵生命也在所不惜！

老祖

2022 年 7 月 3 日

适楚：
叶公问道
凤兮之歌　粘蝉之韧
与楚昭王之交

　　我之所以对楚昭王褒扬有加，不仅因为他是"中兴之主"，也因为他具有"有德之君"的人格。……他以开明君主的形象，赢得了大臣、百姓的信任与拥戴。所以，我才由衷赞许："楚昭王通大道矣。"

老祖：

面对春秋末期吴、楚、陈、卫、齐等诸侯国错综复杂的关系，您欣然接受楚昭王之聘，历经"陈蔡绝粮"之险毅然赴楚，足见老祖您对当时楚国的认知与好感。

想当初，您和弟子们一路颠簸来到负函，弟子子路曾向楚国镇守负函的大夫叶公沈诸梁（字子高）求助。叶公闻听您的大名，意欲更多地了解您的思想、为人，子路似乎有所顾虑，并没有当场回答。

子路回来后，您说："女奚不曰：其为人也，发愤忘食，乐以忘忧，不知老之将至云尔。"（《论语·述而》）意思是说您这个人一用功便忘记了吃饭，快乐得忘记了忧愁，连自己快要老了都不知道。

当您登门道谢的时候,叶公问您如何处理地方政务,您说:"让近处的人安居乐业,使远处的人来投奔。"

叶公故意又说:"我老家有一个直率的人,他父亲偷了别人家的羊,他就去官府告发。"

您说:"我的家乡也有位直率的人,却和你说的不一样。他父亲犯了法,他没有去告发,而是替父亲隐瞒了。父亲替儿子隐瞒,儿子替父亲隐瞒,直率就在这里面了。"

您的话音刚落,两人便情不自禁地哈哈大笑起来。

其实,叶公的"直"(坦白)讲的是法理,意在从法的角度维护社会正义;而您说的"直"(率真)是亲情的流露,乃强调合乎"直"的道德品格,两者路径不同,但殊途同归——靠礼制规矩为政,实现社会和谐。

同年七月初,在叶公的引荐下,您前往城父,拜见了军旅中的楚昭王。

当时,楚昭王已经身染重病,为了救援陈国,他率军在城父准备与吴军交战。随军巫师占卜,发现进军不吉利,退兵也不吉利,于是声称:"黄河的神灵在作怪。"楚国大夫便请求在城父郊外祭祀河神。

楚昭王说:"按照夏、商、周三朝流传下来的祭祀制度,诸侯祭祀不能逾越本国的边境。长江、汉水、沮水、漳水都在楚国境内,祸福不会降临于这些地方之外。我即使德行不好,也不会得罪境外的黄河神啊!"于是便不去祭祀。

同时，楚昭王考虑到当时的复杂战事，鉴于自己的身体状况，妥善安排了后事。吴、楚两军即将对垒作战的时候，昭王病情再次加重，七月中旬突然在城父病故，吴军不战而胜。

情急之下，公子间（楚昭王三弟）与子西、子期商定，秘密转移军队，退出战场；封锁道路，迎接王子章（为越王勾践之女与昭王所生），拥戴其登上王位，是为楚惠王。

《庄子·人间世》记载，您到楚国以后，未被楚昭王重用，却无端受到了楚国狂人接舆（道家隐士，对当时黑暗动荡的社会状况不满，故而剪去头发，假装癫狂）的揶揄和嘲弄，不免引发人们对儒、道两家观点的思考。

接舆跑到您居住的驿馆门前，一见到您就唱了起来："凤兮凤兮！何德之衰？往者不可谏，来者犹可追。已而，已而！今之从政者殆而！"（《论语·微子》）凤凰啊，凤凰啊！为什么道德如此衰微？过去的已经不能挽回，未来的还来得及改正。算了吧，算了吧！现在那些从政的人危险呀！

可是，当您谦恭上前，想要同他说话的时候，他却逃也似的避开了。

传说，凤鸟只有在天下太平、圣君临朝时才会出现。我理解，接舆在此以凤鸟作比，意思是你的仁义、大德只适合太平盛世，由明君来彰显。可如今天下无道，乱世、昏君只能将您的德操玷污，而您对此却无可奈何。既然如此，干脆不必去管他了。

其实，儒、道是中国古代文化思想的两大学派。"儒"指的是儒家，是由您开创的，以"治世"为主要功能，倡导社会礼仪规范和典章制度，进而使之成为治理国家的意识形态。"道"指道家，是以老子、庄子关于"道"的学说为中心的学派，主张清静无为，顺应自然，其理论对道教思想的产生有重要影响。道教，系中国本土的传统宗教，是古代神仙思想、道家学说、鬼神祭祀以及占卜、谶纬等杂糅的产物，目的在于"治身"，引导人们远离现实、向往长生不老的自由生活。中国古代文化思想的另一个重要学派就是"释"，系古印度迦毗罗卫国（今尼泊尔境内）王子乔达摩·悉达多（又称释迦牟尼）创立的佛教，它着眼于"治心"，教化人们以心性修养消除烦恼。某种程度上说，佛、道两教，在实践儒家伦理规范方面，有着异曲同工之妙。至今，坊间尚传有青年向儒、中年念道、老年信佛之说。

接舆的"凤兮"之辞，体现了典型的道家出世观，而与接舆等人的道家出世观相比，您的儒家思想主张入世，强调凭借自己的力量为当时混乱的社会做点事，即便不能改变颓势、扭转乾坤，也应尽力而为。出世也好，入世也罢，两者作为处世哲学，虽然倾向各异，但均值得尊重。对此，唐代诗仙李白"我本楚狂人，凤歌笑孔丘。手持绿玉杖，朝别黄鹤楼。五岳寻仙不辞远，一生好入名山游。……"（《庐山谣寄卢侍御虚舟》）作了恰当的注脚。

作为与楚昭王同一时代的人，您对他曾大加赞扬："楚昭王通大道矣。其不失国，宜哉！"（《史记·楚世家》）甚至，您还将楚昭王视为践行您为政理念的理想人选之一。令我十分困惑的是：您为什么会如此看重楚昭王？您与他又有什么样的故事？

孙儿

2022 年 7 月 7 日

孙儿：

的确，我和众弟子冒着生命危险前往楚国，目的是投奔楚昭王。

楚昭王（前 523 年—前 489 年），芈姓，熊氏，名壬，系楚平王之子，不满十岁即位，后被誉为楚国的"中兴之主"。

历史上，周代设有公、侯、伯、子、男五等爵位。先秦诸侯国中，楚国至周成王时期才被封为子爵。楚武王熊通即位后讨伐随国，请随侯给周天子传话："我等处在蛮夷之地，现在诸侯们背叛王室，厮杀攘夺。我有军队，想参与中原的政事，请周王室尊奉我的名号。"周王室虽已式微，但凭着中原文化的优越感，对以"蛮夷"自居的楚人不予理睬。熊通大怒，于是自封为楚武王。

楚庄王执政时期，楚国打败晋国，问鼎中原，跻身"春秋五霸"之列。后因楚平王（熊居）昏庸好色，听信宠臣费无忌的谗言，将本欲迎娶为太子妃的秦国公主孟嬴纳为己有，逼走太子，杀害伍子胥（楚国人，吴国大夫）的父兄，由是埋下祸根。孰料楚平王造的孽，却作用到了儿子楚昭王熊壬身上。吴楚大战中，伍子胥带兵攻入楚国郢都，掘楚平王墓，鞭尸三百，楚昭王被迫逃往随国。幸亏楚国大夫申包胥哭于秦庭七日，搬来秦哀公的救兵，将吴兵击退，楚昭王才得以坐回王位。

此时正值百废待兴之际，楚昭王想方设法稳定朝政，恢复秩序，建立威信，迅速稳定了局势。这主要得益于三条措施：一是对复国有功之臣按照功劳大小一一赏赐，赢得举国上下空前团结；二是重新颁布蒙谷（楚国大夫）拼死保护的祖宗法典《鸡次之典》，使国家治理有法可依；三是将国都迁至距离吴国较远的都，以此躲避吴国的兵锋。一系列有力政策的施行，使楚国很快从战争的创伤中恢复元气，逐步走上强盛之路。

我之所以对楚昭王褒扬有加，不仅因为他是"中兴之主"，也因为他具有"有德之君"的人格。

据说楚昭王为政时，天空中曾出现奇异的现象：像飞鸟一样的云朵，裹挟着太阳飘浮了三天。昭王不解其因，甚是担忧，于是派人向太史州黎请教。州黎煞有介事地说："此乃凶兆，恐怕将有灾祸降临到大王头上。不过，可让令尹、司马（楚王以下即令尹，司马又略低于令尹，两者并称楚之'二卿士'）代您承受。"

听太史州黎这么一说，令尹、司马立即斋戒沐浴并向上天祈祷，愿以己身替大王挡灾。楚昭王赶紧叫停，义正词严地说："不可！对于楚国而言，我好比胸肋，令尹、司马就像臂膀。胸肋有毛病，转移到臂膀，还不是同在一个躯干上？若真的有什么灾祸，那就让它降到我身上吧，怎么能让别人代我受过呢？"

楚昭王不轻信盲从、不嫁祸于人的行为，再一次印证了他的道德操守和君子人格。这也令他以开明君主的形象，赢得了大臣、百姓的信任与拥戴。所以，我才由衷赞许："楚昭王通大道矣。"

当然，我之所以投奔楚国，楚昭王的德行、人格、为政是一个方面，最为关键的则是我对理想抱负的执着与坚守。

记得我和弟子们在前往楚国的途中路过一片树林，看见一位驼背老人正在用竹竿粘蝉，其娴熟程度一如用手随意拾取那样轻松。

我好奇地问："您的手法真灵巧啊，这里面有什么门道吗？"

驼背老人回答："是的，当然有门道。我在竹竿上叠放着两个泥丸，经过五六个月的练习，这两个泥丸就不会掉下来，那么粘蝉失误的概率只有十分之一。如果继续练习到叠放五个泥丸也掉不下来，那么粘蝉就如随手拾取地上的东西那样容易。

"再说了，我粘蝉的时候，站在那里一动不动，身体就像一个竖立的木桩，伸出的执竿的手臂也如同枯槁的树枝。虽然天地无限广大，万物纷纭繁杂，但我的眼中、心中只有蝉翼。只要我不回头不侧身，不因纷杂的事物动摇、改变对蝉翼的关注，又怎么会捕捉不到蝉呢？"

听了老人的话，我点点头，深有感触地对弟子们说："用心

何以孔子

专一，精神凝聚，说的不就是这位驼背老人嘛！"

…………

经叶公引荐，楚昭王与我在军旅中进行了一番长谈，由于理想、抱负的契合，他确定我就是他要寻找的人。他这个人比较爽快，不像卫灵公、陈湣公那样对我若即若离。为了让我长期留在楚国为他效力，他想给我重重的封赏——准备分封给我七百个书社（即七百里土地和相应的人口。每个书社约有二十五户）。但令我料想不到的是，此事被楚国令尹子西搅黄了。

事后我才知道，令尹子西对楚昭王讲了很多与我迥异的为政之道，让楚昭王左右为难，始终迈不开步子。

子西的意思是，我是个了不起的能人，手下的弟子高手如云——楚王派往其他诸侯国的使者，没有一个像子贡那样有这么好的口才；辅佐楚王的重臣中，没有一个像颜回那样才干出众；楚王的武将中，没有一个像子路那样既会带兵又能拼命；而楚王的其他手下，也没有一个像宰予那样有本事……

楚昭王听到这些，心里直犯嘀咕：这岂不是说更应该留下孔子了？

子西见楚王不作声，继续娓娓道来，表达自己的观点："当年周天子分封诸侯时，楚国因为地处偏远，只被封了个子爵，给了五十里土地。如今，孔子心里向着周天子，要弘扬周公礼法，信奉'君君，臣臣'，而大王却只想做自己的逍遥王，若重用孔子，岂不是志不同、道不合？况且真要按照礼制规矩来，那么楚国拥有的数千里土地，很快也就不属于楚国了。"

看到楚昭王挠起头，有点发蒙，子西进而说道：

"当年周文王在丰城，周武王居镐城，拥有的无非是方圆几百里的小地方，最后竟然能称王天下，令诸侯们尊奉其为天子。现在，孔子这么有本事、有志向，如果真得到几百里封地，再加上手下弟子们的辅佐……这对于楚国来说，是祸而不是福啊！"

子西的一席话，一下子戳痛了楚昭王的神经，可谓一语点醒梦中人。楚昭王猛地一拍大腿："哎呀！真没白花时间听你说这番话！"

就这样，楚昭王彻底打消了封赏、重用我的念头，我那礼治天下、德行四方、和谐大同的政治理想再一次被打碎，化为泡影。公元前 489 年秋，楚昭王病逝于城父军中，不久之后，我和弟子们便离开楚国，又一次回到卫国。

这就是我与楚昭王的短暂之交。

老祖

2022 年 7 月 10 日

过曹：曹伯阳和曹恤

过宋：桓魋

过郑：子产及郑音

您漫长的十四年的列国周游中，先后到访卫、陈、蔡、楚、曹、宋、郑等诸侯国。……曹、宋、郑等国，作为您周游的路经地，给您的印象则各不相同。……秦国、晋国等日趋强大，颇有问鼎中原之势，您和弟子们为什么不去那里周游一番，传播自己的治国之道，施展自己的政治抱负呢？

老祖：

据文献记载，您漫长的十四年的列国周游中，先后到访卫、陈、蔡、楚、曹、宋、郑等诸侯国。其中，在卫国长达十年之久，留下了许多悲欢离合的故事；在陈国居住的四年，亦是酸甜苦辣杂陈；而曹、宋、郑等国，作为您周游的路经地，给您的印象则各不相同。

当年，您和众弟子离开卫国，一路向东，前往曹国。此时，曹国国君是喜爱射猎的曹伯阳。公元前493年，您来到曹国，可曹伯阳对您视若无睹，不予接待，弄得您煞是难堪。但是，曹恤作为该国的贵族，秉承祖先淳厚良善之风，拜您为师，后来成为孔门七十二贤之一，并于宋代被追封为上蔡侯。这又是怎么回事呢？

　　既然在曹国不受待见，自然不必自讨没趣，故而在短暂休整后，您和弟子启程前往宋国。宋国是您的祖籍，周灭商之后，为安抚殷商后裔，周成王将商都周围之地，分封给商纣王庶兄微子启，微子启遂为宋国公，以商丘为国都。您的先祖弗父何有让国之德，正考父有恭敬之风，七世祖孔父嘉乃宋国第五代世袭大司马（后被太宰华督所杀），其子木金父避难逃至鲁国，以孔为姓，定居陬邑（今曲阜一带），其五世孙叔梁纥年过七十生您。

　　您作为孔父嘉的六世孙，具有宋国贵族的血统，所以您虽身在鲁国，但仍以宋国贵族之后的身份为荣。您自幼苦学古代经典，习演周礼，志向远大。您19岁时，经宋鲁两国大夫介绍，娶宋国大夫亓官氏18岁的女儿为妻，成为鲁宋两国友好的象征。礼崩乐坏的春秋末期，宋国与其他诸侯国一样，实权已被大夫控制。当时，桓魋是宋国的司马，您恰恰因为他，险遭杀身之祸。可是，他又为什么要杀您？

　　至于郑国，给人印象最深的是思想家、改革家子产。他作为郑国的执政者，被您誉为国家的柱石。他在执政期间，"宽以济猛，猛以济宽"，一手抓教化，一手抓法制，使社会井然有序，市场买卖公平，民风敦厚淳朴，整个国家呈现出繁荣景象。公元前522年，子产病逝，郑国人都号啕大哭。《左传》记载："及子产卒，仲尼闻之，出涕曰：'古之遗爱也！'"您听闻子产去世，流着泪赞叹道："子产是继承发扬了古代仁爱遗风的人啊！"但是，说到郑国的礼乐，您却给予这样一种评价："放郑声，远佞人。郑声淫，佞人殆。"（《论语·卫灵公》）明令禁止来自郑国的靡靡之音，远离那些奸佞小人，认为郑国的音乐容易让人心生邪念，而奸佞小人则对社会有害。而这，不仅是对当时郑国音乐的某种偏见，也引发了中国历史上首次对"靡靡之音"的争论。这又该如何理解呢？

令人更为不解的是，春秋末期，秦国、晋国等日趋强大，颇有问鼎中原之势，您和弟子们为什么不去那里周游一番，传播自己的治国之道，施展自己的政治抱负呢？

孙儿

2022 年 7 月 14 日

孙儿：

是的，在周游列国的十四年中，我和一众弟子经历了诸多坎坷，遭遇了意想不到的磨难，但也在离散聚合中锤炼了意志、定力，碰撞出思想的火花，分享了成长的快乐。特别是在生死攸关之时，我和众弟子的血气和风骨更是得以彰显。国君大臣的冷漠、南子夫人的召见、陈蔡绝粮的困窘、隐士智者的拷问……一幕幕展现，又一幕幕隐去。这对于像我这样怀揣宏大理想、落魄而又执着的儒者来说，是多么不可名状，多么不可思议！

正如孙儿信中所说，曹、宋、郑等国，的确是我和弟子们周游的路经地（并非目的地）。虽然在那里待的时间是短暂的，但所见所闻让我刻骨铭心。

路经曹国，可谓一忧一喜。忧的是曹国国君对我和弟子的漠视。当时，曹国国君是曹伯阳（？—前487年），姬姓，曹氏，名阳，系春秋末期曹国的第二十六任君主。就是这位国君，用国家和生命诠释了什么叫"自取灭亡"。

公元前502年，曹靖公去世，其子曹伯阳即位。据说，在他即位之初，曹国发生了一件十分奇怪的"大事"——有一名曹国人，晚上做了一个梦，梦里，历代有名的君子都聚在曹国的宗庙里，讨论如何灭掉曹国。曹国始封之君曹叔振铎极力劝阻，最后达成的条件是：等一个叫公孙彊的人出现后，再灭曹国。

可是，这个做梦的人直到死去，也没有遇到叫公孙彊的人。临死前，他告诫儿子："我死后，你如果听说有个叫公孙彊的人执政，一定要赶快逃离曹国。"

事情偏偏就是这么寸。曹国国君曹伯阳喜欢打猎，经常去边境的森林深处围猎。边境上有位擅长射箭的人，趁曹伯阳前来打猎之机，将自己射下的一只白雁献给了曹伯阳。曹伯阳十分高兴，便召他问话，发现即便是讨论国家大事，这人亦应对自如。曹伯阳顿觉相见恨晚，将他常带身边，倍加宠信，后来竟任命他为曹国司城，让他执掌国政。这个人就是公孙彊。

公孙彊当曹国执政的消息一出，那个做梦的曹国人的儿子立马遵从父亲遗命，逃离曹国。数年后，曹国果然灭亡。

的确，曹国的灭亡与曹伯阳及公孙彊有关。曹伯阳即位后，曹国经常遭卫和宋国攻打，而曹国势弱，无力反抗。公孙彊见曹伯阳苦闷不堪，就积极进言，并提出了一套曹国"称霸"之策。没想到，曹伯阳竟然采纳了公孙彊的建议。

公元前488年，曹国单方面断绝了与晋国的盟友关系，之后率大军主动进攻宋国。结局似乎在常人预料之中，曹国军队不仅毫无战果，反被宋军团团包围。为了加强防守，公孙彊紧急在国都陶丘郊外建了五座城邑。曹伯阳抛弃了称霸念想，低三下四地向晋国求援，但遭到拒绝。正当曹国君臣上下陷入绝望之际，原本与宋国有隙的郑国，担心曹国被宋国占领对自身不利，主动援助曹国，宋国见势，只好退兵。

公元前487年春，宋国军队再次进攻曹国，依然没有取胜，便决定撤军，安排褚师子肥殿后。为此，曹国嘲讽宋国军队，辱骂褚师子肥。褚师子肥一怒之下，索性不走了。宋景公得知宋国受辱后，大怒，立马下令全军返回，全力进攻曹国国都陶丘，陶丘很快便被攻破。宋军将曹伯阳和公孙彊二人带回处死，毁了曹国的宗祀，曹国就此灭亡。因此，曹伯阳史称曹废公。

可喜的是，在曹国，我有一位得意门生——曹恤。曹恤（前501年—？），字子循，是我在公元前493年来到曹国时收为弟子的。在诸多弟子中，频繁出现于《论语》中的，是颜回、子路、子贡、冉有、公西华等人，曹恤似乎属于无名之辈，在历史上也没有什么存在感。但他作为孔门七十二贤之一，出身尊贵，做人谦虚低调，为官公正廉明，爱民如子，乐善好施，经常拿自家财产帮助有困难的人，因此深受百姓爱戴。晚年，他厌倦了官场生活，便辞官而去，隐居在水草丰美、珍禽繁多的洪河岸边，度过余生。

说到曹恤的出身，你可能会意想不到——他不仅仅是曹国王室成员，而且是周文王的嫡传后代。周文王姬昌有多个儿子，长子伯邑考、次子周武王姬发、三子管叔鲜、四子周公旦、五子蔡叔度、六子曹叔振铎……曹叔振铎即曹恤的十八世祖。曹叔振铎与周武王姬发是同父同母的亲兄弟。继承文王基业的武王姬发是一位贤明且重情重义的君主，成功伐纣之后，为巩固政权，他论功行赏分封了八百诸侯，其中就把自己的六弟曹叔振铎封在了曹国，定都陶丘，曹叔振铎便是曹国的开国国君。

曹国建立以后，传至第十八代国君曹宣公时，王室出了位优秀的贤人，这就是曹恤。曹恤虽非曹国的君主，却有祖先曹叔振铎的风范，像他这样才华、人品、气质俱佳的弟子，被后人尊为七十二贤之一，当属实至名归。

没承想，我和弟子们最危险的经历却发生在下一站——我的祖籍宋国，在那里，我们莫名其妙地遭遇了"杀身之祸"。为什么？主要源于两方面：

其一，春秋末期礼崩乐坏，诸侯国的实权均由大夫控制，宋国也不例外。旗帜鲜明地反对大夫专权，是我的执念所在，自然不为各国专权大夫所喜。当时宋国专权的大夫桓魋（宋桓公之后），凭借高贵的血统与显赫的权势，异常骄横，根本没把我和弟子们放在眼里，公开对我们进行刁难羞辱。尽管如此，我在宋国的影响力却与日俱增，连桓魋的弟弟司马牛都拜我为师，宋景公也有意起用我和弟子。这恰恰不是桓魋希望看到的，因为这直接威胁到了他的家族和权势。

其二，我曾经因桓魋劳民伤财而诅咒。我和弟子在来到宋国宿地许翁岭之前，曾在芒砀山脚下的采石场看到桓魋动用相当多的人力、财力为自己制作石椁，三年未成而工匠皆病。对此，我感叹道："若是其靡也，死不如朽之速愈！"（《孔子家语·曲礼子贡问》）像这样奢侈浪费做棺材，死了还不如快些烂掉好呢！桓魋听说我如此咒骂他，便心怀不满，暗生杀机，决定对我和弟子们下狠手。

公元前492年，59岁的我带领一众弟子来到宋国宿地许翁岭，在李家子河庙里的一棵桑树下讲授周制礼乐、仁政之道。桓魋听说后，亲自带兵赶来，欲杀害我和弟子。幸亏子路早早得到消息，催促我快速离去。桓魋赶到后，没有发现我，一怒之下，将大桑树砍倒，又一把火焚烧了庙宇。

其实，我与桓魋同宗同族，皆为殷商后人，正值耳顺之年的我，面对他的无道缺德，从容自若、豪气冲天地说道："天生德于予，桓魋其如予何？"（《论语·述而》）上天赐给了我这样的品德，桓魋又能把我怎么样呢？

我和弟子躲过了杀身之祸，急忙逃往郑国。事后不久，桓魋因为迫害我和弟子，令宋景公大为不满，最终引发"宋君亡珠，殃及池鱼"事件，桓家也自此在宋国消亡了。

我与弟子们的郑国之行，亦是不得已而为之。在这里，我特别想说的主要是一人、一物。所谓"一人"，即郑相子产；"一物"，即郑国的音乐。

关于子产的故事，在之前谈到令我礼敬、难忘的师长、友人时，曾经有所涉及。春秋末年，可谓群雄争霸、英雄辈出——齐国有帮助齐桓公成为春秋首霸的管仲、鲍叔牙，鲁国有助力庄公击败齐军的曹刿，吴国有伍子胥、孙武，越国有范蠡、文种，秦国有百里奚，楚国有孙叔敖……而郑国，则有文武兼备、德法并重的子产。

子产作为春秋末年郑国的政治家、思想家、改革家，少年时就拥有过人的眼光和胆识。其父公子发当时担任司马，与担任司空的公子辄攻打蔡国，俘虏了蔡国的司马。为此，郑国上下欢呼雀跃。而子产却不以为然，忧心忡忡地表示：身为小国，没有文治，却有武功，没有比这更大的祸患了。结果不出子产所料，这年冬天，楚国因郑国攻打蔡国，带兵上门讨伐，郑国迫不得已，选择向楚国求和。为此，晋国十分恼怒，出兵进攻郑国，郑国又不得不向晋国求和。后来，郑国出现叛乱，公子发被叛军杀死，国君郑简公被挟持。子产临危不惧，与其他卿大夫一起，诛杀并驱逐了叛乱者。独断专权的公子嘉被郑人诛杀，子产以卿的身份进入决策层，十一年后开始执政。

执政期间，子产在郑国推行了一系列改革措施——改革田制，将贵族侵占的土地重新收归国家；增加兵役人数，扩大服兵役的范围；推行法制，颁布了中国历史上第一部成文法，将法律条文铸在象征王权的大鼎上。在内政方面，他善于识才，使各类人才各得其所，发挥应有的作用；在外交上，选择在楚、晋两国之间左右逢源，尽力保障本国权利，又不至于被大国欺凌……这些政策措施含金量极高，有力地推动了郑国经济社会的健康发展。

作为同时代人，我对子产的评价是："夫子产于民为惠主，于学为博物。晏子于君为忠臣，而行为恭敬。故吾皆以兄事之而加爱敬。"（《孔子家语·辩政》）子产对于百姓来说，是一位仁慈的大夫，在学问上知识渊博又通晓事理；晏子对君主而言，是一位忠臣，在行事上恭敬勤勉。因此，我把他们当作兄长来看待，并且加以爱戴和尊重。子产"有君子之道四焉：其行己也恭，其事上也敬，其养民也惠，其使民也义"（《论语·公冶长》），子产有四个方面符合君子的标准：他待人处事谦恭，侍奉国君认真负责，养护百姓有恩惠，役使百姓合乎情理。

但是，谁能想到，郑国的音乐又是另外一种景象？这自然需要从郑国的起源说起——

郑国原是殷商遗民的聚居地，武王伐纣以后，为了维护商民与周民的平衡，防止前朝旧族造反，便将此地的殷商贵族封为诸侯。由于治理教化不到位，此地发生了动乱，武王在平定叛乱之后，把此地分封给了弟弟康叔。于是，周人对郑国便总是带有这样那样的偏见。后来，郑国成为第一个犯上作乱的诸侯国。

具体到音乐，作为商朝遗民，郑国流行的自然是前朝遗声。从风格上来说，商朝音乐较为豪放，而周乐则比较讲究韵律。作为殷商旧族，特别是上流社会的贵族，郑国人依然陶醉于豪放的前朝音乐，对新朝的礼乐不太感兴趣。

随着周王室的衰落和诸侯国的壮大，周天子对诸侯国的控制逐渐松懈，维护周天子统治的礼乐制度遭到严重破坏，诸侯国的地域文化不再受周朝礼制的束缚，地方新兴俗乐开始流行、发展。但是，在两周时期，唯一能登上大雅之堂的，是带有祭祀和礼仪性质的"雅乐"。在公共场合，唯有《韶》乐、《武》乐才能合法传播，而以"郑声"为代表的新兴俗乐，非但不能在正式场合演奏，而且会被视为异类甚至"毒瘤"。为此，官方将"郑声"定性为"靡靡之音"，令人"不敬而远之"。

东周时期，郑国与周王室之间血缘关系最为密切，郑国三公是周王朝的重卿，但也恰恰是郑国，最先挑战周之王权，这本身就是对周礼的挑战和破坏。在礼乐制度方面，郑国历代主公皆为掌管周朝礼制的司徒，理应严格遵守，但是"郑声"作为新兴俗乐的代表，率先挑战周朝雅乐，进而成为潮流，削减了礼乐制度的教化功能，使周朝礼乐在郑国名存实亡。

此类大逆不道的行为，是我无法忍受的。所以，当弟子颜回向我请教何以治国的时候，我便说道："放郑声，远佞人。郑声淫，佞人殆。"至于这是否引发了中国历史上对靡靡之音的首次争论，另当别论。

其实，岂止是音乐，郑地的姑娘"粉白黛黑"，擅长化妆，惹得楚王见了也被迷得挪不动脚……这样一种文化现象，怎能与周朝的主旋律相协调？

孙儿信中讲道，我与众弟子周游列国，几乎走遍了春秋时期的主要国家，没有去过的只有秦国和晋国。我和弟子周游列国期间，秦国的统治者为秦惠公、秦悼公，这两位君主并无雄才，秦国国力也不算强大。我们没有去秦国，原因很简单——秦国距离我的故乡鲁国实在太远，而且自春秋中期以来，秦国作为一个西部诸侯国，很少与中原各诸侯国往来。最重要的是，我和弟子们对秦国的情况不甚了解。

至于晋国，我原本是想去的。它是春秋第一强国，人才济济，贤臣荟萃。尤其是晋文公（约前697年—前628年，姬姓，晋氏，名重耳，晋国第二十二任君主），作为"春秋五霸"之一，文治武功卓著，将晋国的军事实力和经济实力提升至空前高度。像晋国这样文明、发达、离鲁国又不远的国家，我为什么没有去呢？原因是这样的——

周敬王二十七年（即鲁哀公二年，前493年），匡城遇险之后，我第二次离开卫国，决定前往晋国。黄河是卫国和晋国的界河，过了黄河便可由卫入晋。在我的心目中，晋国人聪明好学、才智过人，晋国文化发达，远超其他诸侯国。但在准备渡河时，我听闻晋国内部发生了斗争——我非常尊敬的两位贤臣窦犨和舜华被赵简子杀害。窦犨（？—前494年），字鸣犊，春秋时期晋国大夫；舜华，亦是晋国大夫。赵简子（？—前458年），名鞅，又名志父，春秋时期晋国的正卿。当初，赵简子为官不得志时，特别倚重窦犨和舜华两位大臣；当政以后，他野心勃勃，待地位稳固后，便开始谋篡国君之位。由于担心阴谋败露，他残忍地将窦犨和舜华杀害。对于赵简子的忘恩负义，我愤怒万分，也由此察觉到晋国内部斗争的危险程度。

我曾说过："危邦不入，乱邦不居。"（《论语·泰伯》）危险的地方不去，混乱的地方不住。赵简子杀害窦犨和舜华两位贤臣，真真切切地让我和弟子们意识到，此时的晋国已经成了"危邦"与"乱邦"，在那里根本实现不了我的政治主张和人生理想。

面对滔滔不绝的黄河水，我叹着气说："浩浩荡荡的流水很美啊，可是我不想过去了。这也是命吧！"

子贡不解地问："您这话是什么意思呢？"

我说："窦犨和舜华是晋国的两位贤人，赵简子在不得志的时候，依靠他俩出主意；现在掌握了政权，却把他俩杀了。我听说，如果杀害了幼小的走兽，麒麟就不肯来到野外；如果把水里的鱼打尽，蛟龙就不肯来降雨；如果毁坏了鸟巢、鸟蛋，凤凰也就不肯飞来。为什么？因为同类被残害会让它们伤心啊！鸟兽尚且如此，难道我还能无动于衷吗？"

于是，我创作了一首《陬操》（琴曲名，即《将归操》）："翱翔于卫，复我旧居；从吾所好，其乐只且。"我还是回到卫国去吧，那里有我的旧居；我还是按我自己的意愿行事，那样才令我快乐舒畅。我以这琴曲，来悼念窦犫和舜华两位贤人。之后，我再也不肯渡过黄河，自然就没有去晋国。

写着写着，月亮不知不觉早已西沉，窗外忽高忽低的蛙鸣告诉我：该休息了。

老祖

2022 年 7 月 17 日

20

入仕迷惘：阳货、公山不狃、佛肸之邀

　　我不想妄论老祖您的人格，也无意怀疑您的治国安邦之道——儒家学说。您是春秋时代的大儒，闻名天下的思想家，真假、是非、善恶自有定数，凡属有悖伦理规矩的不义之举，无论施展什么法术，终难逃脱您的慧眼。

老祖：

《论语·子张》中说："仕而优则学，学而优则仕。"做官之余，若还有时间和精力，就可以学习治国安邦的知识；学习之余，若还有时间和精力，则可以去做官从政。这充分体现了您的教育理念和目的，也是实现您为学、入仕之道的方法路径。可是，从您的从政履历中我得出，君子出仕，仕必有方，并非什么样的"仕"都能够做、可以为，而应加以甄别，有选择地履之、践之。

诚然，您和弟子们入仕为官时，面临多种不同的选择，有的是应诸侯国君之召而为官，有的是寄居大夫之家而为家臣，还有的则是回应叛乱者的非分之邀。为此，您彷徨过，迷惘过。特别是面对叛乱之徒的再三邀约，您多次陷入去（为了实现自己的政治抱负而去）还是不去（因为有损自我的君子人格而不去）的两难境地。鉴于此,人们对您产生了这样那样的误解或非议:要么说当时的您也是官迷心窍,要么称您的君子人格具有两面性,要么根本不相信您的学说,甚至认为您是地道的"伪君子"。

我不想妄论老祖您的人格,也无意怀疑您的治国安邦之道——儒家学说。您是春秋时代的大儒,闻名天下的思想家,真假、是非、善恶自有定数,凡属有悖伦理规矩的不义之举,无论施展什么法术,终难逃脱您的慧眼。

出于好奇,我倒特别想知道:当您的宿敌——鲁国季氏家臣阳货劝您出仕时;当季孙氏的费邑宰公山不狃叛乱,派人前去请您辅佐时;当晋国赵简子之中牟邑宰佛肸作奸,欲邀您前去为官时……您的心态如何?又是怎么处理的?

我想,透过回应相关敏感事件的态度,足以窥见您的为人行事、品行操守,领略您的思想家的道德风骨,而对您的一时迷惘、艰难选择,也就不难理解了。

孙 儿

2022 年 7 月 21 日

孙儿:

智者千虑,必有一失。在我的传道、从政经历中,既有为官中都治理一域的初试锋芒，也有司寇任上朝堂摄政的荣耀时刻；既有与诸侯国君谈天论政的得意画面，也有与众弟子流离四方的悲催场景；既有与各国大夫的彼此信任，也有与不同家臣的磕绊碰撞……身处春秋乱世，在与诸侯国当政者的往来中，我和弟子们感受到了为政的重要、执政的风险，如果判断失误、应对不当，不经意间，你的思想、人格乃至身家性命就会被消耗殆尽，甚至陷入万劫不复、遗臭万年的境地。

而在我与季孙氏家臣阳货、季孙氏费邑宰公山不狃、晋赵简子中牟邑宰佛肸等人的几番碰撞中，你便可体会到我从政之路的荆棘丛生。

其实，我与阳货的恩怨由来已久。阳货，名虎，字货，系鲁国大夫季平子家臣（季氏掌握鲁国朝政，而阳货则掌握季氏家政），在季平子死后，一度专权鲁国政事，后因谋害季桓子失败，逃往晋国。

当年初识阳货，我才17岁，适逢季氏大宴鲁国士族子弟，正在为亡母戴孝的我，披着孝服就上门赴宴，偏偏被管家阳货挡在门外。他恶狠狠地当众羞辱："老爷举行宴会，是款待鲁国贵族、士人，你没这个资格，不能让你入席！"当众这一记"耳光"，令我大失颜面。否定我"士"的身份，无异于堵塞了我跻身上流社会的道路，这对我来说堪称致命的打击。

正是这个阳货，竟然恬不知耻地劝我入仕与之为伍。

话说公元前504年，我正值48岁。之前的一段时间里，鲁昭公流亡至齐国，我随后即至。其间，因遭受晏婴等大夫的排挤，加之齐景公的冷淡，我黯然返回鲁国，暂时收敛了从政之心，将主要精力置于做学问、教学生上。慢慢地，我的思想学说逐渐成熟，跟随而来的弟子越来越多，自然社会影响也不断扩大。于是，三十年河东，三十年河西，阳货动起了借我之身欺世盗名的心思。

为什么会这样？这不得不从鲁国的朝政说起。在鲁国，季氏几代擅权当政。季氏即季孙氏，是鲁国国君鲁桓公的后代。鲁桓公有四个儿子（鲁庄公姬同、姬庆父、姬叔牙、姬季友），其中，姬庆父喜好折腾、制造乱子，留下了"庆父不死，鲁难未已"的骂名；姬叔牙因在鲁庄公继承人问题上勾结庆父被迫自裁。结果，鲁国后期国君近支仅有季孙氏一股独大。季孙氏、叔孙氏、孟孙氏作为鲁国"三桓"，实际掌握鲁国政权，而"三桓"的实际权力，则掌握在家臣手中，阳货就是"三桓"中权倾鲁国的季平子的最有权势的家臣。

我对季孙氏及其家臣阳货的所作所为一向反感。当年，季平子不仅"八佾舞于庭"，而且擅祭泰山，根本不把周天子放在眼里。这些不守本分、僭越乱政的违制越礼行为，让向来谨言慎行的我火冒三丈："是可忍也，孰不可忍也！""泰山不如林放乎！"（《论语·八佾》）连这个都可以容忍，还有什么不可以容忍的呢？难道泰山之神还不如林放一个普通人懂礼吗？

老子说："夫唯不争，故天下莫能与之争。"（《道德经》）正因为不与人争，所以普天之下没有人能与他争。我始终秉承儒家"入世"的思想，入仕为官意欲干一番事业，但前提是绝对不做苟且之事。

我曾把春秋历史概括为礼乐征伐等军国大事"自诸侯出""自大夫出"和"陪臣执国命"三个阶段，体现了周天子失权以及贵族政治溃败的过程。

季平子在世时，执掌季氏家政实权的阳货还相对低调，有所收敛；待季平子去世以后，阳货便趁机与公山不狃（鲁国贵族，公山是复姓）勾结，共谋囚禁季平子之子季桓子，并欲杀之而后快（后未得逞）。阳货以"家臣掌政""陪臣执国命"，在鲁国擅权长达三年，坐实了"乱臣贼子"之名。作为一名家臣，他违背政治游戏规则暴得大权，实在是德不配位。

俗话说，名不正则言不顺。为了培植自己的势力，增强其执政的稳定性、合法性，阳货想到了我这个教书先生，欲笼络我加入他的执政班底。可是，我不愿与其交往，一直避免和他见面。依照礼制，"大夫有赐于士，不得受于其家，则往拜其门"，于是，阳货就耍了手段，趁我不在家的时候送我一只"蒸豚"（熟乳猪），迫使我不得不回拜于他。

怎么办？见招拆招！我采取了一个符合礼节和个性的套路：趁阳货不在家时回拜阳货。或许是巧合，或许是料到我会"回拜"，就在我回拜后返家途中，他拦住了我，说："过来一下，我有话跟你说！"

他问道："有才能却怀而不用，听任国家迷乱，这可以叫作仁爱吗？"

我回答："不叫仁爱。"

他说："喜欢参与政事而又屡次错过机会，这可以说是聪明吗？"我回答："不能算是聪明。"

他又说："时间一天天过去了，岁月是不等人的。"（言外之意：您已经是近五十岁的人了，还能有几次机会？）

不得已，我说："好吧，我将要去做官了。"

事实上，入仕为官是实现理想抱负的有效手段，我并非不愿，而是不想助纣为虐，不想在"坏人"手下做官。正所谓"不义而富且贵，于我如浮云"（《论语·述而》）。给阳货以台阶的"我将要去做官了"，作为一种策略，体现了我做人做事的原则性和灵活性，而这个"将要"一直"将"到阳货下台逃往晋国。阳货出逃之后，我即决然出仕，从中都宰到大司寇，开创了属于我的辉煌时代……

公山不狃作为季孙氏的家臣，也曾邀我入仕。公山不狃姓公山，名不狃（也作弗扰），字子泄，曾经与阳货等一起操办过季平子的丧事，深得季桓子的信任，鲁定公五年（前505年），担任季氏私邑——费邑的邑宰。仅仅过了三年，即鲁定公八年，公山不狃与季桓子产生矛盾，且到了不可调和的地步，于是，联合阳货一起反对季氏，并抓住了季桓子，结果季桓子用计逃脱。之后，公山不狃仍以费邑宰的身份盘踞费邑。

当时，我年已五十有余，遵循周礼修行很久，但处处受到压抑，除了设坛授徒之外，仁爱之术、君子之道等执政理念无用武之地，一直未能施展，为此我时常陷入踌躇苦闷之中。此时，公山不狃出于捞取执政资本的目的，当然也想有所作为，专门派人请我前往，辅助他治理费邑。对此，我以为他给我提供了一个入仕的机会，一时没有多想，便打算前去。

子路知道后，颇不高兴地说："没有地方去便算了，为什么一定要去公山氏那里呢？"

我说："他请我去，难道是白白让我去吗？假如有人能用我，我将使周文王、周武王的德政在东方复兴啊！"更何况，公山不狃"叛"的是季氏，而不是整个鲁国。

可子路等弟子不这么认为，始终坚持认为公山不狃就是叛贼，我等正人君子万不可与其狼狈为奸。经弟子们再三劝阻，最终，我只好放弃此行。

四年后，开始"摄相事"的我，代表季桓子处理国政，拥有了实现政治抱负的平台，在艰难的"堕三都"（"三都"分别是季孙氏的费邑、叔孙氏的郈邑、孟孙氏的成邑）过程中，与公山不狃开始过招：堕费邑时，遭到了他的顽固抵抗。当季桓子率军前来堕费邑时，公山不狃和叔孙辄（叔孙氏之庶子）带领费人避实就虚，直捣鲁国都城曲阜，鲁定公仓皇逃到季孙氏家中躲藏。我身为大司寇，率兵反击，击败了费人。结果，公山不狃作为政治流亡者，逃到齐国（后辗转逃至吴国），费邑最终被拆除。

据说，鲁哀公八年（前487年），吴国为了邾国，准备攻打鲁国。吴王询问叔孙辄，叔孙辄回答："鲁国有名而无实，攻打他们，一定能如愿以偿。"

公山不狃得知此事，对叔孙辄说："这是不合于礼的。君子离开自己的国家，不到敌国去。在鲁国没有尽到臣下的本分而又去攻打它，为吴国奔走听命，这就可以死去。有这样的委任就要避开。一个人离开自己的国家，不应该因为有所怨恨而祸害乡土。"

平心而论，作为一名政治人物，可以有不同的政治主张，也可以移居别国，但不可以丧失自己的国格、人格，更不能因为心有怨恨而祸害自己的祖国。在这一点上，公山不狃所言颇有道理。

或许是命中注定，我与佛肸的交集，也离不开"陪臣""叛乱"二字。佛肸，系春秋末年晋卿赵简子的家臣，为中牟的县宰，但后来投靠了范氏、中行氏。

晋国自昭公以后，韩、赵、魏、范、中行以及智氏等六大夫家族日益强大。后来，智伯联手赵、韩、魏三家灭了范氏和中行氏，赵、韩、魏三家又杀了智伯，最后晋就被赵、韩、魏三家瓜分……当时，六卿（即六个大夫）挟持晋国的君主，各自为政，互相攻伐，对错外人难以辨别。正所谓"春秋无义战"。

当时，晋国大夫赵简子势力强大，挟君主以令晋国，以晋国国君的名义去攻打范氏和中行氏。佛肸作为范氏、中行氏两家的家臣，在中牟这个战略要地奋力进行抵抗。这，在名义上好像是佛肸叛了晋国，而对于范氏和中行氏两家来说，佛肸则是讲究义气、忠于主人的。

处在这样一个特殊时期，佛肸为了壮大自己的实力，增加抵御赵简子的砝码，便派人前来邀请我去中牟，帮他渡过难关。此时，我刚刚离开卫国，本想前去帮他，正如当初公山不狃请我，我打算前去一样（因为，我胸怀天下，为的是推行王道，而不是为某个人、某一家、某一国），却再一次遭到了子路等弟子的阻挠。

子路听说我要去中牟，劝说道："从前我听先生说过，做了坏事的人那里，君子是不去的。现在佛肸以中牟为据点谋反，先生您却要去他那里，这怎么说得通呢？"

我坦然地说："是的，我说过这样的话。我不是也说过，坚硬的东西磨也磨不坏吗？不是也说过，洁白的东西染也染不黑吗？我难道是个有苦味的葫芦吗？怎么能只被挂在那里却不被人食用呢？"

我的意思是说：真正坚而白的东西，磨不薄、染不黑，君子的品行操守十分坚定，尽管处于乱世，也不会受到任何玷污。

话虽然说到这里，但最终我还是接受了子路等弟子的意见，没有去中牟这个是非之地。

君子无用，无所不用。君子做事的时候，要想尽一切办法，穷尽一切手段。实现自己的政治理想、远大抱负，离不开艰难困苦的上下求索，其间激流、险滩、暗礁时隐时现。为此，我彷徨焦虑而又迷惘无助，但每一次机遇都给我带来躁动，送来希望，哪怕是来路莫名的橄榄枝，我都不敢怠慢，不愿放弃。而与阳货、公山不狃、佛肸等人最终擦肩而过，无疑又为我的初心做了最恰当的注脚。

老祖

2022 年 7 月 24 日

21

归鲁：谈冉求议『田赋』修《春秋》『绝笔于获麟』

　　您周游列国的十四年，也是颠沛流离的十四年。十四年里，您像一位智者，凭绝顶的智慧，播撒思想的种子；如一位仁者，以无忧的心态，演绎人间大爱；似一位勇者，以无畏的姿态，直面惨淡的人生。

老祖：

您周游列国的十四年，也是颠沛流离的十四年。十四年里，您像一位智者，凭绝顶的智慧，播撒思想的种子；如一位仁者，以无忧的心态，演绎人间大爱；似一位勇者，以无畏的姿态，直面惨淡的人生。

常言道：落叶归根。无论您和弟子们身在何处，无论身处顺境还是逆境，鲁国，作为您生于斯、长于斯的故国，无时无刻不是您魂牵梦萦的地方。

终于，当您步入耳顺之年，鲁哀公十一年（前484年），您从卫国回到了久违的父母之国——鲁国。是年，您已68岁。

您晚年能够顺利返回鲁国，不得不归功于险些被赶出孔门的学生冉求。冉求（前522年—？），字子有，亦称冉有，春秋末期鲁国人，周文王第十子冉季载的嫡裔，孔门七十二贤之一。他比您小29岁，以政事见称，多才多艺，擅长理财，曾任季氏家臣（当初，他留下为季氏服务，曾遭到您的极力反对），继之随您周游列国。鲁哀公五年（前490年）季康子任命他为"季氏宰"，成为季氏家族的总管。

对于冉求这个弟子，我记得您有三点看法：一是"千室之邑，百乘之家"，冉求可以去当总管；二是"若臧武仲之知，公绰之不欲，卞庄子之勇，冉求之艺，文之以礼乐，亦可以为成人矣"，意即冉求多才多艺，只是礼乐修养稍欠；三是冉求只是"具臣"，还算不上大臣。

对此，有季子然（季孙氏的同族人）与您的对话为证："'仲由、冉求可谓大臣与？'子曰：'吾以子为异之问，曾由与求之问。所谓大臣者，以道事君，不可则止。今由与求也，可谓具臣矣。'"（《论语·先进》）季子然问："仲由和冉求可以算大臣吗？"您说："我以为你是问别的人，原来是问仲由和冉求呀。所谓大臣，是能够用周公之道来侍奉君主的人，如果不能这样，他宁肯辞职不干。现在，仲由和冉求这两个人，只能算是充数的臣子罢了。"

鲁哀公十一年（前484年），齐国进犯鲁国，危难时刻，冉求受命率领左师抵抗入侵的齐军，他身先士卒，以弱胜强，用长矛攻破齐军赢得胜利，一时成为鲁国的英雄。班师回朝之际，鲁哀公携季康子接见了他。

季康子好奇地问："从前听说孔门无将才，那你的战术是从孔子那里学来的，还是无师自通的呢？"

冉求反问道："谁道孔门无将才？子路、公良孺等，均有万夫不当之勇，求之战术，不及师兄弟的万分之一。我的老师更是无所不知、无所不能的圣人。三千弟子之技艺，均得益于老师的教授。"

冉求这么一说，勾起了季康子的回忆：鲁哀公七年，吴、鲁鄫邑会盟之后，吴太宰伯嚭企图侮辱鲁国，于是鲁国派子贡代为出使，维护了自身的尊严；鲁哀公八年春，吴大举伐鲁，鲁因有若（孔门弟子，七十二贤之一）参战而取胜；这年夏天，齐师伐鲁，因冉求、樊迟智勇善战，鲁以弱胜强。

见季康子陷入沉思，冉求趁热打铁，说道："若能把我的老师请回来，让其辅佐朝政，教化国民，鲁国定会迅速振兴，称雄有望。"

季康子为之所动，问："孔子之为人如何？"

冉求回答："用之则天下必兴，万民受惠。但老师的愿望是强家国、稳社稷，并非图一己之利，若不合其意，万户侯之封也难动其心！"

季康子说："我想请孔子回归鲁国，怎么样？"

回想起老师几番在鲁国为官从政又辞官而去的尴尬经历，冉求郑重其事地说："若请老师回归鲁国，则万不可听信小人谗言，冷落了我的老师！"

随后，季康子迅即将此事禀报鲁哀公。

鲁哀公十分惬意，说道："爱卿之念，正与孤同，请速派人携厚礼请孔子归国。"

冉求兴奋之意溢于言表："招贤纳士，乃明君之所为。鲁有明君贤相，再有我老师相辅，何愁不称雄于东方！"

第二天，季康子专门派人"以币迎孔子"（币，同帛，古人相互赠送的礼物的总称），将您用重礼迎回鲁国，并奉为"国老"（类似咨政），俸禄维持不变。这件事，对季康子而言，顺应了各国诸侯竞相"礼贤""养贤"的风尚，颇为值得；对您而言，这一次成为"际可之仕"或"公养之仕"既可让您安度晚年，也合乎"礼"。

就这样，68 岁的您回到了思兹念兹的鲁国，您与众弟子十四年的周游列国生涯宣告结束。

从此，您专注于文化事业，"祖述尧舜，宪章文武"，一门心思研读《易经》，致使编连竹简的熟牛皮绳多次脱断（正所谓"韦编三绝"），带着弟子一起整理《易》《礼》《书》《诗》《乐》等经书，特别是您所编订的《春秋》，对后世产生了重大而深远的影响。

就《春秋》这部著作，孟子这样评价："孔子作《春秋》，而乱臣贼子惧。"（《孟子·滕文公下》）司马迁在《史记》中说："夫《春秋》，上明三王之道，下辨人事之纪，别嫌疑，明是非，定犹豫，善善恶恶，贤贤贱不肖，存亡国，继绝世，补敝起废，王道之大者也。"而您自己则认为："知我者其惟《春秋》乎！

罪我者其惟《春秋》乎！"由此，"春秋笔法"（亦称"微言大义"），慢慢流传开来。

那么，除此之外，您作为受人尊敬的"国老"，在鲁国又是如何咨政建言、发挥作用的呢？

孙儿

2022 年 7 月 28 日

孙儿：

毕竟，鲁国是我的父母之国。在周游的十四年艰难岁月中，我和弟子们就像水中的浮萍一般，被无可名状的风儿吹得游来荡去。只有回归自己的故国，整个身心方有了家的感觉，找到了精神寄托。

作为一个儒学思想者，我是一个闲不住的人。只要我的学说、理念一天不被人理解、接受，我就一天放不下手中的笔，停不下奔跑的脚步。

回到鲁国后的五年余生中，我将大部分时间用于教授学生。我曾说过："先进于礼乐，野人也；后进于礼乐，君子也。如用之，则吾从先进。"（《论语·先进》）意思是，先学习礼乐而后再

做官的人，是原来没有爵禄的平民；先当了官然后再学习礼乐的
人，是君子。如果要我选用人才，那我主张选用先学习礼乐的人。
与此同时，我着眼于构建完备的儒学思想体系，整理古籍文献，
将主要精力倾注于编撰核定"六经"（《易》《礼》《书》《诗》
《乐》《春秋》）。个中酸甜苦辣，只有醉心其中的我和弟子们
能够体会到。

其间，有这样几个重要活动和事件，让我记忆犹新，心潮
难平：

关于季孙氏实行"田赋"——所谓"田赋"，春秋时期很多
国家都在进行经济领域的改革，改革的核心主要集中于土地。鲁
国实行的"田赋"，如果用一句话来解释，那就是百姓要比原来
承受的土地负担增加一倍。按照先王之制，逢有战事才征收赋税，
无战事则免予征税。而"田赋"实行常年征收，不仅违制，而且
会增加民众的负担。

当弟子冉求奉命前来，向我提出实行"田赋"的时候，我明
确表示："不理解。"

冉求恳切地说："先生您是国老，这件事您表态以后方可实
行啊！"

我不予作答。但是，我私下对冉求说："君子施政应该合乎
礼制，遵守三条原则，即施与民的要优厚，为民办事避免过犹不及，
取之于民的要少。如果不按规矩办事，贪得无厌，即使实行田赋，
也不会够用的。这方面，有周公的法典可以作为依据。若要任性

行事，又何必来问我呢？"

令人气愤的是，季孙氏对我虚与委蛇，把我的话当成了耳旁风，最终还是一意孤行，实行了新的"田赋"。

冉求作为孔门十哲之一，我对他在政事上的才能颇为欣赏。可是，他违背了我一贯倡导的政治主张，对实行所谓的"田赋"，他没有劝谏、阻止，反而帮助季孙氏盘剥百姓、聚敛财富，这属于典型的为虎作伥，为孔门所不齿。因此，一怒之下，我说："非吾徒也。小子鸣鼓而攻之，可也！"（《论语·先进》）冉求不再是我的学生，你们大家可以大张旗鼓地去攻击他！

关于陈恒弑君——陈恒，妫姓，陈氏，名恒，又名田成子，春秋时期齐简公的上卿大夫。其祖先系陈国贵族，因陈国贵族内部斗争，于公元前671年逃往齐国，到陈恒这代已经属于第八代。

作为齐国大臣，陈恒执政期间，因为造福百姓，深得民心，有民谣为证："妪乎采芑，归乎田成子。"就连采野菜的老婆子，心都向着陈恒。

相比之下，齐简公平庸无能，无所作为，只知寻欢作乐，引起国人愤怒。齐简公四年（前481年），陈家与阚家（齐国两大家族势力）矛盾激化，而简公却偏袒阚家一方。于是，专横擅权的陈恒发动内乱，齐简公仓皇逃往舒州（齐国一个小地方）。陈恒带兵赶来，担心齐简公翻盘以后诛杀自己，索性一不做二不休，把齐简公处死。之后，拥立齐简公之弟骜为齐国国君，即齐平公，而陈恒自己为相，实际执掌齐国大权。

齐简公是君，陈恒是臣，忠于君主乃臣子的本分。陈恒弑君，是典型的僭越行为，实属违背天道正义。

这件事令我无比愤慨，我斋戒了三天之后，正装上朝，谒见鲁哀公，郑重说道："齐国的陈恒杀了国君，请您出兵讨伐！"

鲁哀公却不以为意："你去告诉'三桓'吧，这件事我管不了啊！"

朝堂上我碰了钉子，退朝以后便去找"三桓"，结果不难预料，"三桓"中没有任何一家同意出兵讨伐陈恒。

此事不了了之，我黯然神伤。

关于"绝笔于获麟"——中华民族有很多关于麟的神秘传说，但麟究竟是何物，谁都没有见过。

据记载：麒麟，狼头，鹿身，牛尾，肉角，仁兽也，含仁怀义，音中钟吕（叫起来声音像音乐），行步中规，折旋中矩（走路旋转合规矩），游必择上，翔必有处，不履生虫（脚不踏虫子），不折生草（身不折青草），不群不旅，不入陷阱，不入罗网，文章斌斌（身上有美丽的花纹）。

鲁哀公十四年（前481年），我71岁。在返回鲁国的三年里，我除了教授弟子外，最重要的工作就是忙于修《春秋》，删《诗》《书》，定礼乐。

我编修的《春秋》，是中国现存第一部编年体史书，时间准确、地点明了、人物清晰，记载了春秋时期鲁国从鲁隐公元年到鲁哀公十四年（前722年—前481年）间的历史大事，内容涉及经济、政治、文化、军事、社会生活等方面。该书留存一万六千余字，着眼总结历史、警戒后人，寓说理于叙事之中，贬恶褒善、立场鲜明，记录"弑君三十六，亡国五十二，诸侯奔走不得保其社稷者不可胜数"（《史记·太史公自序》），狠狠刺痛和震慑了乱臣贼子，成就了后世所流传的"春秋大义"（亦被称为"春秋笔法"）。

这年春天，鲁国贵族叔孙氏和我在曲阜西部大野一带打猎，叔孙氏管车的仆从捕获了一头奇怪的野兽，载回来后无人认识。叔孙氏看了看怪兽，以为不吉祥，有意赐给管理山林的官员"虞人"。

看着怪兽，我说："这是麟啊，你为什么来啊？为什么来啊？"

因为，我晓得：麟出必明王在位，以示祥瑞于世。故帝尧时麒麟游于郊外，万民知其为祥，不忍伤其生；周将兴，凤鸣于岐山，百姓以为瑞，争图其形，麒麟也曾现于野。自尧至今，麒麟几现于世，然今次出现，无明王在位，非其时也。

我一边说着，一边用衣袖掩面，泪如雨下。叔孙氏见状，就把这头怪兽留了下来。

弟子们见我悲伤至极，纷纷上前劝慰，等我心绪渐渐平静，才小心翼翼地搀我上马，陪我缓缓返回阙里。

自西狩归来，我便不再看书写字，常常独自一人到僻静的地方伤心流泪。于是，就有了"《春秋》绝笔于获麟"之说。

传说，河图洛书是上古流传下来的珍宝，八卦图由龙马背负从黄河出，洛书由灵龟背负从洛水出。可我却不时自语："河不出图，洛不出书，吾已矣夫！"（《史记·孔子世家》）黄河不出图，洛水不出书，我这一生也就完了吧！

子贡好奇地问我："伯鱼（孔子的儿子孔鲤，字伯鱼）兄殁世，也没见夫子如此伤心。麒麟丧生，与夫子之道何干？"

我泪眼汪汪地说："丘犹麟也！麟之出，因不遇明王而遭害；丘生不逢时，不遇明王，故吾道难行于世，而终至于穷矣！"

子贡说："夫子之道，宏大至极，故世莫能行。纵然今日不见用于时，却可传至万古而不灭，一遇有道之明君，自能大行矣。如今各书著述已成，皆寄托夫子之道，故夫子之道犹如日月，必旷万古而常存，与天地同久远……"

与弟子子贡的一番畅谈，虽然暂时冲淡缓解了我的烦恼忧愁，但乱世麟出的怪异景象，毕竟是一种令人不安的不祥之兆。自此，我的心情一天不如一天，身体也慢慢消瘦下来……

老祖

2022 年 7 月 31 日

三代『出妻』
三大不幸
颜回、子路之殇
哲人之死

　　幼年丧父、中年丧偶、老年丧子，乃人生"三大不幸"。这样的人间悲剧，并没有因为您是"千古一圣"而不光顾于您。恰因您的特殊身份，这"三大不幸"才在您的人生阅历中，烙下了比普通人更为深刻的印迹。而且，由此涉及的您那几位最亲近的弟子，也一并成为后人研究您、读懂您的重要切入点。

老祖：

常言道：哀，莫大于心死。幼年丧父、中年丧偶、老年丧子，乃人生"三大不幸"。这样的人间悲剧，并没有因为您是"千古一圣"而不光顾于您。恰因您的特殊身份，这"三大不幸"才在您的人生阅历中，烙下了比普通人更为深刻的印迹。而且，由此涉及的您那几位最亲近的弟子，也一并成为后人研究您、读懂您的重要切入点。

您祖籍宋国，系商代王室后代，之所以成为鲁国人，皆因先祖躲避政治迫害举家迁鲁所致。史书记载，您的父亲叔梁纥曾娶鲁国人施氏为妻，生九女而无一子。为家族传承，后娶妾生子，但因其天生残疾，不符合承继礼俗。直到66岁，方迎娶颜征在为妻，年过七十才有幸生下您，以偿夙愿。不幸的是，在您三岁的时候，父亲便溘然长逝。因此，您不得不离开陬邑老家，跟着母亲来到曲阜阙里艰苦度日。您17岁时，母亲因操劳过度离您而去。三岁孩童丧父，无疑是人生一大灾难；而17岁丧母，又成为您一生的痛。

说到中年丧偶，就得论及您的妻子亓官氏。鲁昭公九年（前533年），您19岁时，经宋、鲁两国大夫保媒，娶宋国大夫亓官氏18岁的女儿为妻，这在当时成为两国的一桩佳话。婚后第二年得子，鲁昭公专送鲤鱼以致贺。您甚为欣喜，便据昭公所送之礼，给儿子起名曰鲤。后来，亓官氏又生了个女儿。您周游列国期间，妻子无奈离家出走。

鲁哀公十年（前485年），您67岁时妻子病逝，从此，您一生再无续娶。虽然，这不属于严格意义上的中年丧偶，但其带来的悲痛实际上不亚于中年丧妻。您去世后，亓官氏同您一起被祭祀，唐朝时被设寝殿以专祠。宋朝时被追封为"郓国夫人"，元朝时被加封为"大成至圣文宣王夫人"。

公元前484年，经季康子盛邀，在学生冉求的劝说下，68岁的您结束了列国周游，回到阔别已久的故国——鲁国。公元前482年，您正值70岁，这一年，您遭遇了人生的第三大不幸——您的儿子孔鲤先您而去，时年50岁。这种白发人送黑发人的痛苦，只有您能够切身体会，且不得不默默承受。

惨遭儿子孔鲤和弟子颜回、子路先后离世之后，您高大的身躯渐渐消瘦，无法承受身心的巨大苦痛，终于难以支撑。公元前

479年4月11日（农历二月十一日），您溘然长逝，享年73岁。您去世后，鲁哀公专门作了祭文，文中尊称您为"尼父"，弟子们像失去自己的父亲一样，将您葬在曲阜城北泗水旁（如今的"孔林"），许多人在墓地搭棚，守孝三年，三年之后，唯有子贡在坟边又陪了您三年。

写到这里，突然想到了后人时有议论的所谓"出妻"之事。为什么会这样？经大量查阅资料，我才知道——

历史上，对您的婚姻记载并不多，直到三国时《孔子家语》始言："孔子娶于宋亓官氏之女。"要弄清您及孔鲤（伯鱼）、孔伋（子思）的"出妻"之事，还要关联到您的重孙孔白（子上）。

固然，"出妻"的原因很多，但最重要的是在德性和情感方面出了问题。关于您的"出妻"，恐怕主要是因为情感问题，包办婚姻本身谈不上感情，长年流离漂泊难以培养感情，特别是您晚年辞官，周游列国十四年，妻子独守空房，由怨而恨，无奈离家而去。

据记载：亓官氏死于公元前485年，伯鱼为母亲服丧一年期满后，念及母亲一生的不幸，仍然禁不住落泪，您则不以为然，甚至斥责儿子"其甚也"（《礼记·檀弓上》）。公元前479年您去世后，《礼记》详细载有弟子们为您营墓之事，却丝毫未见您和妻子合葬的记录。《礼记·檀弓上》曾载道：

子上之母死而不丧。门人问诸子思曰："往昔子之先君子丧出母乎？"曰："然。""子之不使白也丧之，何也？"子思曰：

"昔者吾先君子无所失道。道隆则从而隆，道污则从而污。伋则安能？为伋也妻者，是为白也母。不为伋也妻者，是不为白也母。"故孔氏之不丧出母，自子思始也。

意思是说：子上的母亲离婚后去世，子上没有戴孝。弟子们问子思："从前你的父亲孔鲤不是给他离婚后的母亲戴过孝吗？"子思说："是的。"弟子又问："你不让孔白戴孝，是什么原因呢？"子思说："从前我的父亲并没有失礼的地方。依礼而行，该隆重的就隆重，该降低规格的就降低规格，我怎么能做到呢？如果是我的妻子，那这个人也就是孔白的母亲；如果不是我的妻子了，那她也就不再是孔白的母亲了。"因此，孔家不为离家之母戴孝，从子思开始。

至于您的儿子伯鱼、孙子子思——清郑晓如《阙里述闻》记载："伯鱼前妻无德。孔子责伯鱼曰：'女为《周南》《召南》矣乎？人而不为《周南》《召南》，其犹正墙面而立也欤！'伯鱼闻教，益修其身。妻不可化，乃出之。后妻贤，生子伋。未几伯鱼卒，守节抚孤。"

在您的子孙中，伯鱼相对平庸，不如其儿子子思（子思作《中庸》），也不如其孙子子上（孔白）。子思作为您的贤孙，其母亲在卫国（改嫁至卫国）去世时，他还曾"哭于孔氏之庙"（后因行为不当改哭于他处）。对于子思的"出妻"，普遍少有异议。据考证：子思的儿子子上系前妻所生，后前妻被"出"，所以在她死后，子思不许子上为生母戴孝。正如前文所说，子思认为：

妻子已经被"出",就不再是自己的妻子,当然便也不再是儿子的母亲。

客观地说,婚姻之事十分复杂,其是否和谐、幸福与快乐,并不取决于你是否拥有深邃的思想、高尚的品德,个人的伟大不等于婚姻的美满。春秋时期,"出妻"离婚并非罕事,不如后世那样被看得那么严重,影响也没那么大,但毕竟不是件光彩的事。在这件事情上,老祖您负有一定之责。因为,您信奉君子人格、"中庸"之道,本应处理好婚姻与事业的关系,可您却智者千虑,跌了一跤。这不能不说是您作为圣贤的悲哀!

回过头来,反观您与颜回、子路、子贡等弟子之间的关系,则很容易让人意识到,您对他们的爱远远胜于对自己妻子、儿女的爱,您的所谓"泛爱众"在某种意义上带有"忘我"的悲剧色彩。

孙 儿

2022 年 8 月 4 日

孙儿:

人生在世,说到底,活的是一种尊严,体现的是一种价值。尊严来自哪里?自然源于人的价值。而一个人是否有价值,是否能够被社会方方面面认可，首先要看你的君子人格、道德操守，其次要看你的思想境界、学术水平，然后才是实践落地、传播能力……

我的尊严在哪里？价值何以体现？应该说，最重要的在于我为社会、国家和民族所创造的思想财富——儒家学说，特别是蕴含其中的仁爱理念、民本思想、礼制规范、君子人格等等，超越时空，历久弥新。

为了恢复周礼、安民济世、治国安邦，我和弟子们周游列国，谏诸侯、说大夫、斗奸臣、化百姓，历尽磨难初衷不改，在赢得各方尊重的同时，也招致了无端的责难、嘲讽。处于春秋乱世，尽管我的学说、思想在一些诸侯国不被采用，或者遭到一些诸侯国大夫的非议，或者被一些君主选择性接纳，但它（儒家思想）毕竟已作为文明的标志，被写在了人类的思想史上。

在儒家学说形成、发展、成熟、传播的艰辛历程中，我失去了很多，也得到了很多。所谓"失去"，集中体现在我的家庭生活上。我是思想的巨人、生活的侏儒。

作为士族后代，我原本可以享有殷实富足的生活，但十四年的周游，使我无暇顾及家庭，导致为我生儿育女的妻子独守空房，怅然离家，于公元前485年（我67岁那年）去世。孔鲤作为我唯一的儿子，平庸一生，无所建树，先我而去，令我晚年丧子。好在我的乖孙子思，以其孩童特有的聪颖，给我带来了些许乐趣。

因为失去了至爱亲人，我的家庭生活索然无味，更谈不上什么幸福、快乐。况且,我和儿子、孙子均有无奈"出妻"的婚史。从这个意义上说,我是一个可怜的失败者。

谈起"得到",这也是令我终生欣慰的,我的最宝贵的财富——三千弟子、七十二贤。弟子们认同、推崇我的思想学说,为了克己复礼,实现社会大同,伴随我周游列国,无论是身处顺境还是逆境,始终与我同心同德,至死不离不弃。他们将我视为思想上的导师,当作自己的父亲、长辈,我则把他们既当作自己的学生,又看成自家的骨肉。这种至纯至真的情感,甚至比对自己的家人还要浓,还要深。这一点,在我的晚年时期,体现得尤为真切、充分。弟子颜回、子路的接踵离世,就像一颗颗情感炸弹,直接击中摧毁了我的心绪堤坝,无情蹂躏了我的身心,令我遭受肉体和灵魂的空前重创,从此一蹶不振,最终导致我在短时间内一命归西……

天下人都知道,颜回是我最得意的门生。他与我是老乡,年龄比我小30余岁。他作为没落贵族子弟(至父亲颜路一代已是徒有虚名),家中几十亩薄田难以满足日常开支,生活相对贫苦。他38岁时随我结束列国周游返回鲁国,一边照顾年迈的双亲,一边讲学,过着一箪食一瓢饮、身在陋巷却不改其乐的生活。鲁哀公十四年(前481年),他刚至不惑之年便英年早逝,享年41岁。他用功、聪明、谦虚、有修养,一生没做过什么官,没干过多么惊天动地的事,毕生践行我的思想学说,是我最忠实的拥护者。他没留下传世之作,个别言语被收录在《论语》中,我对他的评价是"贤哉，回也"，后世则尊称其为"复圣"。

我对这样一位得意门生的感情，可以说比对自己的亲儿子还要深厚。闻听颜回西去，我像失去了珍爱至宝，悲痛欲绝，不禁仰天叹息："噫！天丧予！天丧予！"

弟子们见状，纷纷劝道："老师您哭得太哀痛了！"

我忍不住内心的悲痛，反问："是哭得很哀痛吗？除了此人之外，我还能为谁哭得这样哀痛呢？"

颜回去世后，其父颜路找我商量如何下葬。他很爱自己的儿子，但因为家里穷不能厚葬，心里十分难受。我作为师长，值钱的东西只有一辆出门坐的旧车。如今年事已高，需经常乘车外出与官府的人打交道，总不能把车卖了啊！

弟子们见我如此伤心纠结，同时念及颜回的人品德性，争相主动凑钱，给颜回置办了棺椁，厚葬于鲁城东防山。

有一次，鲁哀公问我："你的学生中谁是最好学的？"

我不假思索，脱口而出："有个叫颜回的学生最好学。他从不把对此人此事的怒气迁移到别人别事上。他一次犯了错，不会再犯第二次。不幸他年纪轻轻就去世了，现在没有，也再未听说过有这样好学的人了！"

弟子子路的惨死，更令我悲痛欲绝。子路比我小9岁，在一众弟子中是我最亲近、最喜欢的一个，他的言行在《论语》中被提及41次。子路系鲁国人，出身猎户，家境贫寒，事亲至孝，生性耿直，勇武才艺俱全。他曾随我问礼老子，老子夸赞他天然去雕琢；他对我忠心耿耿，时刻保护我的安全，容不得任何人诽谤我和我的思想；他觉得我有不对之处会直接指出，我也经常批评他。可以说，我与他亦师亦友，在一起时无所顾忌。

有一次，子路向我问鬼神之事。我说："未能事人，焉能事鬼？"曰："敢问死。"曰："未知生，焉知死？"（《论语·先进》）我说："活人还不能服事好，怎么能去服事死人呢？"子路又问："我大胆地请问死是怎么回事。"我回答："生的道理还没有弄明白，怎么能够懂得死？"

当年，我从卫国返回鲁国，子路则留在卫国，辅助卫国大夫孔文子和他的儿子孔悝。他63岁那年，卫国发生宫廷政变，前太子蒯聩欲回国与儿子争夺皇位，为争取孔悝支持，就和姐姐伯姬（孔悝的母亲）联手绑架了孔悝。

面对此等乱局，子路原本可以不介入、不掺和。但他侠胆忠义，"食其食者不避其难"，不肯袖手旁观。于是，第一时间赶去营救孔悝。当时，宫里正打得难解难分、狼藉一片，子路加入战事，不幸身负重伤，冠缨在打斗中被击断。临死前，他遵循为师教诲，嘴里还念叨"君子死而冠不免"，强忍剧痛，戴好帽子，整好衣服，端端正正，被人乱刀砍为肉酱。

话说回来，当我在鲁国听说卫国发生宫廷内乱时，已立马意识到："嗟乎，由死矣！"因为，作为师长，我太了解子路这个学生，他的忠、他的勇令人折服，但双方力量悬殊太大，对他而言毕竟凶多吉少。

子路惨死的消息传来，我万分悲痛，这对于我这个72岁的古稀老人来说，无疑是空前的致命打击。在孔门最早一批弟子中，年龄最小的是颜回，年龄最大的是子路，他们二人作为我至爱的弟子，先后离世，乃我晚年最为悲伤之事。自此，我便一蹶不振，卧病在家。

公元前479年4月4日（农历二月四日），我一早起床，在自家院里拄着手杖，踱着方步，口中低吟："太山坏乎！梁柱摧乎！哲人萎乎！"泰山要崩塌了吧！大梁将折断了吧！哲人将凋零了吧！之后，我徐徐回到屋里，在屋子正中落座。

子贡听到歌声，快步走进屋里，扶着我说："泰山如果崩塌了，叫我们仰望什么呢？大梁如果折断了，哲人如果凋零了，叫我们依靠谁呢？听歌中之意，夫子大概是生病了吧？"

我看了看子贡，怅然叹道："赐啊，你怎么这么晚才来呀！你要再不来，可就晚了啊！"

子贡安慰我说："老师别乱想，您会慢慢好起来的。"

我神色凝重，摇摇头说："昨天晚上，我做了一个梦，梦见坐在两根柱子之间正在受人们祭奠。夏代人的棺材停在东台阶上，周代人的棺材停在西台阶上，殷代人的棺材则停在两根柱子之间。而我的祖先是殷人。我大概活不久了啊！"

子贡见我心情不好，连忙把我搀进里屋。我躺在床上，没等子贡安慰，便说道："没有人了解我啊！"

"怎么说没人了解您呢？"子贡有些茫然。

"只有到了寒冬，人们才知道松柏是不会凋零的啊！"我自言自语，"我不怨天，也不怪什么人……我的成就，只有上天知道啊！"

"您把知识教授给我们，我们会再传承下去。您的成就，后世是会知道的。"

"不过……从今天起，我就不能再说话了。"

"您要是不说话，我们做事拿什么当依据呢？"

"老天爷一声不吭……还不照旧有春夏秋冬，万物不是……照样在生长？"

子贡不忍心看我憔悴无力的病态，不再张口说话，两眼泪汪汪地给我掖了掖被褥，扭头便痛哭流涕。

从这天起，我没有再说一句话，一连七天，水米不进，最终熬尽躯体内所有的气血能量，带着无限的不舍、遗憾离开了人间，享年73岁。

历史会永远铭记这个特别凝重而又意味悠长的日子：公元前479年4月11日（农历二月十一日）。

老　祖

2022 年 8 月 7 日

传承（1）：
子思「中庸之道」
孟子「民本观」
荀子「性恶论」

您溘然长逝无论是对于当时的多事之秋，还是对于未来的朝代更迭，您在人格的魅力、学术的精度、思想的高度、影响的深远等方面，无疑都是空前甚至绝后的。可以肯定地说，一个和谐安定的社会，一刻不能没有制度规范的支撑；一个礼序乾坤的国家，一刻不能缺乏思想的引领。

老祖：

您溘然长逝无论是对于当时的多事之秋，还是对于未来的朝代更迭，您在人格的魅力、学术的精度、思想的高度、影响的深远等方面，无疑都是空前甚至绝后的。可以肯定地说，一个和谐安定的社会，一刻不能没有制度规范的支撑；一个礼序乾坤的国家，一刻不能缺乏思想的引领。而思想作为上层建筑，既开放包容、博采众长，又与时俱进、守正创新。正所谓："苟日新，日日新，又日新。"（《大学》）

儒学思想体系的基本框架，是春秋战国时期由您和孟子奠定的，两汉时以经学形式成为官方意识形态，后衰败达上千年，直到进入宋代，又以理学形式复兴，几经改造、创新，逐步从思想学术领域进入政治领域，最终得以广泛传播。

正像春秋时期人们崇拜、仰慕您的儒家学说一样，后世人们在研究、弘扬您的儒家思想时，总免不了念及或者无法绕过子思、孟子、荀子、董仲舒、张载、"二程"（程颢和程颐）、朱熹、王阳明等人，这一大批的思想家、教育家、哲学家的名字，与丰富厚重的儒学思想一起，被载入了人类文明的史册。

子思（约前483年—前402年），姓孔，名伋，是您的嫡孙，可以说是您晚年最大的安慰。子思直接受教于您的弟子曾参，子思的门人再传孟子。子思以其标志性著作《中庸》一书，奠定了在孔孟"道统"传承发展中的特殊地位，后人将子思与孟子的学术思想并称为"思孟学派"。

子思直接继承了您的理想，追求国家的德治教化，"中庸"是其儒学思想的核心。"中庸"意即以不偏不倚、无过无不及的态度为人处世，"中"即中和、中正，"庸"是平常、普通的意思。

子思的《中庸》一书，全面系统地阐述了您的中庸思想。该书全篇以"中庸"作为最高的道德和自然法则，讲述天道和人道的关系，把"中庸"从"执两用中"的方法论提升到了世界观的高度。

在子思看来，"中"是天下万物之根本，"和"是天下共行之大道。如果能把"中""和"之道推而广之，那么天地之间一切便皆可各安其所，万物也能各遂其生。这不仅克服了先前儒学伦理缺乏思辨的弊端，为您的伦理学说提供了哲学依据，同时，也使整个儒学的伦理思想更加系统完备，更加富有哲理。

子思创造性地提出了"天人合一"的思想。他着眼于天道与人性的关系，提出"诚"的概念，认为"中和"即为"诚"，"诚"与"中和"在本质上是一致的。他说："诚者，天之道也；诚之者，人之道也。"（《中庸》）诚，是上天的准则；追求诚，是为人的准则。"诚"是一种精神状态，是天道和人道沟通连接的桥梁。他的"天人合一"思想，后经孟子的丰富发展，成为儒学关于天人关系的基本观点。

子思说："诚者物之终始，不诚无物。"（《中庸》）"诚"是产生万物的本源，如果没有"诚"，也就没有万物。这里，主观上的"诚"是第一性的，客观存在的"物"是第二性的，不免带有唯心主义色彩。"诚"作为一种道德准则，是子思思想体系的最高范畴，也是"思孟学派"对儒家思想的创新发展，从而为儒家思想奠定了坚实的哲学基础。

子思强调，要想治理好国家、管理好百姓，必须从修身或诚身做起。他说："知、仁、勇三者，天下之达德也，所以行之者，一也。"（《中庸》）知（智）、仁、勇这三者是古今天下通行的美德，实施起来全靠一个"诚"字。知、仁、勇三者之中，知是知仁，仁为根本，勇是行仁。而要做到"知"，便必须"博学之，审问之，慎思之，明辨之，笃行之"（《中庸》），其中，学、问、思、辨，奉行了您学思并重的求知方法；笃行，即忠实践行、知行合一。这一修身或者说是达"诚"的路径和方法，充满了深邃的辩证思想。

孟子（约前372年—前289年），名轲，字子舆，邹国（今山东邹城）人，战国时期著名的思想家、教育家，与弟子一起著有《孟子》，是继您之后、荀子之前儒家学派的代表人物，被称为"亚圣"，还与您并称"孔孟"。他出生的时候，您已经西去100余年，您的孙子子思也逝世约30载，传说中孟子"师事子思""长师孔子之孙子思"之说实属谬论，《史记》所谓"受业子思之门人"更为可信。孟子的思想与子思关系密切，后人将二人思想合称为"思孟学派"。

谈起孟子这位圣人，人们最熟悉的就是"孟母三迁"的故事。其实，关于孟母教授孟子做人做事的故事有很多，诸如断杼教子、杀豚不欺子等，为人广泛称道；许多出自《孟子》的朗朗上口的成语，如"始作俑者""一曝十寒""五十步笑百步"等等，也从不同角度、不同方面阐述了做人做事的道理。

孟子认为您集古今之大成，是真正完美的圣人、理想人格的化身，因而对您推崇备至。他说："伯夷，圣之清者也；伊尹，圣之任者也；柳下惠，圣之和者也；孔子，圣之时者也。"（《孟子·万章下》）"清、任、和、时"是他心中圣人的四种类型，而您则是顺应时势、大势、趋势的圣贤。

他对您经典的评价是："孔子之谓集大成。集大成也者，金声而玉振之也。"（《孟子·万章下》）意思是说：您可以说是集大成的人。所谓集大成者，就好比演奏音乐时先敲击镈钟，进而用特磬收束一样。在《孟子·尽心上》中，他为您的超然境界与眼光所折服，由衷赞叹："孔子登东山而小鲁，登泰山而小天下。"

孟子说："予未得为孔之徒也，予私淑诸人也。"（《孟子·离娄下》）意思是说："我没有能够成为孔子的学生，我是私下从别人那里学来的。"他自言"私淑"于您，其儒学思想得您真传。自朱熹（南宋哲学家）将《孟子》与《论语》《大学》《中庸》并称为"四书"之后，人们便将你们的学说简称为"孔孟之道"。

《孟子》一书，由孟子及其弟子万章、公孙丑等汇编而成，成书于公元前250年至公元前150年之间，在"四书"中部头最大，35000余字，共计286章（原著11篇，现仅存7篇）。

孟子对您的儒家思想的传承、发展，集中体现在：

（1）您特别强调"仁"，主张仁者爱人。孟子继承了您的"仁"学，提出了"仁政"思想，指出百姓对于国家的重要性，要求君主爱民重民、宽以待民。他将您的"仁"从个人层面上升到大众层面、国家层面，发展成为一种治国理念。这是孟子最重要的政治主张。

（2）您提出"性相近也，习相远也"，孟子继承和发挥了您的学说，提出了"性善论"。他说："恻隐之心，人皆有之；羞恶之心，人皆有之；恭敬之心，人皆有之；是非之心，人皆有之。恻隐之心，仁也；羞恶之心，义也；恭敬之心，礼也；是非之心，智也。仁义礼智，非由外铄我也，我固有之也。"（《孟子·告子上》）

（3）您强调以"礼"划分社会尊卑等级，维护周朝礼乐制度和社会秩序，孟子则在认同社会等级层次的基础上，主张以民为本，提出"民为贵，社稷次之，君为轻"（《孟子·尽心下》），这一"民本"思想，颠覆了儒家传统中上尊下卑的理念，作为一种先进思想，对传统儒家思想产生了巨大冲击。

（4）您作为一位教育家，始终倡导"有教无类"，孟子则创新发展了这一理念：在教育对象上，从普通的百姓发展到了君主，特别重视对君主的教育；在教育内容和方式上，作为思辨家，在教学中融入思辨精神，使教育质量大大提高；在教育目的上，注重培养服务社会、服从君主的贤人，极大增强了教育的社会功能。

（5）您强调"修己以安人"，讲求忠恕爱人，推己及人，孟子则提出养"浩然之气"，对塑造民族气节起到了巨大作用。

可见，在儒家学说形成、发展方面，您论之，孟行之，传承弘扬，一以贯之，从而构成了孔孟之道的庞大理论体系。

您和孟子都是儒家学派的集大成者，但生活的年代各有不同。您所处的春秋时期，周朝礼乐尚未完全崩坏，而孟子所处的战国时期，诸侯之间互相挞伐，早把礼乐抛至脑后。面对诸侯交战、百姓饿殍遍野的局面，愤怒之下，孟子发出了"当今之世，舍我其谁"的豪言壮语。在对"仁义"的理解上，您立足于恢复周朝礼制，创造性地提出了"仁"的概念，强调"君君，臣臣，父父，子子"，而孟子则比较激进，在他看来，"民为贵，社稷次之，君为轻"。因此，你们二人所推崇的"仁政"思想在本质上有着很大区别。

　　孟子遗憾比您晚出生百余年，无法当面向您求教，无从亲身领会您的智慧。"受业子思之门人"之后，他先后到梁、齐、宋、鲁等地游说，但常常是形单影只，没有什么弟子陪伴。在齐国，他曾当过齐宣王的客卿，但其政治意图未被采用。于是，他闷闷不乐地回到家乡，讲学授徒，著书立说，直到公元前289年在鲁国郁郁而终，享年84岁。

　　荀子（约前313年—前238年），名况，战国末期赵国人，先秦著名思想家，儒家思想的重要传承者。他早年游学于齐国，学问博大精深，曾三次担任稷下学宫的祭酒（学宫之长）。曾应秦昭王之邀，西游入秦；受楚国春申君之用，为兰陵（今山东兰陵）令。晚年从事教学和著述，韩非、李斯都是他的入室弟子。荀子继承儒学并加以创新发展，以其鲜明的特色自成一派，其思想集中体现在《荀子》一书中。

　　战国末期，儒、道、墨、法、阴阳等各种思想"百家争鸣"，儒家思想作为"显学"，内部也出现了分化，每一派都自认为得到了您思想的精髓，是儒家的正宗，视其他儒家学派为非正宗，正所谓"故孔、墨之后，儒分为八，墨离为三"（《韩非子·显学》）。因此，"非儒"成为荀子传承儒家思想的一个重要环节。他不仅要批判道、墨、法等思想，而且要对儒家其他学派进行梳理甄别。

　　荀子所"非"之儒首推"孟氏之儒"。原因有二：一是理论旨趣不同。孟子主要继承发展了您的"仁"学，强调"内圣"，即主体自觉；荀子则主要继承发展了您的"礼"学，强调"外王"，即客观约束。二是孟子思想在儒家的分化中影响最大。"孟子、荀卿之列，咸遵夫子之业而润色之，以学显于当世"（《史记·儒林列传》），而荀子则不同意孟子对您思想的理解。

荀子在"非儒"的基础上，对您的儒学思想进行了创新发展。主要体现在：

（1）"性恶论"。荀子以《荀子·性恶》整篇批驳孟子的性善说。对您的"性相近也，习相远也"，荀子和孟子的理解并无二致，但"相近"的人性是什么，他们的主张却截然相反。孟子主张"仁义礼智，非由外铄我也，我固有之也，弗思耳矣"（《孟子·告子上》）；荀子则认为孟子的性善"是不及知人之性，而不察乎人之性、伪之分者也"。他指出："今人之性，饥而欲饱，寒而欲暖，劳而欲休，此人之情性也。……顺情性则不辞让矣，辞让则悖于情性矣。用此观之，然则人之性恶明矣，其善者伪也。"他认为，如果说人性是善的，圣王、礼义等也就没有存在的必要了。正因为人性恶，圣王才创制了礼义，规范人的行为。在他看来，"凡论者，贵其有辨合、有符验。故坐而言之，起而可设，张而可施行。……今孟子曰'人之性善'，无辨合符验，坐而言之，起而不可设，张而不可施，岂不过甚矣哉？"

在批判孟子的同时，荀子还对子张氏之儒、子夏氏之儒、子游氏之儒等儒学其他派别，进行了不同程度的批判。这种批判，并非放弃儒学的原则，旨在超越儒家内部各学派，进而重建儒学思想的新体系。而这，与孟子的"六经注我""唯我独孔"大相径庭。

（2）天道观。荀子把人类社会同自然界的物质在"气"的基础上统一起来，认为"天"是客观存在的自然界，"列星随旋，日月递炤，四时代御，阴阳大化，风雨博施。万物各得其和以生，各得其养以成。不见其事而见其功，夫是之谓神。皆知其所以成，莫知其无形，夫是之谓天"（《荀子·天论》）。自然界不以人的意志为转移，"天行有常，不为尧存，不为桀亡。应之以治则吉，应之以乱则凶"（《荀子·天论》）。

荀子遵循自然界的客观规律，创造性地提出了"天人相分"的观点，指出："强本而节用，则天不能贫；养备而动时，则天不能病；循道而不忒，则天不能祸。……故明于天人之分，则可谓至人矣"（《荀子·天论》）。在此基础上，荀子立足尽人事而知天命，发挥人的主观能动性，进一步提出"制天命而用之"，强调："道者，非天之道，非地之道，人之所以道也。"（《荀子·儒效》）君子所遵循的道并不是天之道，也不是地之道，而是人道。他的一系列辩证唯物思想，在先秦诸子关于天道观的论争中，独树一帜，具有很高的理论价值和实践意义。

（3）礼治思想。荀子十分强调礼在社会生活中的重要作用，主张以礼修身，以礼齐家，以礼治国平天下。在《荀子·礼论》中，他将"礼"定义为相互联系的两个方面：其一是"养"，即所谓"养人之欲、给人之求"；其二是"别"，即所谓"贵贱有等，长幼有差，贫富轻重皆有称"。

他特别注重"礼"在自然界和人类社会中的作用，指出："从之者治，不从者乱；从之者安，不从者危；从之者存，不从者亡。"（《荀子·天论》）"人无礼则不生，事无礼则不成，国家无礼则不宁。"（《荀子·修身》）基于此，荀子极力主张"隆礼"，强调要以"礼"修身（即修身靠"礼"），认为以礼修身是学习做人的正道，不重视礼，不依礼去做，便是不走正道；有无礼义是人类与兽类的根本区别，以礼修身是促使人类强盛的根本；以礼修身是个人生存所必需，无论衣食住行还是礼仪交往，都应该符合"礼"的规定。

他格外注重"修"的作用，强调要以礼"修"身（即身靠礼"修"）。他指出，"性者，本始材朴也"（《荀子·礼论》）人的本性就是人天生的可以用来修养的自然材质；"今人之性，固无礼义，故强学而求有之也"（《荀子·性恶》），人本性恶，必须用礼义来加以矫正。在论及老师的作用时，他说："无礼，何以正身？无师，吾安知礼之为是也？"（《荀子·修身》）没有礼，就不能端正人的行为；没有老师，就不知道礼是什么样子。

（4）君民关系。"君者，舟也；庶人者，水也。水则载舟，水则覆舟。"（《荀子·哀公》）执政者像是一条船，而广大的民众犹如河水，水既可以把船载负起来，也可以将船淹没。这一思想，进一步丰富发展了您和孟子的"民本"思想，为历代的统治者提供了价值引领，对尊重民意、执政为民发挥了积极的促进作用。《贞观政要·政体》中说："君，舟也；人，水也。水能载舟，亦能覆舟。"对此，唐太宗李世民极为赞赏。

以上对于子思、孟子和荀子思想的认知，乃孙儿学习思考的粗浅收获，想必定会有一些偏颇不当甚至谬误之处。这里，权当竖个靶子，恳请老祖批评指正！

孙儿

2022 年 8 月 11 日

孙儿：

来信收悉。从你对子思、孟子、荀子一脉儒家思想继承发展情况的分析梳理中，可以看出你执着的儒学情结。对此，我作为儒家学说的开创者，倍感欣慰！

子思作为我唯一的孙子，出生于我 69 岁那年，他的乖巧、孝顺是我晚年最大的安慰。记得有一次他来跪拜，见我在叹息，便问："是不是在担心子孙不学无术有辱家门？"我很惊讶，问他如何知道，他说："我从开始学吃饭，就听您说如果父亲劈了柴而儿子不背就是不孝。我要继承父业，从现在开始就努力学习，毫不松懈。"我听了以后，捋着胡子高兴地说："这下我不用再担心了。"没承想，他果真实现了自己的诺言，在传承儒家思想方面拥有了独到的建树——创造性地发展了中庸思想，使"中庸之道"成为人生之道、治世之道，并以《中庸》一书奠定了其在儒学史中的地位。

其实，"中庸"作为一种思想方法，渊深源远。尧让位给舜时，即强调治理社会要"允执其中"，周公力促"中德"，强调用刑要做到"中正"。在此基础上，我首创"中庸之道"，主要包含三层意思：

一是中不偏、庸不易。人生不偏离、不轻易变换自己的目标和主张。正所谓"中庸之为德也，其至矣乎！民鲜久矣"（《论语·雍也》）。中庸作为一种道德，该是最高等的了！但人们缺乏这种道德已经很久了。

二是中正、平和。守礼的关键在于"敬"，保持敬重、敬畏之心，方能做到中正、平和。

三是好用。"中"是"好"的意思，"庸"同"用"，乃中用之意。人要拥有一技之长，做到对社会有用。所谓"致中和""尊德性""道问学"等"中庸之道"思想，体现了人的内在心性与外在修为的统一，是儒家思想的最高标准和君子的理想人格，也是儒家待人处世的重要思想方法。

关于孟子，他与我相差百余年，难得他对我的儒家学说偏好、推崇。你知道，面对春秋末期的礼崩乐坏，我大声疾呼要"克己复礼"，恢复周朝礼乐制度，在此基础上，第一次提出了"仁"的概念，倡导仁者爱人，强调以"礼"来划分社会尊卑等级，主张"君君，臣臣，父父，子子"，这是恢复礼制、治国安邦的根本之策。

围绕"仁"这方面，如果说孟子有什么丰富发展的话，最鲜明、最重要的莫过于他的"民本"思想，就像你信中所讲，用他的话说，就是"民为贵，社稷次之，君为轻"。当然，作为战国时期儒家思想的集大成者，他的"性善论"等重要观点，对后世所产生的影响极其深远。至于他的"亚圣"之冠，亦名副其实。

关于荀子，他作为战国时期儒家学说的代表人物，与我相距160余年。人们对他印象最深的，恐怕就是他的"性恶论"。正因为人性本"恶"，所以他才特别强调习俗和教育对人的后天影响，并以此来修正人的"恶"，进而帮助人弃"恶"向"善"。他继承发展了儒家学说中"礼"的思想，注重"礼"对于人和社会的重要作用，突出强调"人无礼则不生，事无礼则不成，国家无礼则不宁"。礼治思想可以说是他政治思想的核心内容。

写到这里，我不得不申明，作为一名久已作古的老者，对后世人间诸生的任何评价，都是违背历史规律的。但从与你的书信往来中，我对他们有了些微的了解和认知，而这种了解和认知又相对浅陋。所以，以上这些文字，纯属有感而发。

老祖

2022 年 8 月 14 日

24

传承（2）：
董仲舒 张载
『二程』（程颢和程颐）
朱熹 王阳明

对您及您所创建的儒家思想的敬仰、推崇和弘扬，是两千多年来历代思想家，特别是儒家学者的共识与追求。但无论人们如何费尽心血、苦苦求索，都难以一览无余地透视您的内心，洞若观火地体察您的思想境界。……《诗》有之："高山仰止，景行行止。"虽不能至，然心乡往之。

老祖：

是的，让先人来评价后人，的确不免会犯常识性错误。作为孙儿，通过书信这一特殊的方式，向您汇报自己的所见所闻、所思所想，让您在冥冥之中感悟后人对您的敬仰，本也无可厚非。因为时空会穿越，万物有灵气，所以，就历史上对儒家思想传承发展作出突出贡献的思想家，这里还想再提几位——董仲舒、张载、"二程"（程颢和程颐）、朱熹、王阳明。

先说董仲舒。董仲舒（前179年—前104年），是西汉政治思想家、哲学家和今文经学大师，广川（今河北景县）人，汉景帝时任博士，讲授《公羊春秋》，其主要著作为《春秋繁露》。他一生历经文帝、景帝、武帝三朝，度过了西汉王朝的极盛时期。他为人廉直，儒雅博通，治学专精，被时人称为"汉代孔子"。

公元前104年病故后，被汉武帝赐葬于长安下马陵。

公元前134年，汉武帝吩咐各地推荐贤良学士，董仲舒被荐参加策问。围绕天人关系等问题，汉武帝连续对他进行了三次策问——第一策，问的主要是巩固政权统治的道理；第二策，问的主要是治理国家的方略；第三策，问的主要是天人感应的问题。董仲舒所对凡三，集中体现了他的政治思想，世称"天人三策"。

董仲舒对发展儒家思想的最大贡献，就是提出了著名的"罢黜百家，独尊儒术"。他把儒家思想与社会需要相结合，创建了一套以儒学为核心的新的思想体系，这一思想体系以儒家宗法思想为中心，将神权、君权、父权、夫权贯穿，倡导"三纲五常"，深得汉武帝赞赏并在全国推广开来。

他主张"诸不在六艺之科孔子之术者，皆绝其道，勿使并进"（《汉书·董仲舒传》），凡是不属于六艺学科、无关乎孔子学术的学说，都要断绝它们传播的渠道，不能让它们与儒学一同发展，进而"罢黜百家，独尊儒术"，使儒学成为中国社会的正统思想。董仲舒的这一主张，影响长达两千余年。

董仲舒强调天人感应。他认为阴阳二气贯通一切，"天地之常，一阴一阳"（《春秋繁露·阴阳义》），"天有阴阳，人亦有阴阳"（《春秋繁露·同类相动》），天、人、社会皆因阴、阳的分布而存在与连接；天与人彼此相通，天主宰一切；天按照自己的面目创造了人，人就应该遵从天的意愿来行动。

在此基础上，他进一步提出了"君权神授"说，认为皇帝是天的儿子，是奉天命来统治世人的；人民要绝对服从君主，凡是君主喜欢的事，人民就应无条件地去做。"君权神授"说一经提出，便受到统治者的高度认可，影响极其深远，后世皇帝圣旨中所谓的"奉天承运"即有力的证明。

董仲舒力倡德主刑辅。针对当时西汉王朝简单因袭秦制、以严刑峻法维护统治的情况，他继承儒家的"为政以德"思想，提倡以德治来革除时弊，缓和地主阶级与农民之间的矛盾，强调"更化"，重视"教化"，推行礼义，主张用仁德代替酷刑，把德治教化作为巩固政权、治国安邦的基本原则和重要工具。为此，他上疏汉武帝：作为帝王，应该秉承上天的意志，以"德治"为主、"法治"为辅。他的"德主刑辅"论，直接促进了汉朝国家治理水平的提高。

在儒学的传承发展中，张载无疑是一位不可或缺的人物。张载（1020年—1077年），字子厚，祖籍大梁（今河南开封），生于长安（今陕西西安），后侨寓于凤翔眉县横渠镇（今陕西省眉县横渠镇）并在该地安家、讲学，世称"横渠先生"。

张载是宋明理学的奠基者之一，是北宋著名的思想家、哲学家、教育家，受范仲淹（北宋杰出政治家、文学家）影响，弃军从儒，一生致力于求学、问学、治学、讲学，潜心研读儒家经典，成为关学学派的创始人，著有《正蒙》《横渠易说》《经学理窟》《张子语录》等。

张载认为，人生在世，就要顺从天意，立天、立地、立人，做到诚意、正心、格物、致知、明理、修身、齐家、治国、平天下，努力达到圣贤境界。他在传承弘扬儒学的过程中留下的最有价值的精神遗产，就是被当代哲学家冯友兰称作"横渠四句"的"为天地立心，为生民立命，为往圣继绝学，为万世开太平"（《横渠语录》）。

所谓"为天地立心"，意思是天地本无心，但天地生生不息、化生万物，这是天地的心意。"天地"囊括"天地之间"，包含自然界、人类社会与个人。正如程颢所言："天地无心，以生物为心""天地无心而成化"。这就是说，天地本无心，但人有心，人的心也就是生而为人且能博爱济众的仁者之心、圣人之心。著名国学大师马一浮（1883年—1967年）总结道："学者之事，莫要于识仁求仁，好仁恶不仁，能如此，乃是'为天地立心'。"

所谓"为生民立命"，"生民"即民众，"命"指的是民众的命运。"立命"二字，初见于《孟子·尽心上》："夭寿不二，修身以俟之，所以立命也。"不论寿命长短都不改变态度，只是修身养性等待天命，这就是安身立命的方法。"为生民立命"实是为"民吾同胞"来"立命"，意思是为民众选择正确的命运和方向，进而确立生命的意义。这句话的核心意思是，要通过修身致教达到这样一种境界——不管一个人的寿命长短如何，都要保持自己的性体全德，如此，这个生命个体便可以说是已经安身立命了。

所谓"为往圣继绝学"，"往圣"指的是您和孟子所代表的先儒，"绝学"即孔孟先儒所弘扬的道学。他认为儒家圣人之学，自两汉以降，至魏晋、南北朝、隋唐，千百年来一直未能善续，故而必须努力复兴、弘扬。就儒学而言，您固然是集大成者，而宋代的诸位儒学大家则把儒学拓展提升到一个新的阶段。儒学发展至今，要论真能阐扬承继孔孟先儒之道统者，只有宋儒。

所谓"为万世开太平"，儒家以内圣为本质，以外王表功能，功能之大者，便能够为后人开出太平盛世。"为万世开太平"所表达的是先儒也是宋儒永恒的政治理想。中国传统哲学认为，最宜于为王的人是圣人，有圣人之德的人最大公无私，而大公无私，只有拥有最高境界的人才能做到。这正是"为万世开太平"的重要前提和必要条件。

可以毫不夸张地说，"横渠四句"是张载给中国传统知识分子提出的重大课题，它作为中国知识分子自古以来的精神追求，为历代知识分子所推崇，当然也是每一个中国人都应孜孜以求的理想。

提起"二程"（程颢和程颐），立马会让人想到著名的"存天理，灭人欲"，这是"二程"理学的核心思想。程颢和程颐是北宋时期的儒学大家，因是河南洛阳人，故其学说被称为"洛学"。程颢（1032年—1085年），字伯淳，号明道，世称"明道先生"，官至监察御史；程颐（1033年—1107年），字正叔，世称"伊川先生"，曾任国子监教授和崇政殿说书等职。二人曾就学于周敦颐（宋代理学思想的开山鼻祖），同为宋明理学的奠基者，世称"二程"，其理学思想主要见于《二程遗书》《二程文集》《二程经说》等。

宋代儒学主要是以理学的面目呈现的，其鲜明特点在于阐释义理，兼谈性命。"二程"作为北宋理学的实际开创者，在他们庞大的思想体系中，心理学思想极为丰富，因而后世也将他们的学说称为"身心之学"或"心性之学"。他俩的学说，以"心"为最高心理范畴，以"理"为最高哲学范畴，其核心观点就是"存天理，灭人欲"，认为"理"作为绝对本体而衍生出宇宙万物，"心"作为"理"的等同物而产生人的形体。正所谓："心，生道也。有是心，斯具是形以生。"（《近思录》）

就"二程"的理学主旨而言，兄弟俩并无二致，均以"理"作为世界本原，把"理"作为研究的对象和主题，认为"理"是创造万事万物的根源，它在事物之中，又在事物之上。但是，两人在对"理"的具体延伸、阐发以及个人性情方面，却有着较大差别。程颢是以"心"解"理"，开了以后陆王心学一派（南宋陆九渊、明朝王阳明一派，强调人的本心是道德的主体）；程颐则是将"理"与"气"对照论述，开了以后朱学一派（南宋朱熹一派，主张以天理克制人欲）。

"二程"在论述治学的方法时，提出"穷经以致用"，特别强调"格物致知"，认为格物即是穷理，即穷究事物之理，最终达到豁然贯通、直悟天理的境界；而实现"穷理"的途径和方法，主要是读书、论古今人物、应事接物等。这相较于汉儒墨守成规的治学方法，无疑是一个巨大的进步。

两宋时期，无论是学术造诣还是社会影响，最大的儒者无疑是朱熹。朱熹（1130 年—1200 年），字元晦，号晦庵，江西婺源人，南宋时期理学家、思想家、哲学家、教育家，理学的集大成者，被后世尊称为"朱子"。著有《四书章句集注》《太极图说解》《周易本义》《楚辞集注》等，后人辑有《朱子大全》《朱子语类》等。

朱熹是您的铁杆"粉丝"，对您的赞誉到了无以复加的程度，称："天不生仲尼，万古如长夜。"（《朱子语类》）上天如果不降生孔子，那么千秋万代的人们就好似生活在黑夜之中。

朱熹的理学思想与"二程"一起，统称为"程朱理学"。他的学术思想，在元朝、明朝和清朝，一直是统治阶级的官方哲学。

为何会这样？我认为，最重要的原因是他的儒家思想以理学的面目呈现，以研究儒家经典的义理为宗旨，成为一种系统的观念，是入世的哲学。这一学问关系人间万物，影响着社会发展，得到了官方和社会的广泛认可。

朱熹认为，"理"是人类社会的最高准则，也是人生的最高境界。"理"先于自然现象、社会现象而形于上，体现着事物发展的规律，是伦理道德的基本准则，相当于太极，人人皆有，物物皆有。

"气"作为仅次于"理"的哲学范畴，是有情、有状、有迹的形而下者，是铸成万物的质料，具有凝聚、造作等特性。

天下万物都是"理"和"气"的统一体，"理"和"气"的关系有主有次，"理"依"气"而生物，并由"气"展开一分为二、动静不息的生物运动，动的属阳，静的是阴，动静结合构成了世间万象。

他围绕《大学》"致知在格物"的命题，丰富发展了"二程"的"格物致知"论。在认识来源上，既讲人生而有知，又不否认见闻之知。他强调穷理离不开格物，格物方能穷其理。在知与行关系上，他认为知先行后、行重知轻。从知识来源上说，知在先；从社会效果上看，行为重。正所谓："知之愈明，则行之愈笃；行之愈笃，则知之愈明。"（《朱子语类》）认识和理解得越清楚，行动和实践就越扎实；行动和实践越扎实，认识和理解得也就越清楚。

与此同时，朱熹还在张载和程颐的"天地之性"与"气质之性"的基础上，提出了"道心""人心"的理论，指出"道心"出于天理或性命之正，本来便具仁义礼智之心，"人心"出于形气之私，泛指饥食渴饮之类。"道心"与"人心"既相互矛盾又彼此关联，"道心"需要通过"人心"来安顿，"人心"须听命于"道心"。他认为人心有私欲，所以危殆，道心是天理，所以精微，由此提出了著名的"遏人欲而存天理"的主张。

"程朱理学"是系统化的哲学及信仰体系，作为客观唯心主义的代表，虽然强调"内圣"，但"内圣"只是出发点，归宿始终是"外王"。由"内圣"而"外王"，是程朱理学的内在逻辑。

您去世之后，儒学分为八派，"程朱理学"作为思孟学派的主流，发展至明朝，出现了最著名的代表人物——王阳明。王阳明，即王守仁（1472年—1529年），字伯安，号阳明，浙江余姚人，因曾筑室于会稽山阳明洞，故自号阳明子，世称"阳明先生"。

王阳明家世显赫，天生特质，据说其母怀他超过十个月，出生之前，祖母梦见天神鼓吹云中，抱一赤子从天而降，祖父遂为他取名为"云"。他长到5岁仍不会说话，却能默记祖父所读之书。他年少有为，志存高远，入仕后，历任刑部主事、庐陵知县、南赣巡抚、两广总督、南京兵部尚书、左都御史等职，明正德十三年(1518年)，平定为患江西数十年的民变祸乱；正德十四年(1519年)，平定洪都的宁王朱宸濠之乱；嘉靖七年（1528年），平定、剿灭西南部的思恩、田州土瑶叛乱和断藤峡盗贼。但这些，尚不足以使他名垂后世，真正令他让人千古铭记的，则是他的阳明心学。

王阳明作为明代著名的思想家、文学家、哲学家和军事家，精通儒、释、道三家学说，与孔子（儒学创始人）、孟子（儒学集大成者）、朱熹（理学集大成者）并称为"孔孟朱王"，代表

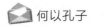

作有《传习录》《大学问》等。

王阳明对儒学的最大贡献，是首创了"阳明心学"，其精髓要义主要包括：

（1）"心外无物""心即理也"。不同于儒家的其他学派，他的心学特别强调"心"的作用，认为世间的万事万物都不在心之外，而是在内心之中，依靠人的认识而存在。事物只有被人认识，才拥有自身的价值。就像一位天仙般的美女，如果人们没有看见她、认识她，那么她的美对于人们而言有何意义？他在贵州"龙场悟道"时说："圣人之道，吾性自足，向之求理于事物者误也。"（《教条示龙场诸生》）意谓圣人之道原本存在于每个人的心中，所以根本不必向外去求什么，只需"求理于吾心"便好。

（2）"知行合一"。传统的儒家认为，知是行的开始，知的善恶关系到行的善恶，而王阳明基于传统儒学思想，创造性地提出"知行合一"的主张，认为无论是人的知还是行，都源于自我内心的道德，均是心的本体，二者不分先后、不可分离。当然，这是建立在儒家倡导的人性本善的基础上。所以，他说"知是行之始，行是知之成"（《传习录》）。

（3）"致良知"。此即王阳明的"格物致知"，亦是阳明心学的核心。他的《传习录》中有著名的"四句教"：

无善无恶心之体，有善有恶意之动；知善知恶是良知，为善去恶是格物。

意思是人的内心没有所谓的善恶，就是一个主体；人的善恶行为，皆因欲念所致；人知道了善恶，便具备了基本的良知；做人要善良，要将自己的善呈现出来，将自己的恶封控起来。

王阳明继承了孟子人性本善的思想，认为人人都有良知，此乃人之本性。"致良知"即把人的良知推广至世间的万事万物，而人们只有认识到自己的良知，并把良知延伸推广出去，方能达到与天地一体、通晓天理的境界。在此基础上，他还提出了包括省察、静坐等一系列修养道德的功夫。

"阳明心学"是明朝中晚期的主流学说，后传至日本、韩国等地，对东亚、东南亚地区的儒学发展起到了重要作用。它作为中国思想文化史上的重要学说，至今仍是学界取之不尽、用之不竭的精神"富矿"。

对您及您所创建的儒家思想的敬仰、推崇和弘扬，是两千多年来历代思想家，特别是儒家学者的共识与追求。但无论人们如何费尽心血、苦苦求索，都难以一览无余地透视您的内心，洞若观火地体察您的思想境界。

我绞尽脑汁，思来想去，还是借用西汉史学家司马迁的名言作为我这封信的结尾：

《诗》有之："高山仰止，景行行止。"虽不能至，然心乡往之。（《史记·孔子世家》）

《诗经》中说："仰望着那高耸的山峰（指高尚的品德）啊，真让人向往！放眼那通天的大道啊，不禁要迈步前行！"即使自

何以孔子

己到达不了那么高远的地方，心里却始终向往着它。

孙 儿

2022 年 8 月 18 日

孙儿：

读着你的这封来信，我的心情既兴奋又沉重。兴奋是因为我和我的儒学思想作为人们研究的对象，越来越受推崇，而且随着时代的嬗替，不断有所创新和发展；沉重则是因为我的缘故，历代众多学者陡增了如此多的困扰，花费了那么多的宝贵心力。对此，作为老祖，我实在是有些惶恐不安。

有人说，我是一部"大书"，任人怎么读也读不完、读不懂。实际上，我这本"书"既厚重又透明。所谓厚重，指的是"书"的内容十分丰富、博大精深，拥有万千气象；而是否透明，那就要看面对这部"大书"，你有没有一双睿智的眼睛，研读的时候是否得法。宋代赵普所谓"半部《论语》治天下"，乃读懂我的最好注脚。

你在来信里，一口气给我谈起西汉的董仲舒、北宋的张载与"二程"（程颢和程颐）、南宋的朱熹、明朝的王阳明等六位儒学思想传承人。从你对他们学术思想的梳理阐释中，可以看出，他们的确都是儒学大家，甚至是里程碑式的儒学权威，有的不仅是学术思想方面的大师，而且在实践层面有着可喜的建树。作为儒家学说的创始人，我是多么欣慰、多么乐见其成啊！

咱们老孔家，应该特别感谢董仲舒这位经学大师。他之所以被称为"汉代孔子"，当然与他对儒家思想的传承有关。他对我和儒家思想所做的最大贡献，就是大胆上疏汉武帝，建议"罢黜百家，独尊儒术"。

据说秦始皇统一中国后，做了件千夫所指的蠢事，那就是接受丞相李斯的建议，禁止儒生以古非今、以私学谤议朝政，实行"焚书坑儒"。公元前213年至公元前212年，秦始皇焚毁诗书，坑杀"犯禁者四百六十余人"。这对于儒家学术思想的传播，无疑有灾难性的影响，孔庙里的"鲁壁藏书"即是有力的证明。汉朝建立后，汉武帝"问策"天下，董仲舒作为一代儒士，着眼于维护汉朝的大一统，从构建居于统治地位的主流意识形态出发，建议将儒家学说作为正统思想，置于至高无上的尊贵地位。这是廓清人们的思想迷雾、有针对性地正本清源之策，就维护大汉王朝的统治而言，绝对是至关重要的。

我特别赞赏张载所说的"为天地立心，为生民立命，为往圣继绝学，为万世开太平"，作为中国的知识分子，理应有这样的使命和担当！

当年，我为什么有志于问学入仕，又为什么带着弟子周游列国？目的就是传承周公之"礼"，倡导"仁爱"精神，为大众立言立行立德，最终建设一个太平世界。可以说，这"横渠四句"寄托着传统知识分子的共同愿望和价值追求，是自古以来我国知识分子的道德风骨和精神标识，所以一直为历代知识分子所推崇与弘扬。

如孙儿所说，"存天理，灭人欲"是宋代"二程"儒学思想极其重要的观点，而这与我所提倡的"克己复礼"有异曲同工之妙。从你的信中我体会到，它作为"二程"理学的核心，在其庞大的思想体系中，具有支撑性的地位和作用。他们以"心""理"作为最高心理和哲学范畴，围绕"存天理，灭人欲"的命题，进行了深入细致的探究，这就更加凸显了儒学的理学面目与思辨意味。

朱熹是唯一非我亲传弟子而享祀孔庙、位列大成殿十二哲者的人。他所说的"天不生仲尼，万古如长夜"，将历代人对我的评价拔到无以复加的空前高度。试想，即便上天不降生孔子，不也还有老子等人吗？这让我这一介教书先生如何担待得起？但转念想来，他所说的"仲尼"，不过是一个符号，其承载的道德意蕴、哲学思想、人文精神，才像一盏辉煌闪耀的明灯，引领大众苍生踏上漫漫人生之路，坚定而又执着地前行！

我认为，朱熹作为南宋时期理学的集大成者，被尊称为"朱子"，与我一样以"子"为称，主要是因为他的儒家思想精深独到，令人难以企及。这在他《四书章句集注》《太极图说解》《周易本义》《楚辞集注》等众多著述中，便可窥见一斑。

　　王阳明作为明代著名思想家，创造性地提出了"知行合一"的主张，以个人为主体，主要围绕知行的先后、分合、难易、轻重展开讨论，与中国古代的知行观相合相承。而我，虽承认有"生而知之"者，但更加强调"学而知之"，注重学与思、知与行并重。从本质上说，他的"知是行之始，行是知之成"，与我的"知行并重"是内在贯通、一脉相承的。

　　历代诸多思想家特别是儒学大师对我及儒家思想进行了苦苦求索、执着探寻，在信的结尾处，孙儿援引司马迁"高山仰止，景行行止"的评论，对这种可贵的求索与探寻做了恰如其分的注脚。我想，这一点应该是孙儿的智慧高明之处，就你这一整篇书信而言，不啻闪亮的点睛之笔！

老祖

2022 年 8 月 21 日

褒扬：

从『褒成宣尼公』到『大成至圣先师』御书牌匾

25

面对如此盛大隆重的褒扬，作为老祖宗的我，在自得、欣慰的同时，内心亦充满了惶恐。常言道"高处不胜寒"，在此，我想对孙儿说：老祖一生，虚度73岁，从未做过有辱祖宗门风之事，"诗礼传家"乃孔氏家训，孔氏后裔定要世代秉承赓续。如此，方不枉为孔家子孙！

老祖：

前面的几封信，我就若干儒学大家对您及您的思想的研究、传承，做了粗浅的梳理，虽然不够深入全面，但依旧能略见您及您的思想对后世影响的深远。而这封信将要给您汇报的，则是您去世后，历代统治者对您的敬重与褒扬。

公元前 479 年，您怀揣着无尽的不舍，溘然长逝，葬于鲁城北面的泗水岸边（今山东曲阜"孔林"）。殁后次年，鲁哀公尊您为"尼父"，将您故里的三间老宅改作寿堂，陈列您生前使用的衣、冠、琴、书、车等，"因以为庙，岁时奉祀"，这也是孔庙（本庙）的创建之始。

公元前 195 年，汉高祖刘邦自淮南回朝，途经鲁，用"太牢"（古代祭祀时最高规格的祭品，即整牛、整羊、整猪）祭祀您，

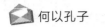

首开帝王祭孔之先河。

自汉武帝"罢黜百家，独尊儒术"，奠定儒学的正统地位，直至清朝覆亡，历代帝王都十分注重尊孔读经。据记载，先后有北魏孝文帝、唐玄宗、宋仁宗、清圣祖等皇帝亲临曲阜孔庙朝拜，有的还下令扩建庙宇，为您追封。

公元元年，即汉平帝元始元年，汉平帝刘衎追谥您为"褒成宣尼公"（纯粹是荣誉称号），成为第一位为您上尊号的皇帝。

公元 153 年，汉桓帝下诏修建曲阜孔庙，为孔庙设百石卒史一人，实行专人管理，这是孔庙由家庙向"国庙"演变的开始。由此，孔庙在朝廷及国家政治生活中的地位初步奠定。

南北朝时期，您的地位发生了历史性转折，祭孔被正式纳入国家礼仪制度。公元 472 年，北魏孝文帝整肃祭孔礼仪，下诏全国各地在郡县立学祭祀孔子，确立了国家在学校内祀孔的礼制，为孔庙与学校合而为一奠定了基础。

公元 489 年，北魏孝文帝"立孔子庙于京师（今山西大同）"，这是历史上第一次在孔子故里曲阜以外的地方建立孔庙。

之后，孔庙逐步遍及华夏大地，南梁、北齐、北周等都广建孔庙，北齐太祖高欢诏封您为"素王"。

公元 581 年，隋文帝赠您为"先师尼父"，国子监开始于每年四季第二个月的上丁日为您祭祀。

至唐代，各地孔庙进一步增多。唐高祖李渊于公元 619 年下诏：国学分别立周公、孔子庙各一所，四时致祭。尔后，"庙学合一"成为定制。公元 627 年，唐太宗李世民诏令"天下学皆立周公、孔子庙"，后来停周公祀，专祭孔子，尊您为"先圣"。公元 739 年，唐玄宗李隆基追祀您为"文宣王"，祭祀用宫悬之乐，您的塑像被王者之服，面南而坐。此时，孔庙开始被称为"文庙"。五代十国时期，后周太祖郭威于公元 952 年追封您为"至圣文宣师"。

宋元时期，您的封谥进一步升级，孔庙亦得到极大的发展。公元 1008 年，宋真宗赵恒追谥您为"玄圣文宣王"，公元 1012 年改封为"至圣文宣王"。北宋末年，金兵攻入中原，第四十八代衍圣公孔端友携孔子夫妇楷木像，随朝廷南迁，避难于浙江衢州，建立了家庙，从此孔氏家族分为南北两宗。到了元代，公元 1302 年至公元 1306 年，北京建造了专供帝王祭孔的庙宇。公元 1307 年，元武宗加封您为"大成至圣文宣王"。

明朝前期，统治者对您尊崇有加，祭祀乐舞、祭物升用天子之仪。明宪宗时特别规定，天下学校孔子庙庭所在，凡遇门者下马。公元 1530 年，明世宗朱厚熜革去您的王号，下诏将您的封号改为"至圣先师"。

至清代，您及儒学思想在国家政治生活中居于崇高地位。顺治皇帝福临以京师国子监为太学，建文庙，并于公元 1645 年春正月尊您为"大成至圣文宣先师"。之后，从康熙皇帝到宣统皇帝，每位皇帝在登基前都要亲临国子监"辟雍"（原为周天子所设大学，东汉以后历代均设）讲学，并书匾高悬大成殿。公元 1906 年，祭孔由中祀升为大祀，规格达到顶峰。到清朝末年，在全国府、州、县设立的孔庙超过 1500 处。

公元 1905 年，科举制度被废除，与科举相关的孔庙也日渐衰落。据考证，始建于 1926 年的哈尔滨文庙是迄今为止我国大陆最晚兴建的一座孔庙。

据不完全统计，至今在中国，包括香港、澳门和台湾地区，共建有 2000 余处不同类型的孔庙（有的称文庙）。

清朝中叶以后，伴随着儒家思想的广泛传播，在东亚、东南亚以及欧美一些国家和地区，也建有专祀您的孔庙。

逢祭必有庙，有庙定有匾。凡游览瞻仰过曲阜孔庙的人都知道，每次虔诚地迈进一道大门，抬头总会望见主建筑上方高悬的匾额，字迹端庄大气，意蕴深邃精妙。

据记载，从清朝康熙年间至宣统年间，历代皇帝均赐文庙御书匾额并悬挂于大成殿内。目前，在曲阜大成殿内，有九块御书匾额，依次为康熙帝御书"万世师表"、雍正帝御书"生民未有"、乾隆帝御书"与天地参"、嘉庆帝御书"圣集大成"、道光帝御书"圣协时中"、咸丰帝御书"德齐帱载"、同治帝御书"圣神天纵"、光绪帝御书"斯文在兹"、宣统帝御书"中和位育"。

"万世师表"，乃康熙皇帝于康熙二十三年 (1684 年) 御笔题书，出自东晋道教理学家葛洪《神仙传》："老子岂非乾坤所定，万民之表哉；故庄周之徒，莫不以老子为宗也。"意思是说，您是千秋万世的老师和表率。

"生民未有"，乃雍正皇帝于雍正三年(1725年)御笔题书，出自《孟子·公孙丑上》："出乎其类，拔乎其萃，自生民以来，未有盛于孔子也。"圣人对于百姓，亦是同类，但远远超出了他那一类，大大高出了他那一群。从有人类以来，没有比孔子还要伟大的。意思是自有生民以来，世上就只出现了您这一位圣人。

"与天地参"，乃乾隆皇帝于乾隆二年(1737年)御笔题书，出自《中庸》："唯天下至诚……则可以赞天地之化育；可以赞天地之化育，则可以与天地参矣。"只有达到诚的最高境界的人……能帮助天地养育万物，而能帮助天地养育万物，就可以与天地并列了。意思是您的品德可以与天地并列。

"圣集大成"，乃嘉庆皇帝于嘉庆四年(1799年)御笔题书，出自《孟子·万章下》："孔子之谓集大成。集大成也者，金声而玉振之也。金声也者，始条理也；玉振之也者，终条理也。始条理者，智之事也；终条理者，圣之事也。"孔子可说是集大成的人。所谓集大成者，就好比演奏音乐时先敲击镈钟，最后用特磬收束一样。先敲击镈钟，是节奏条理的开始；用特磬收束，是节奏条理的终结。条理的开始，是智的体现；条理的终结，是圣的体现。

这里以音乐作喻，赞扬您善于把单个音符，按照音乐的旋律组合成美妙的乐章。意思是您能将古圣先贤的美德集于一身，形成自己的道德思想。

"圣协时中"，乃道光皇帝于道光元年(1821年)御笔题书，语出《中庸》："君子之中庸也，君子而时中。"意为您的学术思想、个人情操，都是能顺应时代潮流且合乎客观实际的。寓意为尊崇孔圣之道协和万邦，凡事处置得体、恰如其分，以求事业顺畅、国泰民安。

"德齐帱载"，乃咸丰皇帝于咸丰元年（1851 年）御笔题书，语出《中庸》："仲尼祖述尧舜，宪章文武；上律天时，下袭水土。辟如天地之无不持载，无不复帱。"意思是您的学术思想和个人品德，可以经天纬地，无所不包，完美无缺。

"圣神天纵"，乃同治皇帝于同治元年（1862 年）御笔题书，"圣神"语出《孟子·尽心下》："充实之谓美，充实而有光辉之谓大，大而化之之谓圣，圣而不可知之之谓神。""天纵"语出《论语·子罕》："太宰问于子贡曰：'夫子圣者与？何其多能也？'子贡曰：'固天纵之降圣，又多能也。'"这是说您是顺天应时而生的圣人，被上天赋予了各种美德与才艺。

"斯文在兹"，乃光绪元年（1875 年）光绪皇帝御书，语出《论语·子罕》："子畏于匡，曰：文王既没，文不在兹乎？天之将丧斯文也，后死者不得与于斯文也；天之未丧斯文也，匡人其如予何？'"孔子在匡地被围困时说："周文王死后，文明礼乐不是保存在我这里吗？如果上天要消灭这种文明礼乐，那我这个后死之人也就不会掌握这种文明礼乐了；如果上天不想灭除这种文明礼乐，那匡地的人又能把我怎么样呢？"意指世间所有文化，皆汇聚于您这个儒学创始人。

"中和位育"，乃清朝末代皇帝溥仪题书，出自《中庸》："喜怒哀乐之未发，谓之中；发而皆中节，谓之和。中也者，天下之大本也；和也者，天下之达道也。致中和，天地位焉，万物育焉。"意思是若按圣人的中和之道治世，天地间一切事物就能各就其位、各行其是，达到和谐的境界。

凡是细心的方家都会发现，上述牌匾几乎是以同样的规格，被仿制并悬挂于全国各地的孔庙之中。而无论是哪所孔庙，定会高悬一块"万世师表"的牌匾。何以如此？

关于"万世师表"牌匾的由来，尚需追溯至1684年，即康熙二十三年。这一年，南明残余已被消灭，三藩之乱业已平息，天下初定。康熙帝为了检阅自己打下的大好河山，笼络仁人志士，谋划以文治世的恒久之策，开始了他的第一次南巡之旅。

康熙从北京出发，一路上去了泰山，祭祀了三皇五帝，又去了南京明皇陵，祭奠了洪武帝。他对沿途各地百姓十分关心，告诫当地官员不得胡作非为，并给前来参拜的百姓发放银两。一个月之后，他到达了您的（当然也是孙儿的）家乡——曲阜。

康熙自幼研读"四书五经"等儒家经典，可谓半个儒家学子，对您这位天下士人的祖师爷无比敬重。他饶有兴致地来到孔庙，在奎文阁前走下步辇，庄重有加地步行至大成殿，面对您雍容谦和的圣像，行三跪九叩的弟子之礼，并献上亲笔书写的祝文，文中盛赞您"开万世之文明，树百王之仪范"。在诗礼堂，他接见了以时任衍圣公孔毓圻为首的您的后人。以孔尚任（您的第六十四代孙，戏剧《桃花扇》的作者，后由秀才成为国子监博士）

为代表的孔家后生向他进讲了《易经》《大学》等儒家经典。之后，他参观拜访了您的各处遗迹，当即下旨解决孔林拥挤、孔家后人无处下葬的问题，同时为孔家免去一年赋税。

待回到大成殿前，康熙郑重取出自己亲笔题写的"万世师表"四字，并为此批注道："至圣之道，与日月并行，与天地同运。万世帝王，咸所师法。"赞扬您的至圣之道如同天地般宽广、长久，如同日月般明亮、不衰，历朝历代的帝王威严均源于学习您的至圣之道。同时，他还下旨将御书"万世师表"制成牌匾，挂于大成殿，以宣扬儒家教义，垂示后人。

他再三强调，与前朝历代帝王相比，自己更加尊崇您这位圣人。他执弟子之礼，亲自祭拜您且没有用金银等恶浊之物。同时，为表明他的崇敬之情，他还将自己的皇帝仪仗留在了孔庙，并叮嘱孔家后人：以后祭祀都要用这些东西。

在曲阜祭祀您的几天里，康熙还与孔家后人秉烛夜谈，研究探讨《大学》《中庸》等经典著作，随行的大学士高士奇曾多次劝他早些休息，保重龙体，他却说读书让他乐此不疲。

康熙成功利用这次祭祀，让天下读书人看到了他对儒家的推崇和对文治的执着。自此，康熙尽收天下志士仁人之心，这无疑为后来的"康乾盛世"奠定了坚实的基础。

第二年，"万世师表"的牌匾被摹刻颁发于全国的府州县学，各地的孔庙和学堂都纷纷挂上了这块牌匾。这就是"万世师表"牌匾的由来。

但令人始料未及的是, 280 多年后, 曲阜孔庙大成殿这块康熙御书的"万世师表"牌匾, 却在"文化大革命"中被无端焚毁。

幸运的是, 康熙的御书真迹没有被毁。2017 年 7 月, 台北故宫博物院推出一次特展, 名为"万世师表——书画中的孔子"。展品中, 赫然陈列着康熙御书"万世师表", 作品长 393 厘米, 宽 109.2 厘米, 左侧落款"康熙甲子孟冬敬书", 并配有一钤印, 内容为满汉两文的"广运之宝"。据说该展品系孔家收藏的原物, 是您的第七十七代孙孔德成从大陆带到台湾的, 此物经多位历史学者的缜密考证, 判定就是康熙亲笔书写的原件。

老祖, 在历朝历代对您的褒扬中, 我分明看到了您的伟岸高大。透过一块块端方庄重的牌匾。我感悟到了您的地位之崇高、影响之深远。写到这里, 我油然想起《论语·子罕》中达巷党人的感叹:"大哉孔子!"

孙儿

2022 年 8 月 25 日

孙儿:

读着这封来信, 让我产生了两点惊异: 一个是, 我作为一名胸有宏图大志的儒者,奉行"仕而优则学,学而优则仕",生前周游列国,历经磨难,最后郁郁而终,可作古之后,竟然有那么多的王朝将我的思想视为正统、奉为圭臬。另一个是,竟有那么多的皇帝亲临咱的老家曲阜,以空前的规格和礼制祭祀我,并亲笔御书、赐匾于大成殿。这对于我和孔家的子孙来说,是何等的荣耀!

咱们老孔家,首先要特别感谢鲁哀公,是他在我去世后次年,尊我为"尼父",将阙里三间老宅改建为孔庙,成为在孔庙(本庙)祭祀的开端;另外要特别感谢汉高祖刘邦亲临曲阜,用最高规格的"太牢"祭祀我,开启了帝王祭孔之先河;还要特别感谢汉平帝刘衎追谥我为"褒成宣尼公",开创了历史上皇帝为我上尊号的先例。

孙儿信中说,自汉武帝"罢黜百家,独尊儒术",至清朝覆灭,先后有北魏孝文帝、唐玄宗、宋仁宗、清圣祖等皇帝亲临曲阜孔庙祭拜我。其间,虽有短暂的反复曲折,但尊孔读经扩庙的大趋势始终没有改变。

粗略算来,仅皇帝给我的封号,就有隋文帝的"先师尼父"、唐太宗李世民的"先圣"、唐玄宗李隆基的"文宣王"、五代十国时后周太祖郭威的"至圣文宣师"、宋真宗赵恒的"玄圣文宣王"与"至圣文宣王"、元武宗的"大成至圣文宣王"、明世宗朱厚熜的"至圣先师"、清顺治帝的"大成至圣文宣先师"等,实在让我受宠若惊。

更令我愧不敢当的是，在中国共建有 2000 余处不同类型的孔庙（有的称文庙），在东亚、东南亚以及欧美国家和地区，也建有不少孔庙。尤其是中国的孔庙，庙中有匾成为惯例，仅在曲阜孔庙的大成殿内，就高悬着康熙"万世师表"、雍正"生民未有"、乾隆"与天地参"、嘉庆"圣集大成"、道光"圣协时中"、咸丰"德齐帱载"、同治"圣神天纵"、光绪"斯文在兹"、宣统"中和位育"等九块牌匾。其中，康熙的"万世师表"御制牌匾，被广泛摹刻、悬挂于全国各地的孔庙之中。这是多么富有气派、体现尊严、令人艳羡的阵仗啊！

面对如此盛大隆重的褒扬，作为老祖宗的我，在自得、欣慰的同时，内心亦充满了惶恐。常言道"高处不胜寒"，在此，我想对孙儿说：老祖一生，虚度 73 岁，从未做过有辱祖宗门风之事，"诗礼传家"乃孔氏家训，孔氏后裔定要世代秉承赓续。如此，方不枉为孔家子孙！

老祖

2022 年 8 月 28 日

命运多舛：

"二宗"并存

刘末乱孔

"打倒孔家店"

谭厚兰事件

咱们回首过去，一幕幕往事仍然像一块块巨石，沉甸甸地压在心头。它以格外厚重的、别样的方式，始终在告诫活在当下的人们：想避免历史悲剧重演，就要敬畏先人、敬畏文化、敬畏历史；只有懂得敬畏，方能牢记历史、锁定目标、勇毅前行！

老祖：

上封信中，咱俩讨论了您及孔氏家族的荣耀时刻，让我深切体会到了生在孔门的光荣与自豪。可是，每每与人谈起您和您的学说，又不免涉及一些令人心酸的故事。虽说往事不堪回首，但忘记历史就意味着背叛，所以，就有些扯不清、理还乱的事情，孙儿总想向您诉说一番。在这些事情里，分明可见您及孔氏家族的低潮年代。

前面的信函中，已经涉及秦始皇的"焚书坑儒"，那对您及儒家学说而言，应数最悲惨的遭遇。这里，不妨从"衍圣公"这一封号说起。

衍圣公，系关于您的嫡长子孙的世袭封号。册封您的后裔始于汉高祖十二年（前195年），自从您的第九代孙孔腾被封为奉祀君，孔家嫡系长孙便有了世袭的爵位。宋至和二年（1055年），宋仁宗采纳太常博士祖无择的建议，"遂诏有司定封宗愿（即孔宗愿，您的第四十六代孙）衍圣公，令世袭焉"。历经宋、金、元、明、清、民国六个朝代和时期，中间一度改为奉圣公，后又改回衍圣公。民国二十四年（1935年），国民政府改封您的第七十七代孙、袭封三十一代衍圣公孔德成为"大成至圣先师奉祀官"。至此，世袭爵位八百八十年的"衍圣公"被废止。

衍圣公是中国封建社会享有特权的大贵族，宋代时相当于八品官，元代升为三品，明初为一品文官，"班列文官之首"，清代被特许在紫禁城骑马，在御道上行走。衍圣公居住的衍圣公府（今孔府），规制仅次于明清皇宫。曲阜孔氏家族受历代帝王追封赐礼，谱系井然有序。

衍圣公因得益于先祖荣耀，成为中国历史上经久不衰、地位显赫的特殊公爵。由于与皇家的特殊关系，衍圣公便成为笼络人心、巩固封建政权的"工具"，以致在宋、金、元三朝，孔氏后裔册封出现了"二宗"并存的乱象：

靖康二年（1127年），金灭北宋，康王赵构在南京（今河南商丘市南）建立南宋，改元建炎，后建都临安（今浙江杭州），是为宋高宗。建炎二年（1128年），您的第四十八代嫡长孙孔端友陪高宗在扬州祀天，后随之南迁，寓于衢州（今浙江省衢州市），受命兴建家庙，供奉孔子夫妇楷木像，是为"南宗"。

宋廷南迁后，建炎四年（1130年），金朝扶植刘豫建立政权，伪封"大齐皇帝"，改元阜昌。阜昌三年（1132年），封孔端友胞弟孔端操之子孔璠为衍圣公。伪齐政权被推翻后，金朝第三位皇帝完颜亶（即金熙宗）于天眷三年（1140年）继封孔璠为衍圣公，是为"北宗"。

此后，蒙古族起兵南下，您的第五十一代孙、衍圣公孔元措随金政权迁往汴京，曲阜孔庙则由其族兄孔元用主持祀事。蒙古族占领曲阜，先后以孔元用、孔之全父子为衍圣公。如此，宋、金、元三朝并起，各有一个衍圣公。

元朝统一中国后，元世祖忽必烈接受大臣上疏建议，钦定"南宗"为"衍圣公"，令其从浙江衢州搬回山东曲阜奉祀。

南宗第六代"衍圣公"孔洙奉诏入京，对元世祖说，六代先祖都葬于衢州，且衢州有家庙、祖坟，实在不忍放弃，愿将"衍圣公"爵位让于孔氏"北宗"。

元世祖称赞他："宁违荣而不违亲，真圣人之后也。"于是，曲阜的"北宗"成为孔氏正宗。

元成宗元贞元年（1295年），孔之全长子孔治奉诏袭封衍圣公。由此，结束了长达一百多年的双宗并立局面。

延祐三年（1316年），元仁宗罢黜庶支孔思诚而以孔思晦（您的第五十四代孙）袭封衍圣公，并授中议大夫，列正四品。从此，元、明、清三朝衍圣公之位，一直由此脉延续。

至此，关于南孔、北孔以及所谓孔氏正宗之争，不辩自明。

毫无疑问，南孔、北孔皆为历史使然，因所袭封衍圣公不同而各异；衍圣公不是孔家自封的，均系历代最高统治者皇帝御封，带有政治象征意义。因此，无论南孔还是北孔，衍圣公总是真的；自元仁宗册封的衍圣公孔思晦至清朝最后一位衍圣公孔令贻，衍圣公不分南北、只此一家；不属衍圣公一脉的，则只能属于孔氏家族的分支。直到今天，祭祀您的正宗，依然是曲阜孔氏而非衢州孔氏。

衍圣公身份特殊，地位显赫，世袭罔替，难免令人觊觎、垂涎，后梁乾化三年（913年），就发生了"刘末乱孔"的闹剧。

话说南朝刘宋元嘉十九年（442年），朝廷下令让靠近孔林的五户百姓充任孔林洒扫户（专司打扫卫生），并免除其徭役，代代世袭。这五户人家原本姓刘，依仆随主姓之俗改为孔姓，其中包括孔景一家。

唐末至五代十国时期，孔氏后裔虽然人数不少，但定居曲阜的为数不多。当时，宦官乱政，时局不稳，唐朝皇室优待孔氏家族的程度远不如以往，您的第四十二代嫡长孙孔光嗣，仅被任命为泗水主簿，未能承袭文宣公的爵位。

后梁乾化三年，孔景的后裔孔末（刘末）趁天下大乱，伙同暴徒将曲阜阙里的孔氏后裔一一杀害。随后，又到泗水杀了孔光嗣，夺权没产，俨然以孔子嫡裔自居。此时，孔光嗣的独生子孔仁玉刚满九月，被其母亲张氏抱回张羊村娘家，在张氏的双亲张温和乐氏的藏匿保护下，幸免于难。孔仁玉在母亲的抚养下长大成人，九岁便精《春秋》、通六艺，才貌双全。

后唐明宗长兴元年（930年），孔氏嫡裔将孔末乱孔之事告之官府："曲阜令孔末非圣人之后，光嗣有子名仁玉，现育于外婆张氏家中。"

后唐明宗惊悉此事，立即派人到曲阜详查，确认情况属实，遂下令将孔末处死，命孔仁玉任曲阜县主簿，主孔子祀。长兴三年（932年），孔仁玉任龚邱县县令，袭封文宣公。后晋高祖天福五年（940年），改任曲阜县令。

广顺二年（952年）六月，后周太祖郭威路经曲阜，拜孔庙及孔墓，赐孔仁玉五品官服，并授孔仁玉为曲阜县令兼监察御史。由此，孔氏家族历经劫难，终于在孔仁玉这一代中兴。所以，孔氏后人尊称孔仁玉为"中兴祖"。

至于坊间传说的孔、刘二姓一度"不通婚"，盖皆因"刘末乱孔"而致。

翻开中国近代史，对您及您的儒家思想影响最大的，莫过于五四时期的"打倒孔家店"。

提起新文化运动，立马令人想起那句响亮的呼号："打倒孔家店，救出孔夫子。"

新文化运动是中国近代以来影响十分深远的一场思想解放运动，极大激发和影响了国人尤其是青年知识分子的爱国救国热情，为五四运动奠定了坚实的思想基础。

新文化运动的核心，是高举民主、科学的大旗，提倡新道德，反对旧道德，那时，破除精神桎梏的有效手段，似乎就是"批孔""打孔家店"。

"孔家店"是指儒家学说在漫长的社会发展中形成的思想、道德和文化体系，深刻影响着人们的精神世界和国家意识形态，其作用是多方面的。以陈独秀、李大钊为代表的新文化运动主将，面对袁世凯背离民主共和的复辟帝制，强烈反对立"孔教"为"国教"；在东西方文化、新旧文化之争激烈的情况下，提倡打破"唯儒是尊"，剔除传统文化中的糟粕，吸收西方文化好的一面。尔后，随着马克思主义传入中国，又集中于批判封建道德，而不是全盘否定儒学。

1915 年陈独秀创办《青年杂志》（即《新青年》），指出儒学不适于现代生活，是中国社会进化的障碍。1916 年 2 月，作家易白沙在《新青年》上发表《孔子平议（上）》，第一次指名道姓地批评孔子，拉开了"打倒孔家店"的序幕。陈独秀、李大钊指出，孔子乃"历代帝王专制之护符"。特别是 1918 年鲁迅的第一篇白话小说《狂人日记》，赤裸裸揭露了"吃人"的"仁义道德"，将反对旧道德和封建文化提升至新境界。

胡适首次提出"打孔家店"，是在 1921 年 6 月 16 日为《吴虞文录》作序时。"打倒孔家店"与"打孔家店"只有一字之差，但内涵、情感和所指明显不同。

现代思想家、新文化运动倡导者钱玄同，明确提出要打"孔家店"的"老店"和"冒牌"店：打"老店"，是摒弃"早已虫蛀、鼠伤、发霉、脱签"的部分，"断不能适用于现代"的部分，并非打倒全部的孔子儒学；打"冒牌"店，就是打那些以孔子儒学为幌子，挂羊头卖狗肉的假店、黑店。

当时，许多所谓的"孔家店"，属后人披着儒学外衣所开之店，给您的儒学思想附加了莫须有的东西，揉进了太多的"私货"，导致鱼目混珠、真假难辨。鉴于此，以胡适为代表的新文化运动的旗手，才响亮提出"打倒孔家店"的口号，其真正目的，在于从"孔家店"里"救出孔夫子"！

反观今日，某些学者片面以为"五四"彻底否定传统，造成了传统文化的断裂，显然有违历史。当然，以此来指责或诋毁新文化运动，则更显得无知和轻率。

新中国成立后，要论对您及儒家思想冲击最大、摧残得最厉害的，恐怕就是"文化大革命"期间的谭厚兰事件了。

谭厚兰（1937—1982），女，湖南望城人，北京师范大学政教系学生。1966年11月10日，29岁的她率领200多人来到山东曲阜，联合当时曲阜师范学院的"造反派"，成立"讨孔联络站"。在曲阜的29天里，他们烧毁古书2700余册，各种字画900多轴，其中国家一级保护文物70余件，珍版书籍1700余册；砸毁历代石碑1000余座。

对于您及儒家学说来说，谭厚兰事件的杀伤力无疑是空前巨大、史无前例的，它摧残的不仅是孔氏家族，抨击的不仅是儒家文化，而且严重冲击了中华传统文化的根脉，在中华文明发展史上造成了巨大的阴影。这阴影无论如何去抹，也始终难以消

何以孔子

散……

孙儿

2022 年 9 月 1 日

孙儿：

读着孙儿的来信，让我从孔氏家族的幸福荣耀时刻，一下子跌入了痛苦不堪的万丈深渊。

刘末乱孔，乱的是衍圣公的秩序，破坏的是孔家的尊严。自古以来，咱们老孔家作为中国独有的大家族，"富贵无头""文章通天"，享有无上荣耀，一如曲阜孔府门前对联所言："与国咸休安富尊荣公府第，同天并老文章道德圣人家。"

刘末这个宵小之徒"乱孔"，简直是对孔氏家族的污辱，孔家有刘末这样的败类，不得不说是孔氏家族的悲哀！好在人间终有正义在，刘末之流受到了应有的惩罚！

"打倒孔家店"，严格意义上——历史也是如此，要真正"打倒"的，是"孔家店"里的赝品、附加品，而非"孔家店"里那些优秀传统文化元素，比如仁、义、礼、智、信等道德价值和君子人格。

在新文化运动中，为什么胡适等人提出要"救出孔夫子"？我想，主要是因为我作为儒家思想的创始人，对中华文化作出了突出贡献，我所倡导的礼乐制度、道德规范以及忠恕思想、大同理念等，完全符合中华文化传统，体现了时代要求。面对学术界、思想界乃至政界对我的一些非难不实之词，要解除束缚人们的精神枷锁，做到正本清源，迫切需要在剔除糟粕的同时，放下承载的太多重负，恢复儒学思想的本来面目。

从这个意义上讲，不得不说"打倒孔家店"在当时具有振聋发聩的积极作用。当然，也不能排除某些方面的消极影响。

谭厚兰事件，无疑是一个悲剧！谭厚兰，作为可怜至极的小丑，被钉在了历史的耻辱柱上。回顾中华文化发展史，也曾出现过"焚书坑儒"之类的文化灾难，但像谭厚兰事件这般的，可谓令人发指。

当时，谭厚兰才29岁，作为一名热血青年，对传统文化没有一丝敬畏之心，甚至如此无知，与其说是个人文化的沦丧，不如说是那个时代的悲哀。

今天，咱们回首过去，一幕幕往事仍然像一块块巨石，沉甸甸地压在心头。它以格外厚重的、别样的方式，始终在告诫活在当下的人们：想避免历史悲剧重演，就要敬畏先人、敬畏文化、敬畏历史；只有懂得敬畏，方能牢记历史、锁定目标、勇毅前行！

老祖

2022 年 9 月 4 日

「两创」

「四个讲清楚」

核心价值观

「夫子归来」

「儒学热」

再科学的道理，再缜密的逻辑，也必须经过历史和实践的检验，唯有如此，才有生命，方可持久，否则，就会落入虚无缥缈的奇谈怪论，最终被扔进历史的垃圾堆！千百年来，儒家思想之所以被极力推崇，成为正统思想、主流价值，说白了，就是因为好使、管用！

老祖：

历史的车轮总是以它固有的方式，滚滚向前；中华文明作为世界唯一没有中断的文明，正以它独特的样态，传承发展。进入新时代，以您和儒家思想为代表的中华传统文化，迎来了新的春天！

时间定格于 2013 年的 11 月 26 日，地点：山东曲阜。

这一天，在中华文化发展史上，注定要写下浓墨重彩的一笔。上午 9 时许，雾霾消散，晴空万里，中共中央总书记、国家主席、中央军委主席习近平来到曲阜孔府（又名衍圣公府）考察。在孔子研究院（1996 年经国务院批准在曲阜设立的儒学研究专门机构），看到展示该院研究成果的书籍和刊物，他饶有兴趣地一本本翻看。拿起《孔子家语通解》和《论语诠解》两本书，他翻阅着，说："这两本书我要仔细看看。"

随后，习近平主持召开座谈会，在听取专家学者代表发言后，表示：中华民族有着源远流长的传统文化，也一定能创造中华文化新的辉煌。研究孔子和儒家思想要坚持历史唯物主义立场，坚持古为今用，去粗取精，去伪存真，因势利导，深化研究，使其在新的时代条件下发挥积极作用。

他突出强调，要推动中华优秀传统美德的创造性转化、创新性发展（2014年9月，习近平主席在纪念孔子诞辰2565周年大会上提出，要"努力实现传统文化的创造性转化、创新性发展，使之与现实文化相融相通，共同服务以文化人的时代任务"。简称"两创"），重申"四个讲清楚"，即：

讲清楚每个国家和民族的历史传统、文化积淀、基本国情不同，其发展道路必然有着自己的特色；讲清楚中华文化积淀着中华民族最深沉的精神追求，是中华民族生生不息、发展壮大的丰厚滋养；讲清楚中华优秀传统文化是中华民族的突出优势，是我们最深厚的文化软实力；讲清楚中国特色社会主义植根于中华文化沃土、反映中国人民意愿、适应中国和时代发展进步要求，有着深厚历史渊源和广泛现实基础。（在2013年8月19日全国宣传思想工作会议上首次提出）

党的十八大召开一年之后，习近平总书记专程考察曲阜、考察孔府，并在孔子研究院主持召开座谈会，意在向世人传递一个重要信号：

中国共产党是中华优秀传统文化的忠实传承者和弘扬者，在新的时代，要大力弘扬中华优秀传统文化，带领全国人民铸就中华文化新的辉煌！这是中国共产党人的郑重宣示，也是时代的要求、人民的期盼！

回顾中国共产党的历史，第一代领导核心毛泽东十分重视中华传统文化。在毛泽东的有关讲话、报告、文章、信函、批示中，他经常尊称您为"孔夫子"，称赞您为"中国封建社会的圣人"。

据《毛泽东读书集成》记载，1965年6月13日，毛泽东在杭州会见刚参观过"三孔"的越南领导人胡志明时说："孔子的家乡我去过两次，一次是四十多年前，一次是解放后。"

第一次："四十多年前"，即1920年4月11日。当时，毛泽东正在北京组织"驱张"请愿，为送别萧三、赵世炎等赴法勤工俭学从上海启程出国，他离京赴沪，路经天津、济南、泰安、曲阜、南京等地。在曲阜阙里，自幼熟读《论语》的毛泽东，无比虔诚地参观孔府、孔庙、孔林，拜谒您的坟墓。6月7日，毛泽东致信黎锦熙（教育家、九三学社创始人之一），写道："京别以来，在天津、济南、泰山、曲阜、南京等处游览一晌，二十五天才到上海。"[载于中央档案馆编：《毛泽东书法选 甲编》（一），荣宝斋出版社2013年版，第44页。]

据《毛泽东读书集成》载，就这段经历，毛泽东在1936年7月接受美国记者斯诺采访时，这样描述："在前往南京途中，我在曲阜下车，去看了孔子的墓。我看到了孔子的弟子濯足的那条小溪，看到了圣人幼年所住的小镇。在历史性的孔庙附近那棵有名的树，相传是孔子栽种的，我也看到了。我还在孔子的一个有名弟子颜回住过的河边停留了一下，并且看到了孟子的出生地。"

由此可见，毛泽东的这次曲阜之行，绝非一般游玩，而是基于对您传承的教书育人这一神圣职业的推崇热爱，所进行的深怀敬仰之心的一次实地拜谒。

第二次："解放后"，即 1952 年 10 月 28 日。毛泽东再次来到曲阜，先后参观孔庙、孔府、孔林，在您的墓前伫立很久。

据《毛泽东读书集成》载，参观孔庙大成殿时，毛泽东对众人说："'大成'是孟子对孔子的评价。孟子说：'伯夷，圣之清者也；伊尹，圣之任者也；柳下惠，圣之和者也；孔子，圣之时者也。孔子之谓集大成。'这里，孟子把孔子和几位先圣先贤进行比较，找出了'圣'之所在。"

他还说："历代统治阶级给孔子戴了很多高帽子，他的地位也越来越高，与孔子同代的鲁哀公就尊称孔子为'尼父'。汉武帝'罢黜百家，独尊儒术'，孔学取得统治地位。唐太宗尊孔子为'先圣'，唐高宗（编辑注：应为唐玄宗）称孔子为'文宣王'。宋朝加号孔子为'先圣文宣王'。元朝加封孔子为'大成至圣文宣王'。清朝加号孔子为'大成至圣文宣先师'。"之后，他幽默地说，"孔子年年有进步，代代都加封啊！"

1956年2月，毛泽东在《中国农村的社会主义高潮》一书"按语"中写道："曲阜县是孔夫子的故乡，他老人家在这里办过多少年的学校，教出了许多有才干的学生，这件事是很出名的。"

毛泽东屡次提出，要"学习孔夫子"。早在1938年10月14日，在中国共产党六届六中全会上，他便号召全党开展理论学习竞赛，特别强调："从孔夫子到孙中山，我们应该给以总结，我们要承继这一份珍贵的遗产。承继遗产，转过来就变为方法，对于指导当前的伟大运动，是有着重要的帮助的。"[载于中共中央党史研究室第一研究部编：《共产国际，联共（布）与中国革命文献资料选辑》（1983-1943）第二十卷，中共党史出版社2012年版，第638页。]

他认为，对您也要一分为二地看待，不能将您的思想教条化、迷信化、绝对化。他主张去芜存菁，对您那些消极偏执、阻碍社会发展的思想和言论，要彻底加以摒弃。

"文化大革命"期间，毛泽东对您的认知和评价发生重大变化，经常持批判态度，林彪事件之后，他批准发起"批林批孔"运动。但即便如此，毛泽东也从未否定您的学说对他自身的影响，从未怀疑您对中国教育的巨大贡献。

从毛泽东到习近平，党和国家最高领导人高度重视、亲自推动，大力弘扬以儒家思想为代表的中华优秀传统文化。在革命、建设和改革的不同历史时期，中国共产党人坚持马克思主义基本原理同中国具体实际相结合、同中华优秀传统文化相结合，实现了党的理论创新的一次次飞跃。特别是党的十八大以来，习近平新时代中国特色社会主义思想作为当代中国马克思主义和21世纪马克思主义，进一步激活了中华优秀传统文化，使中华文化焕发出前所未有的生机与活力。

时下，人们不得不思考、无法不正视这样一个问题：对中华文化的自觉自信，引起了新一轮的"儒学热"，"孔夫子"又回来了。为什么？

首要的，中华优秀传统文化是中华民族赖以生存、延续的"根"和"魂"。优秀传统文化是一个国家、一个民族传承和发展的根本，如果丢掉了，就割断了精神命脉。您亲自创立的儒家思想，作为中华文化的标志，蕴含着丰富的哲学思想、道德观念和人文精神。源远流长、博大精深的中华优秀传统文化，让人感受到了中国创造的人类文明新形态的精神特质：讲仁爱、重民本、守诚信、崇正义、尚和合、求大同。这些特质，超越时空、跨越国界，具有永恒魅力。

其次，中华优秀传统文化与社会主义核心价值观高度契合、一致。就以24字表述的社会主义核心价值观来说，国家层面——从东汉班固《汉书》里的"国富民安"中，认识到"富强"的意蕴；从《孟子》的"民为贵，社稷次之，君为轻"中，体会出"民主"的含义；从您大力倡导的"仁""礼"之中，感受到"文明"的重要；从《论语》的"礼之用，和为贵"中，让人联想到了"和谐"。

个人层面——《大学》的修身、齐家、治国、平天下，强调的是"爱国"；曾子反省的"为人谋而不忠乎"，讲的是"敬业"；仁、义、礼、智、信"五常"中"诚信"独占一席；仁者爱人、"己所不欲，勿施于人"，生动诠释了"友善"。社会层面——对"自由、平等、公正、法治"的要求，法、墨诸家论述较多，儒家学说涉及较少，但并非寻不到源头，也体现了在中华优秀传统文化基础上的创新和发展。如此算来，儒家思想与社会主义核心价值观的这种关联、融通，充分彰显了中华文化的独特魅力。

作为中华文化和中国精神的时代精华，习近平新时代中国特色社会主义思想，深深植根于中华文化的沃土之中，为激活中华优秀传统文化的生命力作出了历史性贡献。

习近平作为党和国家最高领导人，在许多场合旁征博引，对传统经典信手拈来。比如："天行健，君子以自强不息""地势坤，君子以厚德载物""诚于中者，形于外""一命而偻，再命而伛，三命而俯。循墙而走，亦莫余敢侮""不患位之不尊，而患德之不崇""老吾老，以及人之老；幼吾幼，以及人之幼""周虽旧邦，其命维新""大道之行也，天下为公"等等，无不体现着他深厚的文化功底和素养。从《习近平谈治国理政》《习近平用典》等有关著作中，人们看到大量的传统经典名言名句，深深感受到了中华优秀传统文化的无穷魅力！

"孔夫子"回来了，儒学又热起来了，既是一种思想文化传承发展的特有现象，又体现并契合了时代发展的要求。因为，研究您及您的儒家思想，是认识中国人的民族特性、认识当今中国人精神世界的重要途径。

在铸造中华文化新辉煌、建设社会主义文化强国的进程中，儒学正在以其鲜明的符号和象征意义，呈现着特有的文化价值，而您作为儒学的鼻祖，理所当然地，也以自然本真的形象，高大伟岸地矗立于世人面前。

所以，当人们膜拜您的思想、礼敬中华文化的时候，采取的方式特别庄严，格外厚重：

1984年9月，经中共中央批准，由民政部注册成立了全国性文化学术类基金组织——中国孔子基金会。

1994年10月，由中国、韩国、日本、美国、德国、新加坡、越南等国家和中国香港、中国台湾等地区的儒学研究团体共同发起，在北京成立了国际性社团组织——国际儒学联合会。

2019年8月，着眼于打造儒学人才集聚和培养高地、研究高地、普及推广高地、国际交流传播高地，中共山东省委与教育部共同成立了尼山世界儒学中心。

2019年9月，占地16.5万平方米、建筑面积5.5万平方米的社会科学类名人专题博物馆——孔子博物馆，在您的家乡曲阜正式开馆运行。

与此同时，全国很多高校和研究院所，纷纷组建各种形式的儒学研究和传播机构，涌现出一大批学养深厚的儒学大师、名家翘楚。

在儒学经典古籍研究方面，通过实施全球汉籍合璧工程等重大文化战略，汇聚大批顶尖团队和人才，推出了一系列响当当的成果。

可圈可点的是，北京大学、四川大学等相继编纂系列文献《儒藏》，已取得可喜的阶段性成果。作为您的故乡的山东省，正在编纂、即将推出大型文献——《儒典》，该文献包括1816册4789卷，堪称儒学典籍的鸿篇巨制。

与此并行且如火如荼的是，关于您及儒家思想的交流传播，在全国各地乃至全球普遍展开。550余所中外合作建立的非营利性教育机构——孔子学院（海外文化中心）、1170多个中小学孔子课堂，分布于全球160多个国家和地区。尼山书院、尼山书屋等，如当年的岳麓书院一样，迎接着来自四面八方的专家学者、普通百姓。尼山学堂、孔子学堂及各类儒学培训机构，送走一批又一批的儒学问道者。

令人十分敬佩的，还有那些曾经自带干粮，游走于乡村、社区、企业和学校的儒学专家，他们着眼于构筑民族精神家园，以传承儒家思想精华、弘扬优秀传统文化为宗旨，深入基层，传播儒学，教化百姓，打造了"乡村儒学""社区儒学"等特色品牌……

有理由相信，随着新时代文明实践的深入和美德健康生活方式的倡树，以儒家思想为代表的中华优秀传统文化，将以特有的魅力，走进人们的日常生活，滋养百姓大众的身心，助力社会主

 何以孔子

义核心价值观的践行，在新时代绽放出炫丽的光彩！

孙 儿

2022 年 9 月 8 日

孙儿：

　　"孔夫子"又回来了！孙儿信中的感叹，着实让我心潮澎湃。

　　"夫子"，多么亲切、暖人的称呼！

　　想当年，我与众弟子朝夕相处，谈经论道，每逢遇到困惑、产生争论，一句句意味深长的"夫子"，宛若夏日的凉风，总能带来丝丝的清爽，令我等沉下心来冷静思考……

　　"孔夫子"之归来，理由可以有千条万条，你信中所说的那几条点到了关键，触及了要害，我作为当事人举双手赞同。

　　让我欣慰的是，2500 多年后的今天，我有幸又站在了 21 世纪新时代的舞台上。回想历史上的几番颠簸沉浮，可谓酸甜苦辣咸五味杂陈。我最终能够重返，应该归因于在这个时代，遇到了对的人、对的事！

　　《周易·豫卦》中说：人生行事，要顺时依势。我和孙儿一样，之所以来到这个世上，是上天（大自然）的安排；我的儒家学说，

因袭于周朝盛世，创始于春秋乱世，历经代际传承，日渐精进。

儒家思想之于中华传统文化，无疑具有标志性意义。作为人类思想智慧的结晶，儒家思想既是历史的，又是现实的，它所蕴含的丰富的人文思想超越时空、历久弥新、经世致用。何以如此？我想，当是因为它的朴素的科学性、规律性、实践性。

说到朴素的科学性，自然就会让人联想到《易经》。它作为一部阐述天地万物、宇宙万象的哲学典籍，蕴含着朴素深刻的自然法则和辩证思想，被誉为诸经之首、大道之源。

我在为《易》作传时，便为它的博大精深所折服。其中，《周易》的六十四卦、三百八十四爻，表面反映的是卦象，实则包含着深刻的哲学道理。它涉及哲学、自然、天文、地理、文学、艺术等许多领域，揭示的是自然和社会乃至人类思维的一般规律，其朴素的科学性毋庸置疑。

谈到规律性，是指儒家学说作为一种庞大的思想体系，它所反复论及的仁、义、礼、智、信等思想，包括礼乐制度、君子之道等，揭示的是人与人、人与自然、人与社会之间的关系，体现了合规律性、合目的性，符合人类发展的大趋势。说到底，人们信服儒家学说所倡导的人间正道。

当然，再科学的道理，再缜密的逻辑，也必须经过历史和实践的检验，唯有如此，才有生命，方可持久，否则，就会落入虚无缥缈的奇谈怪论，最终被扔进历史的垃圾堆！千百年来，儒家思想之所以被极力推崇，成为正统思想、主流价值，说白了，就

是因为好使、管用!

　　当然,任何一种思想文化都不是一成不变的,在传承发展的过程中,厚古薄今不行,以今非古也不行,必须进行创造性转化、创新性发展,这才符合历史发展的逻辑。立足当下,要做到古为今用、创新发展,对儒家思想文化,当然也应取其精华、剔除糟粕。

　　时至今日,习近平作为党和国家最高领导人,亲临曲阜孔府考察,并在孔子研究院郑重发出弘扬中华优秀传统文化的号召,这是中国共产党人增强历史自觉、把握历史主动,不忘本来、面向未来的庄严宣示!

　　这不仅是咱们老孔家之大幸,也是全中国人民之大幸!

老祖

2022 年 9 月 11 日

28

孔夫子与马克思

大同世界

尼山之约

命运与共

　　直面当下，在建设持久和平世界、构建人类命运共同体的进程中，人们依然面临着太多太多的困惑与无奈。如果要问："世界怎么了，我们怎么办？"我会再次拎起智慧的行囊，挺起宽厚的胸膛，义无反顾地穿越时空隧道，铿锵有力地唱起我的《大同歌》：

　　大道之行也，天下为公……

老祖：

作为世界公认的伟大思想家之一，您不仅属于中国，更属于整个世界。以您的儒学思想为代表的中华文明，以 5000 多年未有中断的气势，与美索不达米亚文明、古埃及文明、古印度文明一起，铸就了人类文明的历史丰碑。在浩瀚无垠的历史长河里，不同文明彼此守望、对话交流、和谐相处，构成了人类共生、天下大同的基因和密码。

天下大同，是您追求的终极目标，也是人类普遍向往的理想社会。著名文字学家、考古学家、社会活动家郭沫若（1892 年—1978 年），曾在 1925 年 12 月 16 日出版、1926 年 1 月 1 日再版的《洪水》第一卷第七号上发表小说《马克思进文庙》。文中一段您与马克思的对话，对人类大同作了精彩描述：

——难得你今天亲自到了我这里来，太匆促了，不好请你讲演……至少请你作一番谈话罢。……你的理想的世界是怎样的呢？

……我的理想的世界，是我们生存在这里面，万人要能和一人一样自由平等地发展他们的才能，人人都各能尽力做事而不望报酬，人人都各能得生活的保障而无饥寒的忧虑，这就是我所谓"各尽所能，各取所需"的共产社会。……

——啊哈，是的呀！这回连庄重的孔子也不禁拍起手来叫绝了。——你这个理想社会和我的大同世界竟是不谋而合。你请让我背一段我的旧文章给你听罢。"大道之行也，天下为公，选贤与能，讲信修睦；故人不独亲其亲，不独子其子，使老有所终，壮有所用，幼有所长，矜寡孤独废疾者皆有所养，男有分，女有归；货恶其弃于地也不必藏于己，力恶其不出于身也不必为己；是故谋闭而不兴，盗窃乱贼而不作，故外户而不闭，是谓大同"，这不是和你的理想完全是一致的吗？

…………

——不过呢，马克思在这一个折转的联接词上用力地说：我的理想和有些空想家不同。我的理想不是虚构出来的，也并不是一步可以跳到的。我们先从历史上证明社会的产业有逐渐增殖之可能，其次是逐渐增殖的财产逐渐集中于少数人之手中，于是使社会生出贫乏病来，社会上的争斗便永无宁日。……

——啊，是的，是的。……我从前也早就说过"不患寡而患不均，不患贫而患不安"的呀！

孔子的话还没有十分落脚，马克思早反对起来了。

——不对，不对！你和我的见解终竟是两样，我是患寡且患不均，患贫且患不安的。你要晓得，寡了便均不起来，贫了便是不安的根本。所以我对于私产的集中虽是反对，对于产业的增殖却不惟不敢反对，而且还极力提倡。所以我们一方面用莫大的力量去剥夺私人的财产，而同时也要以莫大的力量来增殖社会的产业。……

——是的，是的！孔子也依然在点头称是。……尊重物质本是我们中国的传统思想：洪范八政食货为先，管子也说过"仓廪实而知礼节，衣食足而知荣辱"。所以我的思想乃至我国的传统思想，根本和你一样，总要先把产业提高起来，然后才来均分……

——啊，是的！马克思到此才感叹起来：我不想在两千年前，在远远的东方，已经有了你这样的一个老同志！你我的见解完全是一致的，怎么有人曾说我的思想和你的不合，和你们中国的国情不合，不能施行于中国呢？

您与马克思的这次历史"相遇"，本是以文学形式呈现的，自然属于作家的艺术创作，是虚构的，但符合社会发展的趋势和规律，契合人类追求美好生活的天性。这是两位伟大思想家的思想交流、灵魂碰撞！

马克思是人类思想的伟人、世界无产阶级的导师，构建"各尽所能，各取所需"的共产主义社会，是其毕生的愿望和追求，"各尽所能，各取所需"的共产主义社会，就是理想社会。

在您与马克思的对话中，您就您的"大同世界"进行了十分详尽的介绍，与马克思的"理想社会"高度契合。我体会，您的"大同世界观"，至少有这样几个鲜明特征：

就社会层面来说，人人都能受到社会的关爱。全社会能做到亲如一家，照顾各个年龄段的人群，对"矜寡孤独废疾者"实行特殊的生活保障。

就个人层面来说，人人都能够安居乐业。人人有稳定的职业，可以安心地工作；男女婚配及时，拥有和乐安康的家庭，做到男耕女织、丰衣足食。此乃就物质生活而言。

就各尽其力来说，能做到货尽其用、人尽其力。人人珍惜劳动产品，无自私自利之心，在共同劳动中，人人以不出力或少出力为耻，都能尽全力地工作。这主要是就思想观念来说的。

在这般理想的大同世界里：

社会制度必然是全民公有——包括权力公有和财物公有。只有取消对权力的个人垄断，坚持权力的公有属性，才能保证社会其他方面的公有。

管理体制有利于选贤与能——天下是天下人的天下，地方是地方人的地方，天下和地方的事务，必须由民众选出的贤能之士来管理。

人际关系强调讲信修睦——处理人际关系，讲究的是信与睦。大同世界里，人人是社会的一员，社会有每人的一份，人与人之间地位平等，没有胁迫，没有依附。

社会保障要求各得其所——任何人都能得到社会的关怀，反过来又都主动关心回馈社会。人人敬老爱幼，无处不均匀，无人不饱暖。这对每个人来说，是最有实际意义的。

社会道德表现为人人为公——人人有责任心，珍惜社会财富，憎恶一切浪费，反对自私自利。

劳动态度强调各尽其力——社会为人们提供和谐优越的生存条件，人们回报社会以高度自觉的劳动。劳动作为一种内在需要，成为人们的自觉习惯。不劳而获可耻，只为自己劳动同样可耻。

写到这里，我不禁由衷感慨：您所介绍和描述的"大同世界"，不就是《共产党宣言》里的"共产主义社会"吗？此等美好，谁人不羡，谁人不想？

这何尝不是人类文明的愿景？

中国有百万年的人类史、一万年的文化史、五千多年的文明史，创造了文明赓续的辉煌奇迹。在迈向"大同世界"的进程中，中华民族与世界各民族一道，携手并进，艰辛探索，缔造了各具特色的文明形态（包括前述的四大文明等），这些文明虽所处的地域不同、国别各异，但共同构筑着人类文明发展的壮丽图景。

翻开厚重的历史，我查到了徐福东渡日本、张骞出使西域、玄奘天竺取经、郑和七下西洋……也看到了元朝时期来华的意大利商人之子马可·波罗、明朝时期来华的意大利传教士利玛窦、清朝时期来华的德籍耶稣会传教士汤若望……是他们，冒着难以想象的各种风险，给我们带来了西方的文明，给欧洲送去了东方的智慧，架起了东西方沟通交流的桥梁。虽然，人类文明不会单一直线式发展，可以说起起伏伏、磕磕碰碰、跌跌撞撞，甚至爆发战争，但发展的脚步一刻也没有停止，文明的交流始终没有中断。

联合国作为第二次世界大战的产物，成立于 1945 年 10 月，是一个由主权国家组成的国际组织，始终关注并推动人类文明的发展进步。在纽约联合国总部大厅，悬挂着一则您的至理名言"己所不欲，勿施于人"（《论语·颜渊》），同时配有美国近代著名画家诺曼·洛克威尔的马赛克镶嵌画《黄金律》，画的下面注有英语"DO UNTO OTHERS AS YOU WOULD HAVE THEM DO UNTO YOU"（中文翻译为"你希望别人怎样对待你，你也要怎样对待别人"），这体现了人类的共同价值，也是时代文明的彰显。

其实，您的"德不孤，必有邻""己欲立而立人，己欲达而达人"等经典话语，也一直为人们所恪守、所践行。

文明因交流而互鉴，因互鉴而发展。文明交流互鉴从来不是单向度的一厢情愿，没有哪个民族、国家、地域能当人类文明的看客。文明交流对话的大趋势，不可逆转。围绕"和平、发展、公平、正义、民主、自由"的全人类共同价值，人们在思考、在探索。

于是，诸多交流对话机制相继诞生。仅在中国，即出现了"南有博鳌、北有尼山"的格局："南有博鳌"指的是博鳌亚洲论坛，关注的主要是经济领域的热点问题；"北有尼山"即尼山世界文明论坛，聚焦的是文化交流、文明对话。

尼山世界文明论坛，是响应联合国世界不同文明对话倡议，以维护文明多样性、推动世界和平发展、构建人类命运共同体为使命，以您的诞生地——尼山命名，以不同文明对话为特色的文明交流互鉴平台。论坛自 2010 年 9 月起，至今已成功举办七届：

第一届，2010 年 9 月 26 日至 27 日在曲阜尼山举办，主题为"和而不同与和谐世界"；

第二届，2012 年 5 月 21 日至 23 日在曲阜尼山举办，主题为"和而不同与和谐世界：信仰·道德·尊重·友爱"；

第三届，2014 年 5 月 20 日至 23 日在山东大学举办，主题为"不同信仰下的人类共同伦理"；

第四届，2016 年 11 月 15 日至 17 日在曲阜举办，主题为"传统文化与生态文明——迈向绿色·简约的人类生活"；

第五届，2018 年 9 月 26 日至 28 日在曲阜尼山举办，主题为"同命同运 相融相通：文明的相融与人类命运共同体"；

第六届，2020 年 9 月 27 日至 28 日在曲阜尼山举办，主题为"文明照鉴未来"；

第七届，2021 年 9 月 27 日至 28 日在曲阜尼山举办，主题为"文明对话与全球合作"。

其中，第一至第四届由民间主办；从第五届开始经党中央、国务院批准，改为政府主导，由文化和旅游部、教育部、中国社会科学院、中国人民对外友好协会、山东省人民政府等联合主办（国务院侨务办公室、国际儒学联合会第七届加入），实现了举办论坛的科学化、规范化、机制化。

十余年来，论坛从尼山起步、出发，还在联合国总部举办"纽约尼山论坛"、在联合国教科文组织总部举办"巴黎尼山论坛"、在泰国举办"曼谷尼山论坛"、在北京举办"北京尼山论坛"等，与主论坛相互呼应，均取得了重要成果。

说到文明交流互通的机制化，"亚洲文明对话大会"和"一带一路"倡议不能缺席。

亚洲文明对话大会，聚焦亚洲文明交流互鉴与命运共同体的主题，是主要面向亚洲搭建的对话合作机制，2019 年 5 月 15 日在北京开幕，中国国家主席习近平出席大会并发表演讲。当晚，在北京鸟巢举办了亚洲文化嘉年华活动。

"一带一路"即"丝绸之路经济带"和"21 世纪海上丝绸之路"，由中国国家主席习近平分别于 2013 年 9 月、10 月提出，目的在于依靠中国与相关国家既有的双多边机制和区域合作平台，通过政策沟通、设施联通、贸易畅通、资金融通、民心相通，积极发展与相关国家的经济合作伙伴关系，共同打造政治互信、经济融合、文化包容的利益共同体、命运共同体和责任共同体。截至 2022 年 7 月底，中国已与 149 个国家、32 个国际组织签署 200 多份"一带一路"合作文件。

写到这里，我想说，人类同住一个地球，命运休戚与共。正像尚在流行的新冠肺炎疫情一样，你在地球那边打个喷嚏，我在地球这边便可能被影响。如今，我们传承先人的思想智慧，已经站在人类文明新高点上，只有携起手来，踔厉前行，共同创造和谐美丽幸福的"大同世界"，才能无愧于先人，无愧于时代，无愧于子孙！

孙 儿

2022 年 9 月 15 日

孙儿：

是的，"大同世界"乃人类向往的"理想社会"，为此，从上古人类的始祖开始，我们便已奋力追寻，尽管路途漫漫，但我们始终上下求索。

小说中坐着轿子来文庙的那个"大胡子"——马克思，感叹两千多年前，在遥远的东方，已经有了我这样的一个"老同志"，实在是历史的巧合、文明的际遇。

听说他有一部著作叫《共产党宣言》，号召人们砸碎万恶的旧世界、求得自身的彻底解放，最终实现共产主义。这一所有"同志"的梦想，一直引领着人们为之奋斗，为之献身。难怪与我对话的时候，他表现得那么淡定、坦然。

其实，我作为"东方"的"老同志"，在认识马克思之前，就已经与西方的哲人进行隔空对话了。

春秋战国时期，正处于人类文明的"轴心时代"。古希腊有位哲学家叫柏拉图（前427年—前347年），他在名著《理想国》中，记述了苏格拉底与派拉麦克围绕个人正义与城邦正义开展的辩论。实际上，苏格拉底作为柏拉图的代言人，在系统阐述正义的同时，也展望了心中的"理想国"。

柏拉图的"理想国"与我的"大同世界"，有着惊人的相似之处：柏拉图强调"哲人王"（国家的统治者应该由智慧的哲学家来担任，这样才能增进人类福祉），我注重贤能政治，我们都将希望寄托于个人；柏拉图和我均强调社会分工、各安其位……柏拉图的"理想国"，不就是早期西方版的"大同世界"吗？

你可知道，春秋战国时期，为聚天下英才而用之，齐桓公专门建有稷下学宫，它作为我国最早的官办大学（或科研机构），与柏拉图私人创办的阿加德米学园，差不多属于同一个时期，均处于乱世：一个是诸侯争霸、正趋向一统；一个是雅典的霸主地位由炽盛走向衰败。它们有着相同的文化和政治使命，即通过传道授业、培养人才、著书立说、参政议政等方式，履行社会责任，谋求生存和发展。这与其说是历史的巧合，不如说是人类思想家和文明史的时空感应。

在中国，可以说我是设坛授徒的祖师爷，我创建儒学并招揽门徒，目的在于以"克己复礼"拯救乱世，建设和谐有序的"大同世界"。那么，我的"大同世界"是怎么来的呢？

严格来讲，儒家思想阐述的是人类的伦理道德，描绘的"大同世界"则是中华民族的生命底色。儒家思想绝非天上掉下或凭空杜撰出来的，而是有着极其深厚的文化积淀。

上古时期，社会伦理主要以"礼"的面目呈现。《尚书》中，记载有吉、凶、军、嘉、宾五种礼仪。"礼"最初为祭祀先祖所用的供奉物品，后用于人际交往，最终表现为意识形态。

尧帝时期，国家治理靠"钦，明，文，思，安安"（《尚书·尧典》）；舜帝时期，据《尚书·舜典》记载，讲究"修五礼、五玉、三帛、二生（活羔羊和雁）、一死（死野鸡），贽（士所执）"，注重"五典克从"（指父义、母慈、兄友、弟恭、子孝）。这些，可以说是"礼"的道德表达。

中国人普遍信奉"善"，将人类生存的规律归结为德、顺、义、仁、信等抽象的伦理道德。上古时代，由于没有文字，便借助凤凰这一传说中的神鸟，记载和传承这些美德。

据《山海经·南山经》描述：丹穴山中有一种鸟，生得像普通的鸡，浑身长有五彩的羽毛，名叫凤凰。它头上的花纹状如"德"字，翅膀上的花纹状如"顺"字，背部的花纹状如"义"字，胸部的花纹状如"仁"字，腹部的花纹状如"信"字。这种名为凤凰的鸟，吃喝自然从容，唱歌跳舞潇洒，它一出现，天下就会太平。

这一神话，赋予凤凰美丽吉祥之意，表达了人类建设美好伦理社会的愿望。

基于中华民族强烈的道德意愿，我认为要建设和乐安康的理想社会，让人类走向大同，必须致力于礼制的重构。为此，我在继承上古先人特别是周公思想理念的基础上，结合春秋时期的时与势，着眼于"克己复礼"，探究并提出了理想中的"大同世界"。

据《礼记·礼运》记载："昔者仲尼与于蜡宾，事毕，出游于观之上，喟然而叹。仲尼之叹，盖叹鲁也。言偃在侧，曰：'君子何叹？'孔子曰：'……'"

意思是：有一次，年末的时候，我与弟子们参加一次腊祭（"蜡"同"腊"；腊祭是我国历史悠久的民间传统祭祀文化，指在新旧交替的岁末，人们以猎物祭祀祖先的活动），祭祀结束后，我游览于宗庙外的楼台之上，注视着远方，不禁发出一声长叹。我之所以感叹，大概是在为如今的鲁国吧。

弟子言偃（即子游，江苏常熟人，孔门七十二贤之中唯一的南方弟子。他曾在武城当县长时教百姓《诗经》，我嘲笑他"割鸡焉用牛刀"，鉴于他懂得诗书礼乐，我便时常与他畅谈有关大同、小康的问题）站在一旁，问道："作为堂堂的君子，夫子为什么长叹？"我说："……"

《礼记》中的这段话，真实记录了我提出"大同世界"的时间、场景。而"……"里权且省略的这段话（孙儿给我的信中已经涉及，此处不再重复），则是我的"大同世界观"，它描绘了一个天下为公、选贤任能，人人不分彼此、各得其所，没有争斗的和谐社会，这一社会的核心是贤能政治，即和谐社会必须依靠执政者的品德、才智来引领。这，便是我思之念之、津津乐道、为之献身的理想社会！

我提出"小康"的概念，实则缘于当时的社会现实。春秋末期，礼制遭到破坏，政局动荡不止，社会日趋混乱，与我的"大同世界"相距何其远也！鉴于此，我对弟子言偃又说了下面的一段话：

现在就不同了，天下为家，天下成了某家族的天下。大家都只顾着自己的亲人，都为自己牟利，权力靠世袭传承。于是，欺诈与纷争随之出现，人伦纲纪和社会秩序需要靠礼去约束。夏禹、商汤、周文王、周武王、周成王等圣王，无不是依靠礼来治国的。这便是小康社会。

仔细研读，你会发现，我所说的"小康"乃从夏禹开始，"大同"无疑是"家天下"之前的时代。那么，夏禹之前，在中国历史上果真有"天下为公"的"大同世界"吗？

经考证，结论是肯定的！这就是原始共产主义社会。在《山海经》这部诞生于先秦的奇书中，描述有天图、地图、人图，其中"人图"就是中华民族的早期社会：原始共产主义社会。

《山海经·大荒西经》记载了这样一个地方，叫沃民国。文中写道：

有西王母之山、壑山、海山。有沃民之国，沃民是处。沃之野，凤鸟之卵是食，甘露是饮。凡其所欲，其味尽存。爰有甘华、甘柤、白柳、视肉、三骓、璇瑰、瑶碧、白木、琅玕、白丹、青丹，多银、铁。鸾鸟自歌，凤鸟自舞，爰有百兽，相群是处，是谓沃之野。

意思是说：在西王母山、璧山和海山之间，有一个沃民国，沃民就在这里生活居住。他们生活在沃野之上，以凤鸟的卵为食，以甘露为饮品。凡是他们想吃的东西，这里都应有尽有。这里，还有甘华、甘相、白柳、视肉、三骓、璇瑰、瑶碧、白木、琅玕、白丹、青丹，同时还有许多的银和铁。鸾鸟自由地歌唱，凤鸟自在地起舞，还有各种各样的野兽，它们成群结队地相处生活在一起。这里，就是所谓的沃野。

《山海经·大荒南经》中，还记载了这样一个地方，叫载民国。文中说：

有载民之国。帝舜生无淫，降载处，是谓巫载民。巫载民盼姓，食谷，不绩不经，服也；不稼不穑，食也。爰有歌舞之鸟，鸾鸟自歌，凤鸟自舞。爰有百兽，相群爰处。百谷所聚。

意思是说：有一个载民国。帝舜生了无淫，无淫后来被流放至载地，此地的人被称为巫载民。巫载民都以盼为姓，以谷为食，他们不用纺织，就有衣服穿；不必耕作，便有粮食吃。这里，生长有擅长唱歌跳舞的鸟，鸾鸟自由自在地歌唱，凤鸟自由自在地跳舞。这里，还有各种各样的野兽，它们群居在一起。此处，是百谷聚集生长的地方。

在文中描述的载民国里，人与自然和谐相处，人与野兽同样互不干扰。这种秀色可餐、无比诱人的生产生活画面，不就是人们所希望的"原生态"吗？

当然，如果仔细寻查《山海经》等中国经典古籍，类似沃民国、载民国等殷实富足安静和谐的"原生态"之地，不胜枚举。这种"原生态"，作为原始共产主义的样态，是上古先民梦寐以求的理想生活，虽然它们被赋予了神话的色彩，且置于今天其内涵层级显得单薄肤浅，但毕竟反映了先民美好的朴素心愿。在此，我们要为上古先民的聪明智慧而喝彩！

身为先民后裔的我们，有足够的理由相信，随着经济社会的发展进步，人们的信仰会更加坚定，道德会日益完善，文化生活会进一步繁荣，社会满足人们物质文化需求的能力会越来越强。诸如"可上九天揽月，可下五洋捉鳖"之类，也早已不再只是豪言壮语！试问：这不是在向"大同世界"迈进又是什么？

"大同世界"是人类最终可达到的理想社会，代表着人类对未来的美好憧憬，体现着全人类的共同价值。"大同"就是殊途同归，意味着道并行而不悖。在走向"大同"的人间正道上，中华民族自古就推崇"协和万邦""亲仁善邻，国之宝也""四海之内皆兄弟也""亲望亲好，邻望邻好""国虽大，好战必亡"等和合思想，"和平"的种子、"大同"的思想深深嵌入了中华民族的血脉。

如今，人类已经跨入 21 世纪。全球 79 亿左右的人口、分布在 200 多个国家和地区，有黄色人种、白色人种、黑色人种等不同人种，创造了特色各异的文明。文明只有姹紫嫣红之别，绝无高低优劣之分。无论虚拟网络如何发达，人类也只有一个地球。共处同一个星球，人类要追求美好生活，避免零和博弈，走向"大同世界"，有赖于不同文明之间的对话交流。唯有如此，各民族才能平等相待，世界才会色彩斑斓，人类方可共享太平！

　　百年未有之大变局正徐徐展开，中华民族伟大复兴的历史潮流不可逆转。直面当下，在建设持久和平世界、构建人类命运共同体的进程中，人们依然面临着太多太多的困惑与无奈。如果要问："世界怎么了，我们怎么办？"我会再次拎起智慧的行囊，挺起宽厚的胸膛，义无反顾地穿越时空隧道，铿锵有力地唱起我的《大同歌》：

　　大道之行也，天下为公……

老祖

2022 年 9 月 18 日

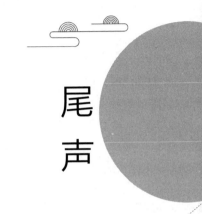

尾声

　　时间滑过我的指尖，在键盘上悄无声息地溜走。掐来算去，我与老祖之间的书信，从三月的第一封到今天，已经写了整整五十七封。……五十七封信，不单单是一组可数的文稿，它们内在贯穿着一根红线，把老祖与我紧紧连在一起。这根红线，就是孔氏的血脉。沿着这根红线，我找到了自己的所在，找到了"根"。

　　窗外，凝露成霜，枫叶携来阵阵秋风，对面的闹钟，时针再一次指向凌晨三点。我缓缓站起身来，朝着窗外的一轮明月，解放似的重重伸了个懒腰，自言自语："天行健，君子当自强不息！"

　　时间滑过我的指尖，在键盘上悄无声息地溜走。掐来算去，我与老祖之间的书信，从三月的第一封到今天，已经写了整整五十七封。

　　《说文解字》中说："信，诚也。""信"作为会意字，从人从言，意思是说，作为人，其言论应当是诚实的。"信"的引申义为"函"，反映的也是"诚"意。老祖孔子"仁、义、礼、智、信"中的"信"，乃就道德范畴而言，强调的是为人诚实厚道，不拿捏，不做作。我与老祖的对话，采用书信的形式，即是"诚"意的表达——既透视了我的内心，又窥见了老祖的世界。

　　五十七封信，不单单是一组可数的文稿，它们内在贯穿着一根红线，把老祖与我紧紧连在一起。这根红线，就是孔氏的血脉。沿着这根红线，我找到了自己的所在，找到了"根"。

何以孔子

　　五十七封信中，我以孔氏后裔的虔诚，叩问老祖：您是谁？您是什么样的人？您的思想真谛是什么？为什么2500多年之后，您又以一个伟大哲人的身份，华丽转身，回归当下，依然有那么多的人向您问道？

　　我的老祖孔子，则以长者的智慧，生动讲述了他的非凡经历、传奇故事，就后人对他和他的思想的传承、评价，做了精到的"穿越"思考。他的谦谦君子和"忠""恕"哲思，让我深悟到他为何令人"高山仰止，景行行止"！

　　的确，老祖是一部读不完的"大书"！他蕴藏着人生的学问，汇聚了自然的精华，让变幻不息的社会色彩斑斓！

　　幸哉！我生在孔门……

　　9月28日，是老祖的生日。今年是老祖诞辰2573年。

　　再过些天，举世瞩目的第八届尼山世界文明论坛，复在尼山圣境启幕。论坛以"人类文明多样性与人类共同价值"为主题，由单一学术论坛变为人文综合论坛，将进一步丰富论坛的内容，提升论坛的层次。这是思想文化的盛宴，是人类文明的对话！

　　与此同时，一年一度的祭孔大典，将以崭新的面目隆重呈现；全球"云祭孔"也会以特有的精彩，吸引世人的目光。

　　《论语·为政》中说："知之为知之，不知为不知，是知也。"知道就是知道，不知道就是不知道，这才是真正的智慧。王阳明在《传习录》中讲："知者行之始，行者知之成。"知是行的开始，行是知的完成。我深知，作为孔氏后裔，我对老祖孔子的认知尚嫌浅陋，践履的行动未能自觉，真正走进老祖的世界，还需做更多的功课！

　　"书不尽言，言不尽意"（《周易·系辞上》），隆重过完老祖的生日，我还要抖擞精神，带着太多太多的问号，敲击手中的键盘，一遍遍、一次次地向老祖叩问！

　　记得《大学》中说："物有本末，事有终始。"或许，人们会不可思议于曾子与其母亲的"啮指痛心"，但我确信，与我心有灵犀的老祖，定会再次穿越时空，与我进行灵魂的深度对话……

后记

　　"不学诗，无以言""不学礼，无以立"（《论语·季氏》）。孔子传训寄托着对儿孙的期待，无疑是亲情的最好表达，而亲情以血缘为纽带，纯真自然，无须任何矫揉造作。我陶醉于美好的亲情，感动着与别人不一样的感动，皆缘我的老祖——孔子。

　　作为孔子的第七十四代孙，我时常被人问及：你与孔子到底是什么关系？你眼中的孔子是什么样子的？如何认识他的儒家学说与中华文明？当今孔子的"回归"，对于中国和世界意味着什么？怎么理解"说不尽"的孔子、"道不完"的儒学？……那么多大大的问号绕不开，躲不过。

　　数典怎能忘祖？生在孔门，我是幸运的——头戴孔氏后裔的天然光环，享受着来自祖先的无上荣耀，这是一生最宝贵的财富。世间凡人各安其位，但又念及位德相适。孔氏后裔的应有之"德"，就是识祖、尊祖、爱祖，否则便枉为孔家子孙。

不揣学识之浅陋，在我看来，孔子作为一个有血有肉的人，首先是个敦厚和蔼的长者。在"吴带当风"的画像中，他慈眉善目，双手合十，须发飘逸，展现给世人的是一副雍容大度、谦和有礼的长者风范。驻足于尼山圣境的孔子像之前，分明感到长者就在身边。

他是智慧的化身。他被奉为"天纵之圣""天之木铎"，是最有学问的哲人。他以"仁"为核心的儒家思想，内涵丰富，博大精深，润泽中国，影响世界。他凭借人文科学、社会科学领域的巨大成就，被列为"世界十大文化名人"之首，英国科技史家李约瑟称他是"无冕皇帝"，美国文学家爱默生认为他是"哲学上的华盛顿"。他以思想者的深邃，闪耀着智慧之光。

他是无敌的仁者。"仁义"是儒学之本。他时常"梦见周公"，崇尚周制礼乐，创造性提出"仁"的思想，倡导"克己复礼为仁"，以"仁者"之心行"爱人"之事，做到"泛爱""亲仁"，达到"乐山""长寿"的忘我境界。让他无敌于天下的，乃他的为"仁"之道德操守。

他是君子的象征。整部《论语》正文 15918 字，仅"君子"一词出现 107 次。他奉行"君子"的理想人格，坚持仁德为先、忠恕有道、诚信谦逊、中庸和顺，强调"君子不器"，笃信"君子之道"，演绎精彩人生。他的不凡经历启示人们：人人皆可为君子！

…………

　　"仁"为"道"学，"仕"为"道"举。孔子既是一个理想主义者，又是一个现实主义者。为了实现"仁"的终极目标——天下"大同"，他游说列国，屡遭磨难却"不改其乐"，晚年受邀返鲁，也在删《诗》《书》，修《春秋》，志在天下……

　　孔子是一部"大书"，书中蕴含着极为丰富的哲学思想、道德规范、人文精神。作为中华优秀传统文化的重要组成部分，贯穿其中的讲仁爱、重民本、守诚信、崇正义、尚和合、求大同，是人类文明新形态的精神特质，超越时空，跨越国界，具有永恒魅力。研究并走进孔子的世界，就找到了认识中国历史文化的切入点，与世界不同文明对话也就有了自信和底气。因此，孔子的"回归"，某种意义上意味着中华文化的觉醒与复兴。

　　一百个人眼中有一百个孔子。世间关于孔子的话题千奇百怪，研究孔子的著作汗牛充栋，传记类作品屡见不鲜。但是，作为孔氏后裔，诸如孔安国、孔颖达、孔继汾等，往往以学术视角研究孔子，而孔融、孔尚任等，则偏重于诗文、戏剧创作……着眼于宏观与微观、哲思与实践相结合描写孔子的文学作品少之又少。历经多年积淀与思考，我便尝试以类似散文的笔法，写一本关于孔子的书。

　　于是，《何以孔子》以与众不同的格调，应时而生。

　　与众不同自应别出心裁。作品以孔子第 N 代孙的独特视角，采用祖孙对话的时空穿越方式，通过五十七封沉甸甸的书信，娓娓道来讲故事，谈天说地话哲理，以浓郁的思辨色彩，打破了人们对孔子的思维偏见，除却了附在其身上的不实之词，还原了身为"至圣先师"的孔子，呈现了博大精深的儒家思想，回答了"何以孔子"的历史之问、当代之问、未来之问。

"仰之弥高，钻之弥坚"（《论语·子罕》），对孔子的思想，越仰望越感觉高远，越钻研越显得艰深。心怀对老祖的礼敬，描写作为思想家的孔子，着实没有那么容易——搜集资料，构思谋篇，足足耗费了三年时光；集中撰写的八个月里，我仿佛在杏坛问道，心灵与孔子感应，思绪与老祖同频，时而走进历史，时而回归当下，一次次、一遍遍进行自我的时空穿梭。

苦哉乐哉，自在其中！

《何以孔子》的写作出版，实非一己之力所能。睿智贤惠的妻子，以自己的默默付出，赋能于我的创作，并乐当"第一读者"；求学问道的女儿，不时送上一杯热茶，让我感到惬意悠然。同时，诸多同事高水平的工作，给了我莫大的鼓励和支持；涂可国、颜炳罡等专家学者的学术指导，让我增加了足够的自信；山东友谊出版社的何慧颖社长和编辑同志，为本书顺利出版付出了艰辛劳动。在此，这厢有礼，致以诚挚的谢意。

"书，著也。"（《说文解字》）写书难，写好书更难，写好关于孔子的书难上加难。囿于自身学识，实在心怀忐忑，恳请方家不吝赐教。既然业已选择，我将"弦歌不辍"……

作者

2022 年 9 月于泉城

孔氏家谱简编

（源自孔子博物馆）

微　子

微　仲

宋公稽

丁公申

湣公共

炀公熙

弗父何

宋父周

世子胜

正考父

孔父嘉

木金父

祁　父

防　叔

伯　夏

叔梁纥

孟　皮

孔　子

第二代　　　　　　孔　鲤　北宋崇宁元年 (1102 年) 追封泗水侯。

第三代　　　　　　孔　伋　北宋崇宁元年 (1102 年) 追封沂水侯,

南宋咸淳三年 (1267 年) 加封沂国公,元至顺元年 (1330

年) 加赠沂国述圣公。

第四代　　　　　　孔　白

第五代　　　　　　孔　求

第六代　　　　　　孔　箕　为魏相。

第七代　　　　　　孔　穿

第八代　　　　　　孔　谦　相魏,封文信君。

第九代　　　　　　孔　腾　汉高祖十二年 (前 195 年) 封奉嗣君。

第十代　　　　　　孔　忠　汉文帝时为博士。

第十一代　　　　　孔　武　汉文帝时为博士。

第十二代　　　　　孔延年　汉武帝时封博士,转太傅,迁大将军。

第十三代　　　　　孔　霸　拜太师,西汉永光元年 (前 43 年) 赐

爵关内侯,号褒成君,诏以食邑奉祀孔子,子孙世袭。

第十四代　　　　　孔　福　西汉绥和元年 (前 8 年) 袭关内侯。

第十五代　　　　　孔　房　西汉建平二年 (前 5 年) 袭关内侯。

第十六代　　　　　孔　均　西汉元始元年 (1 年) 晋封褒成侯。

第十七代　　　　　孔　志　东汉建武十四年 (38 年) 袭褒成侯。

第十八代　　　　　孔　损　东汉永平十五年 (72 年) 袭褒成侯,永

元四年 (92 年) 改封褒亭侯。

第十九代　　　　　孔　曜　东汉延光三年 (124 年) 袭褒亭侯。

第二十代　　　　　孔　完　东汉建宁二年(169年)袭褒亭侯。

第二十一代　　　　孔　羡　魏黄初二年(221年)封宗圣侯。

第二十二代　　　　孔　震　西晋泰始三年(267年)改封奉圣亭侯。

第二十三代　　　　孔　嶷　东晋袭奉圣亭侯。

第二十四代　　　　孔　抚　东晋袭奉圣亭侯。

第二十五代　　　　孔　懿　东晋袭奉圣亭侯。

第二十六代　　　　孔　鲜　南朝宋元嘉十九年(442年)袭奉圣亭侯，改封崇圣侯。

第二十七代　　　　孔　乘　北魏延兴三年(473年)封崇圣大夫。

第二十八代　　　　孔灵珍　北魏太和十九年(495年)改封崇圣侯。

第二十九代　　　　孔文泰　袭崇圣侯。

第三十代　　　　　孔　渠　袭崇圣侯。

第三十一代　　　　孔长孙　北齐天保元年(550年)改封恭圣侯，北周大象二年(580年)晋爵邹国公。

第三十二代　　　　孔嗣悊　隋大业四年(608年)封绍圣侯。

第三十三代　　　　孔德伦　唐高祖武德九年(626年)封褒圣侯。

第三十四代　　　　孔崇基　武周证圣元年(695年)袭褒圣侯，唐神龙元年(705年)授朝散大夫。

第三十五代　　　　孔璲之　唐开元五年(717年)袭褒圣侯，开元二十七年(739年)加封文宣公。

第三十六代　　　　孔　萱　袭文宣公，兼兖州泗水令。

第三十七代　　　　孔齐卿　唐建中三年(782年)袭文宣公。

第三十八代　　　　孔惟晊　唐元和十三年(818年)袭文宣公。

第三十九代　　　　孔　策　唐会昌二年 (842 年) 袭文宣公。

第四十代　　　　　孔　振　唐咸通四年 (863 年) 状元及第，后袭文宣公。

第四十一代　　　　孔昭俭　袭文宣公。

第四十二代　　　　孔光嗣　唐天祐二年 (905 年) 授泗水主簿。

第四十三代　　　　孔仁玉　后唐长兴三年 (932 年) 封文宣公，被称为曲阜孔氏"中兴祖"。

第四十四代　　　　孔　宜　北宋太平兴国三年 (978 年) 袭文宣公，特迁为太子右赞善大夫。

第四十五代　　　　孔延世　北宋至道三年 (997 年) 袭文宣公，兼仙源县知县。

第四十六代　　　　孔圣佑　北宋天禧五年 (1021 年) 袭文宣公，兼仙源县知县。

孔宗愿　北宋宝元二年 (1039 年) 袭文宣公，至和二年 (1055 年) 改封衍圣公。

第四十七代　　　　孔若蒙　北宋熙宁元年 (1068 年) 袭衍圣公，元祐元年 (1086 年) 改封奉圣公。

孔若虚　北宋元符元年 (1098 年) 袭奉圣公。

第四十八代　　　　孔端友　北宋崇宁三年 (1104 年) 复封衍圣公。

第四十九代　　　　南宗孔　玠　南宋绍兴二年 (1132 年) 袭衍圣公。

北宗孔　璠　伪齐阜昌四年 (1133 年) 袭衍圣公，金天眷三年 (1140 年) 封衍圣公。

南宗孔　摺　南宋绍兴二十四年 (1154 年) 袭衍圣公。

第五十代	北宗孔 拯	金皇统二年 (1142 年) 袭衍圣公，授文林郎。
	北宗孔 摠	金大定二年 (1162 年) 袭衍圣公，兼曲阜令。
第五十一代	南宗孔文远	南宋绍照四年 (1193 年) 袭衍圣公。
	北宗孔元措	金明昌二年 (1191 年) 袭衍圣公，蒙古太宗五年 (1233 年) 封衍圣公。
第五十二代	南宗孔万春	南宋宝庆二年 (1226 年) 袭衍圣公。
	北宗孔之全	蒙古太祖二十年 (1225 年) 权袭封衍圣公，兼曲阜尹，太宗五年 (1233 年) 罢权袭衍圣公，止充曲阜尹。
第五十三代	南宗孔 洙	南宋绍定四年 (1231 年) 袭衍圣公，元至元十九年 (1282 年) 罢爵。
	北宗孔 浈	蒙古宪宗元年 (1251 年) 袭衍圣公，次年免。
	北宗孔 治	元元贞元年 (1295 年) 封衍圣公。
第五十四代	孔思晦	元延祐三年 (1316 年) 封衍圣公。
第五十五代	孔克坚	元至元六年 (1340 年) 袭衍圣公。
第五十六代	孔希学	元至正十五年 (1355 年) 袭衍圣公，明洪武元年 (1368 年) 封衍圣公。
第五十七代	孔 讷	明洪武十七年 (1384 年) 封衍圣公，班列文臣之首。
第五十八代	孔公鉴	明建文二年 (1400 年) 袭衍圣公。
第五十九代	孔彦缙	明永乐八年 (1410 年) 袭衍圣公。

| 第六十代 | 孔承庆 | 早卒，明景泰六年(1455年)追赠衍圣公。 |

第六十一代　孔弘绪　明景泰六年(1455年)袭衍圣公。

孔弘泰　明成化六年(1470年)袭衍圣公。

第六十二代　孔闻韶　明弘治十六年(1503年)袭衍圣公。

第六十三代　孔贞干　明嘉靖二十五年(1546年)袭衍圣公。

第六十四代　孔尚贤　明嘉靖三十五年(1556年)袭衍圣公。

第六十五代　孔胤植　明天启元年(1621年)袭衍圣公。天启七年(1627年)加太子太保，崇祯三年(1630年)加太子太傅，清顺治元年(1644年)封衍圣公。

第六十六代　孔兴燮　清顺治五年(1648年)袭衍圣公。

第六十七代　孔毓圻　清康熙六年(1667年)袭衍圣公。

第六十八代　孔传铎　清雍正元年(1723年)袭衍圣公。

第六十九代　孔继濩　早卒，清雍正十三年(1735年)追赠衍圣公。

第七十代　孔广棨　清雍正九年(1731年)袭衍圣公。

第七十一代　孔昭焕　清乾隆八年(1743年)袭衍圣公。

第七十二代　孔宪培　清乾隆四十八年(1783年)袭衍圣公。

第七十三代　孔庆镕　清乾隆五十九年(1794年)袭衍圣公。

第七十四代　孔繁灏　清道光二十一年(1841年)袭衍圣公。

第七十五代　孔祥珂　清同治二年(1863年)袭衍圣公。

第七十六代　孔令贻　清光绪三年(1877年)袭衍圣公，

第七十七代　孔德成　1920年袭衍圣公，1935年改称大成至圣先师奉祀官，2008年在台湾逝世。

孔 子 年 谱

（根据清人杨方晃所撰《至圣先师孔子年谱》整理）

幼年

一岁 公元前551年，周灵王二十一年，鲁襄公二十二年夏历八月廿七日，孔子生于鲁国陬邑昌平乡（今山东曲阜城东南尼山附近。今尼山下有"坤灵洞"，传说为孔子诞生地）。因父母祷于尼丘山而生，故名丘，字仲尼。

二岁 公元前550年，周灵王二十二年，鲁襄公二十三年，孔子在鲁。

三岁 公元前549年，周灵王二十三年，鲁襄公二十四年，孔子的父亲叔梁纥去世，葬于防山（在今曲阜城东二十五里处）。孔子的母亲颜征在携孔子移居鲁国都城曲阜阙里定居，孤儿寡母，家境贫寒。

四岁 公元前548年，周灵王二十四年，鲁襄公二十五年，孔子在鲁。

五岁 公元前547年，周灵王二十五年，鲁襄公二十六年，孔子在鲁。

六岁 公元前546年，周灵王二十六年，鲁襄公二十七年。孔子在母亲颜征在的教育下，自幼好礼，"为儿嬉戏，常陈俎豆，设礼容"（《史记·孔子世家》）。

七岁 公元前545年，周灵王二十七年，鲁襄公二十八年，孔子在鲁。周灵王死，其子贵立，是为周景王。

八岁 公元前544年，周景王元年，鲁襄公二十九年，孔子在鲁。

吴公子季札赴鲁观周礼（鲁系周公封地，可用天子礼乐，所以保存周礼较完备）。

九岁 公元前543年，周景王二年，鲁襄公三十年，孔子在鲁。这一年，郑国子产执政，"使都鄙有章，上下有服，田有封洫，庐井有伍"（《春秋左氏传·襄公三十年》），郑国大治。后来孔子对子产的政绩评价很高。

十岁 公元前542年，周景王三年，鲁襄公三十一年，孔子在鲁。

鲁襄公死，其子稠即位，是为鲁昭公。郑人游于乡校，议执政善否。然明劝子产毁乡校，子产不听，曰："其所善者，吾则行之；其所恶者，吾则改之。是吾师也，若之何毁之？"孔子后来在评价子产这些话时说："以是观之，人谓子产不仁，吾不信也。"（《春秋左氏传·襄公三十一年》）可见孔子对子产尊重民意评价很高。

十一岁 公元前541年，周景王四年，鲁昭公元年，孔子在鲁。

十二岁 公元前540年，周景王五年，鲁昭公二年，孔子在鲁。春，晋侯使韩宣子聘鲁，观书于太史氏，见《易象》与《春秋》，说："周礼尽在鲁矣。吾乃今知周公之德，与周之所以王也。"（《春秋左氏传·昭公二年》）此类文献概为鲁国所专藏，这是使孔子成长为中国封建社会的圣人的土壤。

十三岁 公元前539年，周景王六年，鲁昭公三年，孔子在鲁。齐国晏婴使晋，与晋卿叔向谈及齐政归陈（田）氏。齐君加重赋税，滥取于民，而陈氏则采用施恩人民、收为己助的办法以弱公室。叔向认为晋国公室也到了末世，人们听到国君的命令，"如逃寇雠"（《春秋左氏传·昭公三年》）。可见这时阶级矛盾和统治集团内部矛盾已经很尖锐了。

十四岁 公元前538年，周景王七年，鲁昭公四年，孔子在鲁。孔子说："吾少也贱，故多能鄙事。"（《论语·子罕》）说明孔子年少时曾从事过各种劳动。冬，郑国子产制定丘赋制度。

十五岁　公元前 537 年，周景王八年，鲁昭公五年，孔子在鲁。孔子说："吾十有五而志于学。"（《论语·为政》）这时，孔子在童年艰苦学习的基础上，更加自觉地在学业和品德上不断 提升完善自己。鲁国改三军为四军，叔孙、孟孙各领一军，季孙领二军。当时军、赋统一，分军即分赋，所以当时称此举为"四分公室"（《春秋左氏传·昭公五年》）。

十六岁　公元前 536 年，周景王九年，鲁昭公六年，孔子在鲁。三月，郑国铸刑书，"礼治"衰替，法治渐起。

十七岁　公元前 535 年，周景王十年，鲁昭公七年，孔母颜征在卒。此后不久，季氏宴请士一级贵族，孔子赴宴，被季氏家臣阳虎拒之门外。十一月，鲁国的执政者季武子卒。

成　年

十八岁　公元前 534 年，周景王十一年，鲁昭公八年。传说孔子身长九尺六寸，被世人称为"长人"。

十九岁　公元前 533 年，周景王十二年，鲁昭公九年，孔子娶宋女亓官氏为妻。

二十岁　公元前 532 年，周景王十三年，鲁昭公十年，孔子生子，因鲁昭公以鲤鱼赐，故取名鲤，字伯鱼。这一年，孔子开始任委吏（管仓库的小吏）。

二十一岁　公元前 531 年，周景王十四年，鲁昭公十一年，孔子改做乘田吏（管理牛羊畜牧的小吏）。孟子说："孔子尝为委吏矣，曰：'会计当而已矣。'尝为乘田矣，曰：'牛羊茁壮长而已矣。'"（《孟子·万

章下》）

二十二岁 公元前 530 年，周景王十五年，鲁昭公十二年，孔子在鲁。

二十三岁 公元前 529 年，周景王十六年，鲁昭公十三年，孔子在鲁。

晋会诸侯于平丘，子产、子大叔相郑伯以会。……及盟，子产争承（争取使郑国少贡），自日中以争，至于昏，晋人许之。孔子认为"子产于是行也，足以为国基矣"（《春秋左氏传·昭公十三年》）。

二十四岁 公元前 528 年，周景王十七年，鲁昭公十四年，孔子在鲁。春，季孙氏家臣南蒯在费地叛，费人逐之，奔齐。

二十五岁 公元前 527 年，周景王十八年，鲁昭公十五年，孔子在鲁。

二十六岁 公元前 526 年，周景王十九年，鲁昭公十六年，孔子在鲁。

二十七岁 公元前 525 年，周景王二十年，鲁昭公十七年，郯子朝鲁，在宴会上，他回答叔孙昭子之问，谈起其祖先少皞氏的官制。据《春秋左氏传·昭公十七年》记载："仲尼闻之，见于郯子而学之。既而告人曰：'吾闻之，天子失官，学在四夷，犹信。'"

二十八岁 公元前 524 年，周景王二十一年，鲁昭公十八年，孔子在鲁。宋、卫、陈、郑皆有火灾，郑国裨灶认为，如不祭天禳灾，郑国还要再次发生火灾。子产不同意这种说法，认为"天道远，人道迩，非所及也，何以知之"（《春秋左氏传·昭公十八年》）。这种观点对孔子重人道轻天道思想的形成有很大影响。

二十九岁 公元前 523 年，周景王二十二年，鲁昭公十九年。孔子学琴于师襄子（一说此为鲁昭公十七年事，今从《阙里志》）。襄子曰："吾虽以击磬为官，然能于琴。今子于琴已习，可以益矣。"孔子曰："丘未得其数也。"有间，曰："已习其数，可以益矣。"孔子曰："丘未得其志也。"有间，曰："已习其志，可以益矣。"孔子曰："丘未得其为人也。"有间，孔子有所缪然思焉，有所睪然高望而远眺，曰："丘迨得其为人矣。近黮而黑，颀然长，旷如望羊，奄有四方，非文王其孰能为此？"师襄子避席叶拱而对曰："君子圣人也！其传曰《文王操》。"（《孔子家语·辩乐解》）

三十而立

三十岁 公元前 522 年，周景王二十三年，鲁昭公二十年。孔子自称"三十而立"（《论语·为政》），即从此开始，他已奠定了治学、做人、为政等坚实的学问德业基础。根据《史记》记载，这年前后，他开始创办平民教育，收徒讲学。在最早的弟子中，比较知名的有颜路（颜回的父亲）、曾点（曾参的父亲）、子路等人。郑国子产卒，仲尼闻之，为之出涕，曰："古之遗爱也。"（《春秋左氏传·昭公二十年》）他认为子产有君子之道四焉："其行己也恭，其事上也敬，其养民也惠，其使民也义。"（《论语·公冶长》）

齐景公与晏婴来鲁，景公问孔子，秦穆公何以能称霸，孔子回答说他善于用人。（见《史记·孔子世家》）

三十一岁 公元前 521 年，周景王二十四年，鲁昭公二十一年，孔子在鲁。

三十二岁 公元前 520 年，周景王二十五年，鲁昭公二十二年，孔子在鲁。四月，周景王卒，其子猛立，即周悼王。王子朝联络旧官、百工与灵、景之族造反，杀悼王而自立。晋人攻之，立景王另一子匄，是为周敬王。

三十三岁 公元前 519 年，周敬王元年，鲁昭公二十三年，孔子在鲁。

三十四岁 公元前 518 年，周敬王二年，鲁昭公二十四年。孟僖子将死，嘱其二子孟懿子与南宫敬叔向孔子学礼。孟僖子卒，孟懿子与南宫敬叔拜孔子为师。不久，孔子得到鲁昭公的支持，与南宫敬叔适周都洛阳，观周

朝文物制度，拜见了老聃与苌弘，学礼学乐，收获极大，说："周监于二代，郁郁乎文哉！吾从周。"（《论语·八佾》）

三十五岁 公元前517年，周敬王三年，鲁昭公二十五年。鲁昭公率师攻伐季孙氏，季孙、孟孙、叔孙三家联合反抗昭公，昭公兵败奔齐，孔子因鲁乱而带弟子适齐。

三十六岁 公元前516年，周敬王四年，鲁昭公二十六年。齐景公问政于孔子，孔子对曰："君君，臣臣，父父，子子。"公曰："善哉！信如君不君，臣不臣，父不父，子不子，虽有粟，吾得而食诸？"（《论语·颜渊》）齐景公欲以尼溪之田封孔子，晏婴阻挠，事寝不行（见《史记·孔子世家》）。孔子在齐，与齐太师语乐，听到《韶》乐（相传为舜时音乐），三月不知肉味，兴奋地说："不图为乐之至于斯也。"（《论语·述而》）

这一年，鲁昭公自齐居郓。

三十七岁 公元前515年，周敬王五年，鲁昭公二十七年，孔子在齐。齐大夫扬言欲害孔子，齐景公也对孔子说："吾老矣，弗能用也。"于是孔子自齐返鲁（见《史记·孔子世家》）。据说返鲁时迫于形势险恶，仓促中把正在淘的米捞起来，一面赶路一面滤干。（见《孟子·万章下》："孔子之去齐，接淅而行。"）

吴公子季札聘齐，其子死，葬于嬴博之间（临近鲁境之齐地），孔子往观其葬礼。（见《礼记·檀弓下》）

吴公子光使专诸刺吴王僚而自立，是为吴王阖闾。

三十八岁 公元前514年，周敬王六年，鲁昭公二十八年，孔子在鲁。

晋魏舒（魏献子）执政，灭祁氏、羊舌氏，分祁氏之田为七县、羊舌氏之田为三县，选派贤能之士（包括其子在内）为县宰。孔子对此十分赞赏，说魏子之举"近不失亲，远不失举，可谓义矣"（《春秋左氏传·昭公二十八年》）。

三十九岁 公元前 513 年，周敬王七年，鲁昭公二十九年，孔子在鲁。

冬季，晋铸刑鼎，赵鞅、荀寅把范宣子制定的刑书铸在鼎上。孔子认为，这样做会使贵贱无序，破坏等级制度，不由得发出了"晋其亡乎！失其度矣"（《春秋左氏传·昭公二十九年》）的感叹。

鲁昭公至晋，居乾侯（晋邑）。

不惑之年

四十岁 公元前 512 年，周敬王八年，鲁昭公三十年，孔子在鲁。

孔子自称"四十而不惑"（《论语·为政》），所谓"不惑"盖指"而立"之年确立的世界观、人生观已坚定不移。

四十一岁 公元前 511 年，周敬王九年，鲁昭公三十一年，孔子在鲁。

四十二岁 公元前 510 年，周敬王十年，鲁昭公三十二年，孔子在鲁。

冬，鲁昭公卒于乾侯。季孙意如立昭公弟公子宋，是为鲁定公。

四十三岁 公元前 509 年，周敬王十一年，鲁定公元年，孔子在鲁。

夏，昭公灵柩自乾侯归葬鲁，定公即位。

四十四岁 公元前 508 年，周敬王十二年，鲁定公二年，孔子在鲁。

四十五岁 公元前 507 年，周敬王十三年，鲁定公三年，孔子在鲁。

邾庄公卒，邾隐公即位。

四十六岁 公元前 506 年，周敬王十四年，鲁定公四年，孔子在鲁。

孔子率弟子观鲁桓公庙中宥坐之欹器，对弟子们说："吾闻宥坐之器者，虚则欹，中则正，满则覆""恶有满而不覆者哉"。他进而教导说："聪明圣知，守之以愚；功被天下，守之以让；勇力抚世，守之以怯；富有四海，

守之以谦。此所谓挹而损之之道也。"（《荀子·宥坐》）

四十七岁 公元前 505 年，周敬王十五年，鲁定公五年，孔子在鲁。

六月，鲁国季孙意如（季平子）卒，其家臣阳虎囚其子季孙斯（季桓子），专鲁政。

四十八岁 公元前 504 年，周敬王十六年，鲁定公六年，孔子在鲁。

阳虎欲见孔子，孔子不见，于是馈孔子豚，欲待孔子拜谢时见之。孔子不想见，故打听得阳虎不在时前往拜谢，但不巧在路上遇之。阳虎劝孔子出仕，孔子口头答应，但终不仕（见《论语·阳货》），退而修《诗》《书》《礼》《乐》，以教弟子。孔子说："不义而富且贵，于我如浮云。"（《论语·述而》）

四十九岁 公元前 503 年，周敬王十七年，鲁定公七年，孔子在鲁。

二月，齐将郓、阳关二地归还鲁国，阳虎据为己有。

知天命之年

五十岁 公元前 502 年，周敬王十八年，鲁定公八年，孔子在鲁。

孔子自谓"五十而知天命"（《论语·为政》），所谓"知天命"，指的是掌握了客观事物的发展规律。

冬，阳虎欲去三桓，谋杀季氏未遂，随入郓、阳关以叛。

五十一岁 公元前 501 年，周敬王十九年，鲁定公九年，孔子在鲁。

六月，鲁伐阳虎，攻打阳关。阳虎突围奔齐，旋逃亡宋国，最后逃至晋国，投赵简子。孔子说："赵氏其世有乱乎！"（《春秋左氏传·定公九年》）

公山不狃使人召孔子，孔子欲往，因子路反对而未成行。（见《论语·阳货》）。

孔子任中都（今山东省汶上县西）宰，卓有政绩，治理一年，四方则之。

五十二岁 公元前 500 年，周敬王二十年，鲁定公十年，孔子在鲁。

孔子由中都宰升司空。

夏，鲁定公与齐景公会于夹谷，孔子为定公相礼。孔子认为"虽有文事，必有武备"，事先做了必要的武事准备。齐欲劫持定公，孔子以礼斥之。齐君敬畏，遂定盟约，并将侵占的郓、谨、龟阴等地归还鲁国以谢过（见《春秋穀梁传·定公十年》）。

五十三岁 公元前 499 年，周敬王二十一年，鲁定公十一年，孔子在鲁。

孔子为鲁国大司寇，鲁国大治。据《吕氏春秋·先识览·乐成》记载，鲁人开始尚疑其才，既而政化盛行，遂颂之。

五十四岁 公元前 498 年，周敬王二十二年，鲁定公十二年，孔子在鲁。

孔子为鲁国大司寇，子路为季氏宰，孔子为了削弱私家以强公室，向鲁定公建议："家不藏甲，邑无百雉之城，古之制也。今三家（三桓）过制，请皆损之。"（《孔子家语·相鲁》）遂将堕三都。当时，正值叔孙、季孙之家臣侯犯和南蒯各据其地叛，故叔、季二氏也支持这一主张，于是先拆除了叔孙氏的郈邑（今山东省东平县南）和季氏的费邑（今山东省费县）。拆除费邑时，费宰公山不狃趁鲁都（曲阜）空虚，率费人攻曲阜，幸赖孔子命申句须、乐颀二大夫率部反击，败公山不狃于姑蔑（今山东省泗水县东）。公山不狃逃奔齐国，遂堕费。可当再去拆除孟氏的成邑（今山东省宁阳县东北）时，却受到孟氏家臣公敛处父的抵抗而失败。堕三都至此半途而废。（见《史记·孔子世家》）

五十五岁 公元前 497 年，周敬王二十三年，鲁定公十三年，孔子在鲁，为司寇，摄相事。

鲁国得治，齐国畏惧。齐欲败鲁政，便选美女八十人，衣以文衣，并文马二十四驷馈鲁君。季桓子受之。鲁君臣荒于女色，怠于政事，多日不听朝政，也不按礼制送膰肉（当时郊祭用的熟肉）给孔子，孔子失望，于是去鲁适卫，开启了历时十四年的周游列国生涯。

孔子到卫后，居住在卫都帝丘（今河南濮阳）子路妻兄颜浊聚家，卫灵公按照孔子在鲁国的待遇给予俸禄。后卫灵公听信谗言，监视孔子，孔子去卫。

五十六岁 公元前496年，周敬王二十四年，鲁定公十四年，孔子去陈适卫。路过匡地（今河南长垣）时，匡人误认孔子为阳虎（阳虎曾欺压匡人，而孔子的长相又极似阳虎），便将其围截。

孔子见卫灵公夫人南子，子路不悦。

五十七岁 公元前495年，周敬王二十五年，鲁定公十五年，孔子在卫。郏子朝鲁，子贡观礼。鲁定公卒，其子蒋立，是为鲁哀公。

孔子见卫灵公不能用他，喟然叹曰："苟有用我者，期月而已，三年有成。"卫灵公问兵阵于孔子，孔子说："俎豆之事则尝闻之，军旅之事未之学也。"（见《史记·孔子世家》）由此决计离卫西去，投奔晋国赵简子。走到黄河边，听说赵简子杀害了两个贤人，不由得临河而叹，返回卫国，然后去卫如曹适宋。

在前往宋国的路上，孔子与弟子习礼于檀树之下，宋司马桓魋欲害孔子，派人把大树砍倒。孔子微服而行，逃到郑国，郑国也没有接待他，他只好取道适陈。

五十八岁 公元前494年，周敬王二十六年，鲁哀公元年，孔子在陈。

五十九岁 公元前493年，周敬王二十七年，鲁哀公二年，孔子在陈。春，去陈将适卫。过蒲，适逢公叔氏欲起事，又被围困。孔子与蒲人订盟，返回卫都，住在蘧伯玉家。

夏，卫灵公卒，立蒯聩之子辄，是为卫出公。

耳顺之年

六十岁 公元前492年，周敬王二十八年，鲁哀公三年，孔子去卫适陈。

这年秋，鲁国季桓子病，后悔过去未能长期任用孔子，从而影响了鲁国的振兴，故于死前嘱其子季康子召回孔子以相鲁。后因公之鱼阻拦，季康子改变了主意，派使改召孔子弟子冉求。冉求将行，孔子说："鲁人召求，非小用之，将大用之也。"（见《史记·孔子世家》）这一年，孔子已经六十岁了，他很想回到家乡，能为鲁国贡献自己的力量。

六十一岁 公元前491年，周敬王二十九年，鲁哀公四年，孔子在陈。

六十二岁 公元前490年，周敬王三十年，鲁哀公五年，孔子自陈适蔡。

秋九月，齐景公薨，孔子自蔡入叶，叶公向其问政，孔子说："近者悦，远者来。"叶公问子路孔子是怎样的一个人，子路不予回答。孔子说："女奚不曰，其为人也，发愤忘食，乐以忘忧，不知老之将至云尔。"（《论语·述而》）继而返蔡。

六十三岁 公元前489年，周敬王三十一年，鲁哀公六年。

这年春，吴伐陈，楚来救，陈国大乱。孔子在陈蔡间被困，绝粮七日，弟子饥馁皆病，孔子依然讲诵，弦歌不止。子路等人因屡遭挫折，对孔子之道产生了怀疑，只有颜回认识到孔子道大而不为当世所容，"是有国者之丑"（见《史记·孔子世家》），孔子为有颜回这样的弟子而感到高兴。

孔子在路上陆续遭到当时的一些隐士，如长沮、桀溺、荷蓧丈人和楚狂接舆等的嘲讽。桀溺劝孔子师徒跟他们一道做避世之人，孔子说："鸟兽不可与同群，吾非斯人之徒而谁与？天下有道，丘不与易也。"（《论语·微子》）表达了扭转天下无道局面的决心。

楚昭王欲重用孔子，使使奉币来聘，将以书社地七百里封孔子，但因令尹子西的阻拦，此议遂止。孔子在楚讲学，向当时比较落后的长江中下游地区传播了中原文化。

六十四岁 公元前 488 年，周敬王三十二年，鲁哀公七年，孔子在卫。

孔门弟子多仕于卫，要求孔子返卫，孔子便返回卫国。子路问孔子："卫君待子而为政，子将奚先？"孔子回答说："必也正名乎！"进而解释道："名不正，则言不顺；言不顺，则事不成；事不成，则礼乐不兴；礼乐不兴，则刑罚不中；刑罚不中，则民无所错手足。"（《论语 · 子路》）

夏，鲁哀公与吴人会于鄫（今属山东枣庄），吴向鲁索取牛、羊、猪各一百头为祭品。吴太宰嚭召季康子，季康子使子贡辞，子贡以周礼说服了伯嚭，维护了鲁国的尊严。

六十五岁 公元前 487 年，周敬王三十三年，鲁哀公八年，孔子在卫。

三月，吴伐鲁，吴大败，孔子弟子有若参战有功。

六十六岁 公元前 486 年，周敬王三十四年，鲁哀公九年，孔子在卫。

孔子夫人亓官氏卒。

六十七岁 公元前 485 年，周敬王三十五年，鲁哀公十年，孔子在卫。

六十八岁 公元前 484 年，周敬王三十六年，鲁哀公十一年，孔子在卫。

春，齐师伐鲁，孔子弟子冉求为季氏将左师，与齐军战于鲁郊，克之。季康子问他是怎样学会作战的，冉求说学于孔子，遂荐孔子于季氏。季康子派公华、公宾、公林以币迎孔子归鲁。至此，孔子结束了周游列国十四年的颠沛流离的生活。

季康子欲行"田赋"，即将军费改按田亩征税，使冉求问孔子，孔子曰："若不度于礼，而贪冒无厌，则虽以田赋，将又不足。"季氏不听。（见《春

秋左氏传·哀公十一年》)

六十九岁 公元前483年,周敬王三十七年,鲁哀公十二年,孔子在鲁。

春,鲁实行田赋。

夏,鲁昭公夫人孟子卒,孔子往吊。

孔子与鲁太师论乐,说:"乐其可知也。始作翕如,纵之纯如,皦如,绎如也,以成。"又说:"吾自卫反鲁,然后乐正,《雅》《颂》各得其所。"(《史记·孔子世家》)

季康子问政,孔子说:"政者,正也。子帅以正,孰敢不正?"(《论语·颜渊》)

十二月,鲁国发生蝗灾,季康子问于孔子,孔子说:"丘闻之,火伏而后蛰者毕。今火犹西流,司历过也。"(《春秋左氏传·哀公十二年》)十二月属冬季,本不该闹蝗灾,孔子认为这年十二月闹蝗灾,不是自然界中的反常现象,而是司历者算错了时间。

孔子之子伯鱼卒。

古稀之年

七十岁 公元前482年,周敬王三十八年,鲁哀公十三年,孔子在鲁。

孔子曾说:"七十而从心所欲,不逾矩。"(《论语·为政》)也就是说,他到了七十岁,任何想法和做法都不会违背仁道原则和周礼所定的规矩了。

鲁哀公问政,孔子曰:"政在选臣。"(《史记·孔子世家》)又问:"何为则民服?"孔子回答说:"举直错诸枉,则民服;举枉错诸直,则民不服。"(《论语·为政》)

孔子晚而喜《易》,"读《易》,韦编三绝"(《史记·孔子世家》)。

七十一岁 公元前481年,周敬王三十九年,鲁哀公十四年,孔子在鲁,作《春秋》。

春,哀公西狩于大野,捕获一只怪兽,据说是麟。孔子见了,说:"吾道穷矣!"于是罢笔,停止修订《春秋》。

颜回死,享年四十一岁,孔子哭之恸,曰:"噫!天丧予!天丧予!"(《论语·先进》)

六月,齐国的陈恒(即田成子)杀死齐简公,孔子劝鲁哀公及"三桓"讨之,以正君臣之义,但毫无结果。在齐国的这次政变中,孔子弟子宰予丧生。

七十二岁 公元前480年,周敬王四十年,鲁哀公十五年,孔子在鲁。

冬,卫有政变,蒯聩逐其子出公而自立,是为卫庄公。孔子弟子子路此时为卫大夫孔悝的邑宰,死于难,孔子恸甚。

七十三岁 公元前479年,周敬王四十一年,鲁哀公十六年。

四月己丑,孔子寝疾七日而殁,葬于鲁城(今山东曲阜)北泗上。鲁哀公诔之曰:"旻天不吊,不憖遗一老。俾屏余一人以在位,茕茕余在疚。呜呼哀哉!尼父,无自律。"(《春秋左氏传·哀公十六年》)不少弟子为之守墓三年,临别而去,哭尽哀,或复留。唯子贡庐于墓凡六年,然后离去。弟子及鲁人往从墓而家者百有余室,因命曰孔里。后将孔子故居改为庙堂,藏孔子衣冠琴车书于堂中,自此以后,年年奉祀。今曲阜之孔庙、孔府、孔林所谓"三孔"者,即始创于此。

衍圣公世袭表

宋 朝

第四十六代孙孔宗愿，字子庄，宋宝元二年(1039年)袭文宣公，至和二年(1055年)改封衍圣公。孔延泽(孔宜次子，孔宜长子孔延世弟)子，孔圣佑(孔延世子，无后)从弟。

第四十七代孙孔若蒙，字公明，宋熙宁元年(1068年)袭衍圣公，元祐元年(1086年)改封奉圣公，后废。孔宗愿长子。

第四十七代孙孔若虚，字公实，宋元符元年(1098年)袭奉圣公。孔宗愿次子。

第四十八代孙孔端友，字子交，宋崇宁三年(1104年)复封衍圣公。

第四十九代孙孔玠，字锡老，宋绍兴二年(1132年)袭衍圣公。南宗，孔端操(孔若蒙次子，孔端友弟)长子。

第四十九代孙孔璠，字文老，伪齐阜昌四年(1133年)封衍圣公，金天眷三年(1140年)封衍圣公，未袭。北宗，孔端操(孔若蒙次子，孔端友弟)次子。

第五十代孙孔摏，字季绅，宋绍兴二十四年(1154年)袭衍圣公。南宗，孔玠子。

第五十代孙孔拯，字元济，金皇统二年（1142年）袭衍圣公，授文林郎。北宗，孔璠长子，无后。

第五十代孔孔摠，字元会，金大定二年（1162年）袭衍圣公，兼任曲阜县令。北宗，孔璠次子。

第五十一代孙孔文远，字绍先，宋绍熙四年（1193年）袭衍圣公。南宗，孔摝子。

第五十一代孙孔元措，字梦得，金明昌二年（1191年）袭衍圣公，蒙古太宗五年（1233年）封衍圣公。北宗，孔摠长子，无后。

第五十一代孙孔元用，字俊卿，蒙古太祖十五年（1220年）封衍圣公，蒙古太祖二十一年（1226年）罢。北宗，孔拂次子，孔琥孙，孔端立曾孙，孔若愚（孔宗愿第三子，孔若蒙、孔若虚弟）玄孙，孔宗愿五世孙。

第五十二代孙孔万春，字耆年，宋宝庆二年（1226年）袭衍圣公。南宗，孔文远子。

第五十二代孙孔之全，字工叔，蒙古太祖二十年（1225年）封衍圣公，蒙古太宗五年（1233年）罢，专任曲阜县令。北宗，孔元用子。

第五十三代孙孔洙，字景清，宋绍定四年（1231年）袭衍圣公。南宗，孔万春子。

第五十三代孙孔浈，字昭度，蒙古宪宗元年（1251年）袭衍圣公，次年免。北宗，孔之固子，孔元纮（孔摠次子，孔元措弟）孙。

元 朝

第五十三代孙孔治，字世安，元元贞元年（1295年）封衍圣公。孔之全子。

第五十四代孙孔思诚，字致道，元大德十一年（1307年）袭衍圣公，

1316 年罢。孔治子。

第五十四代孙孔思晦,字明道,元延祐三年(1316年)封衍圣公。孔浣子,孔之厚孙,孔元孝(孔拂长子,孔元用兄)曾孙,孔拂玄孙。

第五十五代孙孔克坚,字璟夫,元至元六年(1340年)袭衍圣公。孔思晦子。

第五十六代孙孔希学,字士行,元至正十五年(1355年)袭衍圣公,明洪武元年(1368年)封衍圣公。孔克坚子。

明朝

第五十七代孙孔讷,字言伯,明洪武十七年(1384年)袭衍圣公,正一品,班列群臣之首。孔希学子。

第五十八代孙孔公鉴,字昭文,明建文二年(1400年)袭衍圣公。孔讷子。

第五十九代孙孔彦缙,字朝绅,明永乐八年(1410年)袭衍圣公。孔公鉴子。

第六十代孙孔承庆,字永祚,早卒。明景泰六年(1455年)追赠衍圣公。孔彦缙子。

第六十一代孙孔宏绪,字以敬,明景泰六年(1455年)袭衍圣公,后废。孔承庆长子。

第六十一代孙孔宏泰,字以和,明成化六年(1470年)袭衍圣公。孔承庆次子。

第六十二代孙孔闻韶,字知德,明弘治十六年(1503年)袭衍圣公。孔宏绪子。

第六十三代孙孔贞干，字用济，明嘉靖二十五年 (1546 年) 袭衍圣公。孔闻韶长子。

第六十四代孙孔尚贤，字象之，明嘉靖三十五年 (1556 年) 袭衍圣公。孔贞干子，无后。

第六十五代孙孔胤植，字懋甲，明天启元年 (1621 年) 袭衍圣公，清顺治元年 (1644 年) 入朝，班列大学士之上。孔尚坦子，孔贞宁 (孔闻韶次子，孔贞干弟) 孙，孔闻韶曾孙，孔宏绪玄孙。

清朝

第六十六代孙孔兴燮，字起吕，清顺治五年 (1648 年) 袭衍圣公。孔胤植子。

第六十七代孙孔毓圻，字钟在，清康熙六年 (1667 年) 袭衍圣公。孔兴燮子。

第六十八代孙孔传铎，字振路，清雍正元年 (1723 年) 袭衍圣公。孔毓圻子。

第六十九代孙孔继濩，字体和，早卒。清雍正十三年 (1735 年) 追赠衍圣公。孔传铎子。

第七十代孙孔广棨，字京立，清雍正九年 (1731年) 袭衍圣公。孔继濩子。

第七十一代孙孔昭焕，字显文，清乾隆八年 (1743 年) 袭衍圣公。孔广棨子。

第七十二代孙孔宪培，字养元，清乾隆四十八年 (1783 年) 袭衍圣公。孔昭焕长子，无后。

第七十三代孙孔庆镕，字陶甫，清乾隆五十九年（1794 年）袭衍圣公。孔宪增（孔昭焕次子，孔宪培弟）子。

第七十四代孙孔繁灏，字文渊，清道光二十一年（1841 年）袭衍圣公。孔庆镕子。

第七十五代孙孔祥珂，字觐堂，清同治二年（1863 年）袭衍圣公。孔繁灏子。

第七十六代孙孔令贻，字谷孙，清光绪三年（1877 年）袭衍圣公，民国二年（1913 年）封衍圣公。孔祥珂子。

民 国

第七十七代孙孔德成，字玉汝，民国九年（1920 年）袭衍圣公，民国二十四年（1935 年）改称大成至圣先师奉祀官。

孔子周游列国路线图

（源自孔子博物馆）

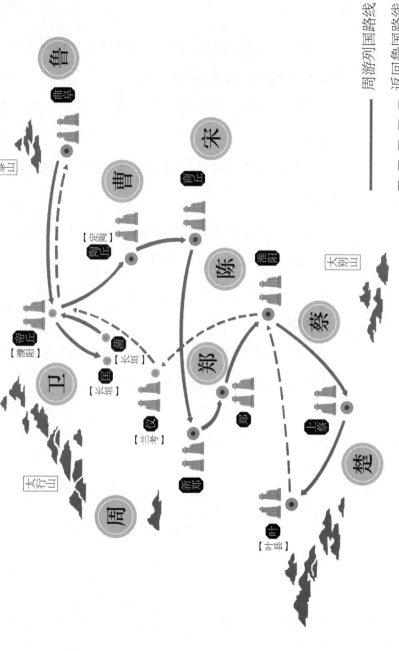

周游列国路线

返回鲁国路线